KB172273

우리 역사는 깊다

2

[역사학자 전우용의 한국 근대 읽기 3부작 ❶]

우리 역사는 깊다

[2]

전우용 지음

푸른역사

책머리에

"이런 학문이 어떻게 여태 살아남았는지 모르겠다"

몇 해 전, 이공학자들의 모임에서 인문학 특강을 한 적이 있었다. 강연이 끝난 뒤, 좌장 격인 사람의 총평은 "이런 학문이 어떻게 여태 살아남았는지 모르겠다"였다. 모든 것을 데이터로 분해하여 수학적으로 처리하는 이 시대에, 사익 추구가 인류의 보편적이고 심층적인 욕구임이 명백히 '확인된' 이 시대에, 공식과 법칙을 만들지도 못하고 그런 것들에 기초하지도 않는 학문, 원인과 결과, 작용과 반작용을 분명한 함수 관계로 풀어내지 못하는 학문, 같은 현상에 대해 다른 정의를 허용하는 학문, 무엇보다도 인간의 편익을 증진시키는 데 하등 도움이 되지 않는 학문이 무슨 쓸모가 있는지 모르겠다는 것이 그의 생각이었다. 그는 초대받은 당사자가 모욕으로 느낄 만한 발언을 천연덕스레 하면서도, 그게 모욕일 수 있다는 사실조차 모르는 듯했다. "인문학은 바로 당신 같은 사람을 위해 필요한 학문"이라고 말하고 싶었지만, '똑같은 사람'이 되기 싫어 그만두었다.

모든 이공학자가 다 그 같지는 않겠지만, 따지고 보면 그를 탓할 일도 아니다. 그는 자기가 보는 인문학의 문제점을 솔직하게 지적했을 뿐이다. 현대과학 일반의 관점에서 인문학은 후진적이거나 과학의 자격을 덜 갖춘 학문이다. 현대과학은 거의 모든 사물과 사건을 숫자로 바꿔 측정하고 계량할 수 있는 대상으로 만든다. 현대과학은 크기와 무게, 속도와 빈도, 화폐가치나 생산량 등으로 측정하지 못할 것은 없다고 전제한다. 이 전제 하에서 모든 사건과 사물은 수집과 분류, 재배열과 수학적 종합의 과정을 거쳐 평균적이거나 표준적인 수치로 전환된다. 일단 표준적인 것에 대한 절대적 기준이 만들어지면, 이는 모든 가치판단에 선행하는 객관성의 체현체가 된다. 이런 과학적 태도에서 '맞다'와 '같다'는 모두 '=' 부호로 표현된다. 당연히 '다르다'와 '틀리다'도 같은 의미가 된다. 그리고 현대 한국인들은 이미 그런 언어 세계에서 살고 있다.

인문학의 모호성

인문학의 모호성은 주로 이 '학문'이 이런 객관성에 지배되지 않거나, 지배받기를 거부하는 '사람들'을 대상으로 하는 데에서 기인한다. 세상에는 남과 '똑같은 사람'이 되기 싫어하고 다른 사람들과 '반대로' 행동하려는 사람이 넘쳐난다. 이 우주에 사람 말고 이런 속성을 지닌 물질이나 동물이 또 있을까? 같은 분자식을 가진 물질은 동일한 조건 변화에 동일한 반응을 보인다. 인간에게 훈련받지 않은 동물들도 동일한 환경 변화에 대략 동일한 반응을 보인다. 간혹 인간이 부여한 '규칙성'을 거스르는 바이러스들이 발견되기도 하는데, 이런 변종 바이러스가 튀어나오면 전 세계 미생물학자들이 골머리를 앓는다. 인문학의 연구 대상은 바로 이런 변종들과 그들이 야기하는 변화 그 자체다.

'Science of Humanities'를 인문학人文學으로 번역한 사람이 누구인지는 알 수 없으나, 나는 애초 번역에 문제가 있었다고 생각한다. 천문학은 하늘[天]의 무늬[文]를 탐구하는 학문이기에 온당한 이름이다. 하지만 인간은 무늬이목구비와 신체의 형태로 탐구할 수 있는 대상이 아니다. 개체들 사이에 큰 차이를 보이는 심리와 욕망, 정상과 비정상의 경계가 모호할 뿐더러 그나마 수시로 뒤바뀌는 의식과 태도들은, 기본적으로 규칙성이 지배하는 천체天體와는 전혀 다른 방식으로 탐구해야 할 대상이다.

"인간답게 살고 싶다"는 현대인들이 곧잘 입에 올리는 말이다. 그런데 이 말에서 '인간다운 삶'이란 무엇일까? 현대인 다수는 '호화로운 가구들로 채운 큰 집에서 쉬고 자며, 값비싼 외제 승용차를 몰고, 이른바 명품으로 몸을 감싸며, 맛있고 몸에 좋은 음식 마음껏 먹으면서 다른 사람을 턱짓으로 부리는 삶'을 떠올릴 것이다. 반면 '죄 짓거나 남에게 부끄러운 짓 하지 않으면서도 의식주에 큰 부족을 느끼지 않고, 이웃과 정을 나누면서 어려운 사람을 도울 수 있는 삶' 정도로 생각하는 사람도 많다. '인간다움'이란 다수결로 결정되는 것도, 평균치를 추출하여 설정할 수 있는 것도 아니다. 이것은 시간의 흐름에 따라 끊임없이 재규정되지만, 이런 역사성이 사람의 인식을 직접 제어하지는 못한다. '노예는 말하는 도구'에 불과하다고 생각하던 시대의 인간관과 현대의 인간관은 분명 다르다. 그러나 타인을 '말하는 도구'로 대하는 사람은 지금도 무척 많다.

현대의 인문학 인식, 이대로 괜찮은가

한때 역사학도 법칙을 발견하고 공식을 만들어 세계를 해석하고 변화시키는 근대과학이 되어야 한다는 생각이 많은 학자들의 의식을 지배한 적이 있다. 역사학을 인문학에서 떼어내거나 인문학 전체를 사회과학 분야로 옮기려는 시도였다. 이런 태도에서 역사학의 책무는 인간 행위와 사회관계, 물질세계의 총체적 변화를 규율하는 특정한 법칙을 발견하는 것으로 규정되었다. 인류 역사가 '보편적 철칙'에 의해 움직인다고 본 점에서, 이런 태도는 '신의 뜻'이 역사를 만든다고 본 중세 신학의 태도와 다르지 않았다. 그리고 이런 생각의 아이러니는, 자율성과 다양성을 '인간다움'의 '본령'에 속하는 것으로 전제하면서도, 종국에는 인간을 법칙성과 규칙성에서 벗어나지 못하는 존재로 규정한다는 점이다. 이 아이러니에서 벗어나려면 둘 중 하나는 버려야 하는 것 아닌가? 인간을 보편적 철칙에 지배되는 존재로 보지 않는다면, 인문학은 '법칙성'의 발견을 포기해야 하지 않을까? 현대사회에서 인문학이 '온전한 학문'으로 인정받지 못하는 것은, 그저 사소한 문제일 뿐이다.

역사학을 포함하는 인문학이 현대과학다운 '실용성'을 갖지 못한다면, 이것이 존재해야 할 이유는 무엇인가? 몇 년 전 고용노동부 장관은 대놓고 "청년 실업률이 높은 것은 인문학이 과잉한 탓"이라고 주장했다. 곧바로 인문학자들이 들고일어났다. 그러나 그들만 이 말에 분개했을 뿐, 대다수 사람들, 특히 수험생과 그 부모들은 적극 동의했다. 많은 사람들이 각 대학교의 인문대학은 교수들 밥벌이를 위해서는 필요하나 학생들 취업에는 불필요한 단과대학이라고 생각한다. 기업들 역시 인문대학 졸업자들은 가급적 채용하지 않는다. 인문대학을 아예 없애고 경영학이나 경제학, 기타 사회과학 분야 정원을 늘린다면, 수험생들도, 그들의 부모들도, 기업들도 다 환영할 것이다. 현대 한국사회에서 인문학은 분명 "이런 학문이 어떻게 여태 살아남았는지 모르겠다"는 말을 들어도 할 말이 없는 사양斜陽 학문이자 사양辭讓 학문이다. 하지만 정말 이래도 괜찮은 것일까?

"인간에게는 오직 역사가 있을 뿐이다"

역사학은 인간의 집단 기억을 다루는 학문이다. 개인의 것이든 집단의 것이든, 기억은 정체성을 구성하는 근본 요소이자 자기 성찰의 원천 재료다. 과거를 기억하고 회상하는 능력은 인간만이 가진 것이라 단정할 수 없으나, 그를 기록하여 전승하는 능력은 오직 인간만이 가진 것이다. 인간이 '인간다움'을 '짐승 같음'의 대극對極에 놓을 수 있게 된 것은, 그가 역사를 만들고 전승할 수 있는 유일한 동물이었기 때문이다. '교훈으로서의 역사'는 역사학에 대한 가장 오래된, 그런 점에서 시대에 뒤떨어진 정의定義로 취급되나, 나는 결코 무효화할 수 없는 정의라고 생각한다. "산 자가 죽은 자를 되살리고 죽은 자가 산 자를 지배한다"는 카E. H. Carr의 말대로, 인간은 자기 필요에 따라 과거를 소환하여 그 과거가 가르치는 바를 배움으로써 변화하는 존재다. 그 변화가 진보인지 퇴보인지, 발전인지 아닌지를 판단하는 것은 별개의 문제다.

물론 역사학은 윤리학이 아니다. 시비선악을 따지는 것도, 집단적 자부심이나 복수심과 관계 맺는 것도, 역사학의 본령은 아니다. 다만 이런 것들이 '인간다움'의 영역에 속하는 한, 역사학도 그로부터 완전히 자유로울 수 없을 뿐이다. 역사학의 실용성 내지 실천성은 인간의 의식, 행위, 태도, 관습, 문화 모두가 인과율의 지배를 받는다는 사실에서 도출된다. 스페인의 역사철학자 오르테가 이 가세트José Ortega Y Gasset는 "인간에게 본성이란 없다. 그에게는 오직 역사가 있을 뿐이다"라고 했다. 나는 이 통찰에 동의한다. 인간이 자신의 본성이라 생각하는 것들은, 지상에 인류가 출현한 당초에 만들어진 것이 아니라 역사 속에서, 다른 사람들과 함께, 물질세계의 변화에 영향을 받으며 형성·변화해온 것이다. 따라서 역사를 보는 일은 곧 자기 자신의 내면과 외형을 살피는 일이며, 도달 가능한 미래상을 도출하는 일이다. 물론 어떤 과거에서 어떤 사건을 교훈과 성찰의 재료로 선택할 것인가는 역사의 대상이자 주체인 '사람들' 각각의 몫이다. 역사학이 갖는 실용성의 하나는, 그럴 의지가 있는 사람들에게 '선택의 여지'를 넓혀준다는 점일 것이다.

역사는 시간·공간·인간의 유기적이고 총체적인 변화

역사학자로서 '법칙의 발견'과 '공식에 따른 해석'에 대한 의지를 접고, 달리 말해 연속된 시간을 '단계'로 나누고 그들 사이에 '발전'이라는 개념을 끼워 넣으려는 시도를 유보하고, 현대인들이 '인간다움'의 구성요소로 여기는 작은 것들로 관심을 돌리던 즈음, 한 일간지에서 〈그때 오늘〉이라는 칼럼을 써달라고 제의해왔다. 일본의 한국 강점 100주년인 2010년을 맞아 대략 100년 전과 현재가 얼마나 어떻게 다르고 같은지를 독자들에게 알려주었으면 한다는 것이었다. 그 제의에 덜컥 응해 1년 남짓한 기간 동안 귀성 풍습의 기원, 예방 접종의 시작, 전등 시대의 개막, 위생 관념의 확산, 대중교통 수단의 도입 등 주로 교과서에 나오지 않는 작은 사건들을 소개하고, 성찰의 재료로 삼을 만한 요소들에 대해 나름의 의견을 덧붙였다. 이 책은 그 칼럼 원고들을 시놉시스로 삼아 전면 개고한 것이다.

그때그때 날짜에 맞춰 총 60개의 주제를 선정했기 때문에 꼭지들 간 연관성은 거의 없지만, 모든 꼭지를 관통한 내 문제의식은 역사란 시간·공간·인간의 유기적이고 총체적인 변화라는 생각이었다. 사람은 그대로인데 세상만 달라지는 것도, 그 역도 아니다. 오늘날의 한국인과

200년 전의 한국인을 같은 자리에 세워놓을 수 있다면, 누구도 그들을 '같은 민족'이라 부르기 어려울 것이다. 물질세계의 변화야 말할 것도 없다. 역사에서 같은 텍스트가 반복되는 것처럼 보이는 경우는 허다하지만, 그 텍스트가 놓인 맥락은 결코 같을 수 없다. 독자들이 이 책을 통해 현재와 과거의 관계에 대해 조금 더 많이 생각할 수 있기를, 현재의 선택이 미래를 결정한다는 사실을 조금 더 무겁게 받아들이기를, 스스로 '나답다'고 생각하는 것들이 무엇으로 구성되었는지 성찰하는 시간을 잠시나마 갖게 되기를, 소망한다. 비록 사양 학문을 전공하는 인문학자에게는 과분한 소망일지라도.

이 책을 내도록 독려해준 도서출판 푸른역사의 박혜숙 사장, 칼럼 연재 당시 해당 칼럼을 총괄했던 중앙북스의 노재현 대표이사, 초고의 첫 독자로서 부족한 부분을 세심하게 지적해주고 책으로 완성해준 푸른역사의 정호영 편집자에게 감사한다.

올해는 내가 평생 '학문의 길'을 걷기로 결심하고 대학원에 입학한 지 꼭 30년이 되는 해다. 고등학교 졸업식 날, 1~2학년 때 담임선생님이 "니 어느 과에 갈 생각이고?"라고 물으셨다. 당시 서울대학교는 단과대학별로 학생을 모집했고, 나는 인문대학에 합격한 상태였다. 그 무렵의 고등학생들이 대개 그랬던 것처럼, 그리고 지금의 고등학생들 역시 그런 것처럼, 나도 인생에 대한 무슨 확고한 계획과 신념이 있어 인문대학에 지원한 것은 아니었다. 그저 시험 성적표가 가리키는 대로, 안전하게 지원했을 뿐이다. 그럼에도 입에서는 불쑥 "국사학과요"

라는 대답이 튀어나왔다. 선생님은 어이없다는 표정을 지으며, "거기 가지 마라. 배고프대이"라고 진심어린 충고를 해주셨다. 내가 그때 왜 그렇게 대답했는지 지금도 궁금하다. 그럼에도 나는 결국 역사학도의 길을 선택했다. 그런 사람을 남편으로 맞아 20년 넘게 한결같이 곁을 지켜준 아내가 없었다면, 내 선택은 아마도 후회로 귀결되었을 것이다. 아직 다 살지는 않았지만, 후회 없는 삶을 살게 해준 아내 인애에게 감사한다.

2015년 5월

전우용

차례 / 우리 역사는 깊다 1

七月十八日

7월 18일 _ 을축년 대홍수

인간은 자연에 얹혀사는 존재일 뿐

7月
18日

"을축년 장마에 비하면 이 정도 비는 아무것도 아니야"

1925년을축년 7월 9일부터 11일까지 3일간, 잠시 뜸하다가 다시 같은 달 15일 밤부터 18일까지 5일간, 서울 일원에 엄청난 폭우가 쏟아졌다. 이 기간 중 강우량은 753밀리미터였으니 서울 지역 연평균 강수량의 반이 이 열흘 사이에 쏟아진 셈이다. 이 반복된 폭우로 한강이 범람하여 이촌동, 뚝섬, 송파, 잠실, 신천, 풍납동 지역 대부분이 사라지다시피 했고, 용산, 마포, 양화진 일대도 물에 잠겼다. 풍납토성과 암사동 선사주거지가 발견된 것도 이 홍수 '덕'이었다.

도심 지역도 수해를 입었다. 남대문 바로 앞까지 물이 차올랐고, 청계천이 범람하여 하수가 우물에 흘러들어갔으며, 뚝섬 정수장도 물에 잠겼다. 수돗물도 우물물도 마실 수 없는 상태가 되었으니, 서울 사람들은 곳곳이 물 천지인데도 막상 마실 물은 구하지 못하는 이중의 물난리를 겪어야 했다. 총독부가 추계한 경성부의 피해액은 4,625만 원에 달했으며 익사자만 404명이었다. 한강의 최고 수위는 뚝섬에서 13.59미터, 한강인도교에서 11.66미터, 구룡산에서 12.47미터로 측정되었다. 을축년 대홍수 때의 강수량은 2002년 태풍 루사가 강원도 강

을축년 대홍수 당시의 용산 전경

건물의 지붕만 수면 위에 떠 있어 수상도시를 연상케 한다.
당시 수해는 기록적인 폭우가 일차적 원인이었지만, 한강변 저지대에 새 택지가 조성된 탓도 컸다.
천재는 언제나 인재와 함께 하는 법이다.
* 출처: 이규헌 해설, 《(사진으로 보는) 근대한국 상—산하와 풍물》, 1987, 서문당, 58쪽.

릉에 하루 동안 870.5밀리미터의 비를 쏟아붓기 전까지 한국 수방 대책의 기준이었다.

1925년에는 폭우가 유독 심해 9월까지 전국에서 물난리가 빈발했다. 최종 집계된 전국 피해 상황은 사망자 647명, 가옥 유실 6천여 호, 가옥 침수 4만 6천 호, 농경지 유실 10만 정보였다. 당시 통계 자료를 수집하던 행정력의 수준을 감안하면, 실제 피해는 이보다 컸을 것이다. 추산 피해액은 당시 총독부 1년 예산의 60퍼센트에 육박하는 1억 3백만 원이었다.

철이 든 뒤 을축년 대홍수를 직접 겪고 지금까지 살아 있는 사람은 아마 없겠지만, 한 세대 전만 해도 연세 많은 노인들은 큰 장마가 들 때마다 버릇처럼 을축년 대홍수와 비교하곤 했다. "을축년 장마 때에 비하면 이 정도 비는 아무것도 아니야." 어렸을 때 한강변에 살았던 나는 여러 차례 이런 말을 들었다. 물론 을축년이 언제인지는 알지 못했지만. 이 정도로 을축년 대홍수는 그 재난을 직접 겪은 사람들의 의식 깊은 곳에 씻기지 않는 트라우마를 남겼다.

"반야선 가는 곳에 중생의 생명 온전했도다"

서울 강남구의 봉은사에는 《불괴비첩》이라는 책자가 전해진다. 을축년 대홍수 당시 봉은사 주지는 청호 스님이었는데, 절 뒤편 언덕에 올라가 한강을 내려다보니 말 그대로 아비규환阿鼻叫喚이었다. 어떤 이는 판자 조각을 끌어안고 떠내려가고 있었고, 또 어떤 이는 지붕 위에 올라가 발을 동동 구르고 있었으며, 또 어떤 이는 큰 나뭇가지에 매달려

살려달라고 애원하고 있었다. 그는 급히 강가로 달려가 나룻배 사공을 찾아서는 "사람들이 죽어가는데 구하지 않고 뭐하느냐?"며 질책했다. 하지만 사공은 "물살이 이렇게 센데, 배를 띄웠다가 나까지 죽으란 말이냐?"고 대들었다. 그는 배 한 번 띄워서 사람을 구해올 때마다 10원씩 줄 테니 제발 사람부터 살리자고 사정했다. 당시 숙련노동자의 일당이 2원쯤 되었으니, 사공의 하루 품삯은 그보다 적었을 것이다. 사공은 바로 배를 띄웠고, 이 돈벌이 소식을 들은 인근의 다른 사공 몇 사람도 달려 왔다. 이렇게 저자도, 신천, 잠실 일대에서 그의 '돈' 덕에 목숨을 구한 사람이 708명에 달했다. 대신 봉은사에 있던 돈은 모두 사라지고 말았다. 이 미담美談에 감동한 오세창, 이상재, 정인보 등 당대의 유지有志들이 청호 스님의 공덕을 칭송하는 글을 써 보냈는데, 이 글들을 모은 책자가 《불괴비첩》이다. 숱한 인명을 구한 그의 보시普施가 불괴비不壞碑, 즉 무너지지 않는 비석碑石을 만든 일과 다르지 않다는 의미다. 다음은 당시 YMCA 총무이자 조선일보 사장이었던 이상재가 보낸 시詩다.

청호선사의 자선에 부쳐

넘치는 물결이 바다를 이루어 잠실의 뽕나무밭을 다 덮었네.

반야선般若船이 가는 곳에 중생의 생명이 온전했도다.

'물에 빠진 사람 건져줬더니 보따리 내놓으라고 한다'

1984년 수해 때 한강 하류부에서 가장 큰 피해를 입은 곳이 망원동인데, 이 동네는 을축년 대홍수 때에도 재앙을 면치 못했다. 홍수 피해가 얼추 수습되고 난 뒤 망원동을 찾은 동아일보 기자는 그때의 참경慘景을 이렇게 묘사했다.

> 양화나루 높은 강 언덕에 있는 고양군 연희면 망원리는 서부 고양군에서 가장 참혹한 피해를 입었다. 여든여덟 호라는 적지 않은 마을은 열 여드렛날 밤 열한시부터 이튿날 아침까지 서해바다 밀물 올려 밀듯이 올라오는 붉은 물살에 비와 바람을 피하고 있던 오막살이 초가집들이 자취를 남기지 못하고 멀리 멀리 정처 없이 황해 바다로 떠나가고 말았다. 오직 높은 언덕에 있는 당마루의 이십여 호가 길이길이 앞날을 두고 을축년 참화를 후세 사람들에게 옛말 하려는 듯이 애처롭게도 망원리라는 이름을 차지하고 남아 있다.
> 포화가 불지른 전쟁터라고 하더라도 타고 남은 기둥개나 허리 꺾인 나무 그림자는 찾을 수 있을 것이요 가장 심한 지진이 있은 후라도 쓰러진 집의 형태는 남아 있을 것이다. 그러나 망원리에는 아무것도 없다. 그것 전체 떠갈 기운은 없었던지 이리저리 떨어져 놓은 구들장이 집이 있던 자취를 알려줄 뿐이요 세로 모로 쓰러진 장독 항아리깨가 사람 살던 곳이었음을 가르칠 뿐이다.

홍수로 인해 웃지 못할 일이 벌어지기도 했다. 폐허로 변한 망원리 주민 중 반 가까운 45가구는 인근 합정리로 옮겨 새 집을 짓고 살 수밖에 없었다. 그런데 조선 후기 이래 망원리 사람들은 양반 행세하면서 이웃 동리 사람들을 깔봐왔다고 한다. 가는 말이 고와야 오는 말도 고운 법. 합정리 사람들도 망원리 사람들을 곱게 보지 않았다. 홍수는 견원지간犬猿之間이던 사람들을 한 마을 주민으로 만들었지만, 한 우리에 같이 산다고 개와 원숭이의 사이가 좋아질 리는 없다. 한 마을에 이웃으로 살면서도 서로 소 닭 보듯 외면하던 사람들은 이주민 정착 마을이 대충 꼴을 갖추자 바로 싸움에 돌입했다. 1927년, 망원리에서 이사 온 주민들은 상놈을 구장區長오늘날의 통장으로 모시고 살 수 없다면서 고양군청에 구장을 바꿔달라고 집단 민원을 제기했다. 합정리 원주민들은 '물에 빠진 사람 건져줬더니 보따리 내놓으라고 한다'며 맞섰다. 《중외일보》는 이 사태를 〈지금 이 시대에 양반 자랑〉이라는 제목으로 보도했다.

자연을 함부로 길들이려 하지 말라

천재지변은 인명과 재산에만 피해를 주는 것이 아니라 때로는 사회적 관계에도 악영향을 미친다. '기록은 깨기 위해 존재한다'는 말은 스포츠뿐 아니라 자연재해에도 해당한다. 대운하 건설의 전단계인지, 관광용 경관 개악 사업인지, 자전거 도로 건설 사업인지, 그것도 아니면 그저 돈 쏟아붓기 위한 단순 토건 사업인지 정체도 불분명한 사대강 사업이 표방한 주요 목적 중 하나는 홍수와 가뭄 피해를 근본적으로 막겠다는 것이었다. 하지만 본류를 깊게 판 탓에 지천들에서 역행침식 현상이 나타나고 물을 가둬둔 탓에 녹조가 심해졌다는 것이 전문가들의 거의 일치된 진단이다.

수천 년 동안 인류는 자연을 개조함으로써 인간에 대한 자연의 위협을 약화시킬 수 있으리라 믿었다. 그러나 자연재해는 그 믿음을 수시로 붕괴시키곤 했다. 자연재해는 자연과 인간 사이에 형성된 균형 관계가 일시적이고 잠정적임을 깨우칠 수 있는 교훈이다. 그 교훈이 궁극에서 가르치는 바는, 자연을 함부로 길들이려 하지 말라는 것, 인간은 자연에 얽혀사는 존재일 뿐이라는 것이 아닐까.

七月二十二日

7월 22일 _ 자동차취체규칙 제정

또 하나의 가족이 된 자동차, 새 가족을 얻은 대신 잃은 것들

7月
22日

자동차가 우리나라에 첫선을 보인 때는?

우리나라에 자동차가 처음 선을 보인 때가 언제인지에 대해서는 아직 정설이 없다. 먼저 1898년 영국 공사가 자동차를 들여왔다고 보는 견해가 있다. 이해 3월 19일자 《런던 그래픽 뉴스*London Graphic News*》는 서울 거리에서 깃발을 들고 교통정리를 하는 영국공사관 수비병을 그린 삽화를 실었는데, 이는 런던에서 자동차를 통제하던 방식과 같았다. 물론 이는 추정일 뿐이다. 정보라는 것이 본디 전달 과정에서 많건 적건 왜곡되기 마련인 데다가, 그 무렵에는 서양 신문들도 실상實像과 상상想像의 소산을 엄밀히 구분해내려는 의지가 그리 강하지 않았다. 어쩌면 영국공사관 수비병이 본국에서 하던 방식대로 마차 운행을 통제했거나 그냥 체조 삼아 교통정리 동작을 취해봤을 수도 있다. 그것도 아니면 그냥 멀뚱히 서 있는 모습은 영국 병사에게 어울리지 않는다고 생각한 삽화가가 제멋대로 창작한 것일 수도 있고.

이때 국내에서 생산된 기록에서는 자동차에 관한 내용을 찾을 수 없다. 당시는 기차나 전차가 운행하기 전이다. 그러니 만약 누군가 마차처럼 생긴 물건이 소나 말이 끌지도 않는데 저절로 움직이는 모습을 보았다면, 그걸 기록하지 않았을 리 없다. 새로 들어오는 서양 문물에 늘 촉각을 곤두세웠던 《독립신문》은 응당 이 기이한 물체에 대해 보도했을 것이다. 설혹 《독립신문》이 자기 본분을 잊고 이 물체를 소개하지 않았더라도, 시골구석에 앉아 천리 밖을 내다보던 매천 황현 같은 사람들의 귀에는 들어갔을 것이다. 그러니 이 견해는 별반 설득력이 없다.

고종, 즉위 40년 겸 망육순 기념행사를 준비하다

이 견해를 무시한다면, 이 땅에 들어온 최초의 자동차는 미국제 1903년형 포드 A다. 1902년은 고종 즉위 40년이자 망육순望六旬51세이 되는 해였다. 사람의 평균 수명이 40년 정도밖에 안 되던 시대에 왕 노릇만 40년을 했다는 건, 세자世子에게는 내심 못마땅한 일이었겠으나 왕 자신에게는 경사도 이만저만한 경사가 아니었다. 조선시대 왕 중 재위 40년을 넘긴 이는 선조, 숙종, 영조, 고종 넷뿐이었고 고종 이전 왕들은 즉위 40년 기념식을 궁중 행사로 '조촐하게' 치렀다. 그런데 고종은 선왕先王의 행적을 본받지 않고, 자기 개인의 기념일을 대대적인 국가적 기념 축전祝典으로 삼고자 했다. 그는 자신이 제국帝國의 황제皇帝가 된 이상 제후국 왕에게 가해졌던 금제禁制에서 벗어나야 한다고 생각했던 듯하다.

자기의 개인적 경축일을 군민동락君民同樂의 축제일로 삼는 것은 백성들에게 군주의 일을 자기 일로 생각하는 관념, 즉 근대적 국민의식을 심어주는 데에도 유용했다. 망육순 기념행사에 앞서 그는 러시아 니콜라이 2세의 대관식(1896)과 영국 빅토리아 여왕 즉위 60년 기념축전

(1897)에 민영환을 특명전권공사로 파견한 바 있었다. 임무를 마치고 귀국한 민영환은 고종에게 서양 열강列强은 황제의 즉위식이나 즉위 기념식을 국민적 축제로 만들어 온 백성과 함께 즐기며, 여러 나라 사절을 맞아 우의를 다지는 기회로 삼는다고 복명했을 것이다. 자기 개인의 기념일이 백성들을 '충성심으로 하나 된' 국민으로 만드는 데 쓸모가 있을 뿐 아니라, 외교 관계를 다지는 기회가 될 수도 있다는 사실을 깨달은 고종은 이때부터 다가올 자신의 즉위 40년 기념행사를 준비하기 시작했다.

손님맞이를 위한 환경 미화

고종이 특히 신경 쓴 것은, 한국인들의 잔치 문화가 으레 그렇듯이, 손님맞이였다. 외국에 주재駐在하는 대한제국의 특명전권공사, 전권공사들에게는 특사 파견을 '간청'하는 임무가 부과되었다. 열강列强의 특사들이 방한訪韓하리라는 것을 전제로, 그들이 묵을 서울 공간을 문명국 수도首都에 부끄럽지 않은 모습으로 바꾸기 위한 도시 개조 사업이 급속히 진행되었다. 지체 높은 외국인의 눈을 의식한 이런 도시 개조 사업은 1985년 국제통화기금IMF·세계은행IBRD 총회나 1988년 서울올림픽을 앞두고도 진행된 바 있으니, 고종이 주도한 서울 도시 개조는 그 원조격의 사업이라 해도 무방하다. 대한제국의 정궁正宮이 된 경운궁에는 돈덕전, 중명전, 정관헌 등 서양식 석조 건물이 세워졌고, 석조전도 이 행사를 앞두고 착공되었다. 국중國中의 대로인 종로와 남대문로 좌우에 무질서하게 늘어서 있던 가가假家들이 철거되었고, 넓고 곧은 모습으로 재탄생한 이 길 위에 전차 궤도가 놓였다. 종로 한복판에는 근대적 도시 공원이 생겼고, 남대문 안쪽에는 서구 도시들에서는 이미 필수 시설이 된 '중앙 식료품 시장'이 들어섰다. 1897년부터 1902년까지 숨 가쁘게 전개된 서울 도시 개조 사업은 고종 주연의 '칭경 기념 예식'이라는 거창한 연극을 상연하기 위한 무대를 만드는 작업이기도 했다.

칭경 기념 예식의 하이라이트는 고종이 각국 특사들과 함께 참관하는 열병식閱兵式이었다. 열병식은 지금도 외국 국가 원수에 대한 최고 수준의 의전儀典이다. 한 나라의 국가 원수가 다른 나라의 국가 원수와 함께 자기 나라 군대를 사열查閱하는 것은 국가 간의 '악수'와 같다. 그것은 상대에게 '적의敵意 없음'을 드러내는 행위이자 은근히 자기 손아귀의 힘을 과시하는 행위다. 열병식 장소는 쓰지 않은 채 비워두고 있던 경희궁으로 정해졌다. 경희궁 안에 열병식장을 조성하는 공사가 진행되는 동안 경운궁과 경희궁을 잇는 육교홍교虹橋도 건설되었다.

전설 속 쇠로 된 괴물 등장하다

궁내부가 미국에 자동차를 주문한 것도 이때였다. 더불어 대한제국의 고관대작과 외국 귀빈용 탈것으로는 인력거를 쓰기로 하고, 일본에 수십 대를 주문했다. 칭경 기념 예식 준비가 아무런 차질 없이 진행되었다면, 고종은 자동차를 타고 정동에 몰려 있는 열국 공사관을 굽어보면서 이 육교를 위풍당당하게 건너갔을 것이다. 하지만 준비에도 차질이 있었고, 열병식도 예정대로 거행되지 못했다. 어떤 문제 때문인지는 알 수 없으나, 미국에 주문한 차량은 1902년 가을로 예정된 기념 예식 전에 도착하지 않았다. 게다가 기념 예식을 한 달쯤 앞두고 서울에 콜레라가 창궐했다. 치명적인 전염병이 도는 도시에 외국 귀빈들을 모실 수는 없었다. 기념 예식은 1903년 봄으로 연기되었고, 자동차는 그때에 맞춰 도착했다. 그러나 예식은 또 연기되었다. 영친왕이 두창에 걸렸기 때문이다. 마마 귀신이 천금 같은 황자를 찾아왔는데, 다른 손님을 더 받을 수는 없었다. 예식은 다시 1903년 가을로 연기되었다. 하지만 이미 즉위 40년 기념일은 1년이나 지났고 러시아와 일본 사이의 전쟁이 목전目前에 닥쳐 있었다.

결국 고종은 단군 이래 최초의 대규모 국제 행사를 치르려던 꿈을 포기하고, 수입한 인력거들을 문무 관료들에게 '불하'해버렸다. 다만 자동차는 경운궁 안 어딘가에 그냥 보관해두었다. 1904년 2월 러일전쟁이 일어났고, 4월에는 경운궁에 큰불이 났다. 그 와중에 고종의 자동차도 어디론가 사라졌다. 일본군이 마음대로 '징발'해갔을 가능성이 크지만, 당시의 대한제국은 그런 국제범죄에 항의할 수 있는 처지가 아니었다.

한국에 두 번째로 들어온 자동차는 1908년에 프랑스 영사가 가져온 이탈리아제 란치아 자동차였다. 궁궐에 출입할 자격이 없는 보통 사람들이 자동차를 본 건 이때가 처음이었다. 전설 속의 쇠로 된 불가사리 같은 괴물이 사람을 태우고 거리에 나타나자, 사람은 물론 소도 말도 놀라 어쩔 줄 몰랐다. 하지만 무엇이든 처음이 놀라울 뿐이지 두 번째부터는 별 것 아닌 게 되는 법이다. 일제의 한국 강점 직후에는 조선총독과 고종, 순종에게 각각 승용차가 배정되었는데, 이때쯤에는 이미 많

1909년 2월 20일자 《런던 그래픽 뉴스 *London Graphic News*》에 실린 삽화

프랑스 영사의 이탈리아제 란치아 자동차가 서울에 나타난 장면을 그린 것이다.
'한국인들은 혼비백산하여 사방으로 흩어졌으며, 들고 가던 짐도 내버리고 숨기에 바빴다. …… 소와 말도 놀라서 길가 상점이나 가정집으로 뛰어들었다' 는 설명이 부기附記되었다.
자동차가 도로의 폭군으로 등장하는 상황을 이보다 생생히 묘사하기도 어려울 듯하다.

은 사람들이 자동차에 관한 정보를 갖고 있었다. 사람들은 자동차를 아주 높은 분들이 타는 탈것 정도로 인식했을 뿐, 봐도 그리 놀라지는 않았다. 한국인 중에서 민간인으로 처음 자가용 승용차를 탄 이는 천도교주 손병희로, 1915년부터 캐딜락을 타고 다녔다.

〈자동차취체규칙〉 공포

1915년 7월 22일, 이 땅 최초의 자동차 관련 법규인 〈자동차취체규칙〉이 경무총감부령 제6호로 공포되었다. 서울에 50여 대, 전국에 80여 대의 자동차밖에 없던 시절이지만, 일본 법령을 일부 변경하여 조선에 적용한 것이다. 이 법령은 자동차의 등록 절차, 구조와 형식은 물론, 영업자, 소유자, 운전자, 탑승자 등 자동차와 관련된 거의 모든 사항을 규정한 종합 법규였다.

총 29조 61항으로 이루어진 이 법규 중 인상적인 조항 몇 개만 들어보자. '차륜車輪은 고무 타이어를 사용할 것'(3조 1항), '제동기는 2개 이상 구비할 것드럼 브레이크와 엔진 브레이크를 말함'(3조 2항), '중량 770파운드 이상의 차량은 역행할 수 있는 장치를 갖출 것'(3조 7항), '속도는 시내에서 8리32킬로미터, 기타 지역에서 12리48킬로미터를 초과할 수 없다. 단 복잡하거나 좁은 길, 길 모퉁이, 다리 위, 판자로 덮은 길 등에서는 서행한다'(11조), '승합자동차에 탑승한 자는 노래를 부르거나 시끄럽게 떠들어서 다른 사람의 정신을 혼란스럽게 해서는 안 된다'(17조 2항), '우마牛馬가 가까이 있을 때에는 속도를 늦추며 음향기경음기 사용에 주의하여 놀라지 않도록 조치할 것. 우마가 놀라 뛰거나 또는 그럴 우려가 있을 때에는 바로 정차하거나 길가로 대피할 것'(17조 8항), '다른 차와 나란히 달리거나 또는 경쟁하지 말 것'(17조 9항).

자동차, 도로를 점령하다

자동차가 출현한 당초에는 사람과 동물, 자동차가 같은 길을 이용했다. 그러나 곧 사람은 길가로 밀려났고, 길 복판은 자동차와 우마牛馬 차지가 되었다. 얼마 후 자동차는 우마牛馬마저 몰아내고 도로를 완전히 점령했다. 자동차 중심으로 재편된 현대의 길은 과거의 길과 전혀 다르다. 옛사람들의 기준으로 보자면 현대의 도로는 육로보다는 수로에 훨씬 더 가깝다. 인도는 제방 도로이고 횡단보도, 지하보도, 보도육교는 각각 교량에 해당한다. 차가 다니는 길에 뛰어드는 것은 강물에 투신하는 행위와 같다. 게다가 자동차를 몰고 도로 위를 달리는 일은 옛날 뱃사람들이 돛을 조작하고 노를 젓는 것보다 몇 배나 심한 스트레스를 견뎌야 하는 일이다. 믿어야 할지 말아야 할지 모르지만 어느 우스개 통계에 따르면 현대 한국인이 가장 자주, 가장 심한 욕설을 퍼붓는 공간은 다름 아닌 차 안이다. 자동차는 사람들에게 엄청난 속도와 편익을 제공했지만 거기에 상응하는 스트레스와 위험을 그 대가로 요구했다. 세상에 공짜는 없는 법이다. 현대의 도로는 사람이 사색하며 걸을 수 있는 길이 아니라 언제나 긴장한 상태로 걸어야 하는 길이다. 자동차가 도로를 점령한 뒤로, 대다수 가정의 아침 인사는 "차 조심해라"가 되었다.

자동차, 사람들의 시공간 관념을 바꾸다

자동차는 도로의 형태와 이용방식뿐 아니라 공간에 대한 사람들의 인식 태도와 방식, 나아가 세계관과 역사관까지 전면적으로 바꿨다. 나는 다섯 살 때 처음 자동차를 타봤다. 그 전에도 타본 적이 있을지는 모르나, 그렇다 해도 기억 밖의 일이다. 그때의 경험이 얼마나 놀라웠던지 지금껏 기억이 생생하다. 차가 움직이기 시작했을 때 내 입에서 튀어나온 말은 "엄마, 왜 나무가 움직여?"였다. 엔진으로 움직이는 탈것은 동물과 정물의 관계를 뒤바꿔버렸다. 자동차, 기차, 전차가 없던 옛날에는 나무나 바위, 산은 고정되어 있고 사람과 짐승이 움직인다는 것이 불변의 진리였다. 그러나 자동차, 기차, 전차는 나무, 바위, 산들을 움직이게 해서실제로는 고정되어 있지만 움직이는 것처럼 느끼게 해서 가만히 앉아 있는 사람을, 심지어 자고 있는 사람까지도 다른 세상으로 옮겨다주었다. 그렇게 그것은 사람을 '중세'에서 '근대'로 옮겨놓는 타임머신 구실을 했다.

의자에 가만히 앉아 차창 바깥의 세상이 움직이는 광경을 거듭 쳐다보면서, 사람들은 세상과 인간 사이의 관계에 대해 이전 시대 사람들과는 전혀 다른 감각, 전혀 다른 의식을 키워나갔다. 내가 움직이지 않아도 세상은 변한다는 감각, 돈만 있으면 고생하지 않고 원하는 곳에 도달할 수 있다는 의식, 이런 감각과 의식이 현대인의 세계관과 역사관 일부를 구성한다. 이런 태도는 대의제 민주주의와 무척 정합적이다. 대의제 민주주의에서 투표권 행사는, 정면에 목적지를 써넣은 버스를 선택하는 것과 비슷하다. 그래서 이는 동시에 민주주의가 주권자에게 요구하는 기본 덕목과는 배치된다. 나는 현대 민주주의의 딜레마, 즉 바라는 건 많으나 스스로는 무책임한 주권자들을 만들어내는 데 자동차가 단단히 한몫 했다고 본다.

또 달리는 자동차 안에서 세상을 보는 사람들은 인간적 척도로 공간을 인지하지 못한다. 너무나 빠르게 움직이는 사물들은 응시凝視를 허용하지 않는다. 자동차는 도로변의 사물들과 인도 위의 사람들을 잔영殘影으로 만든다. 달리는 자동차 안에 있는 사람들에게 작은 것은 보이지 않으며, 그래서 무의미하고 무가치하게 여겨진다. 그런 사람들의 시선을 끌기 위해서는 건물이건 간판이건 표지판이건 보행자들을 주눅들게 할 정도로 커져야 했다. 높이 수백 미터에 달하는 괴물 같은 덩치를 가진 건물들로 채워진 현대 도시는 경관景觀만으로도 사람들을 위압한다. 아주 큰 것들에 익숙해진 사람들은 작은 것들, 사소한 일들에 관심을 덜 기울이게 된다.

걸을 때 비로소 보이는 것들

오늘날의 한국인들은 자동차를 집 다음으로, 심지어 어떤 사람들은 집보다 더 중요하게 여긴다. 자동차는 단순한 교통수단이 아니다. 옛날의 '말'이 친구이자 식구였던 것과 비슷하게, 현대의 자동차는 또 하나의 '가족'이거나 '자기'다. 그것은 자기와 자기 가족의 신분과 지위, 취향과 기호를 드러내는 상징물이다. 자기 아내가 요리하다가 손가락을 베이면 밴드나 붙이라고 심드렁하게 말하면서도 자기 자동차에 살짝 흠이라도 나면 어쩔 줄 몰라 하는 사람이 한둘이 아니다. 관심과 사랑에 총량이 있는지는 모르겠으나, 사람보다 자동차를 더 사랑하고, 걷는 것보다 자동차를 타고 달리는 것을 훨씬 더 즐기는 인간이 현대인이다. 인간보다는 기계에 더 많은 관심을 기울이고, 새 친구 사귀는 것보다 새 기계 장만하는 것을 더 중요하게 여기는 새로운 종류의 인간, 현대인을 만드는 데 자동차만큼 큰 영향을 미친 것도 찾기 어려울 것이다.

마이카 시대가 열린 지 이제 한 세대. 이쯤이면 충분히 즐긴 것 아닐까? 자동차를 타고 달리느라 미처 보지 못했던 것들, 자동차에 관심을 쏟느라 미처 돌보지 못했던 사람들에 대한 정당한 관심과 애정을 되살려야 할 때는 아닐까? 그래야 세상이 좀 더 인간적이고 따뜻하게 변할 수 있지 않을까? 자동차는 걸으면서 할 수 있었던 수많은 일들, 걸으면서 볼 수 있었던 수많은 것들을 빼앗아갔다. 자동차에 대한 의존을 줄여야만, 빼앗긴 것들을 되찾을 수 있을 것이다.

七月二十四日

7월 24일 _ 광무신문지법 공포

탄압받던 언론에서 '한통속'이 된 언론

7月
24日

〈광무신문지법〉이 '광무' 신문지법인 이유

1907년 7월 20일, 일제는 헤이그밀사사건을 빌미로 고종을 황제 자리에서 쫓아내고 순종을 즉위시켰다. 나흘 뒤인 7월 24일에는 내각총리대신 이완용과 한국 통감 이토 히로부미가 서명한 〈한일신협약〉정미칠조약이 체결되었고, 같은 날 광무 11년도 대한제국 법률 제1호로 〈신문지법〉이 공포되었다.

본래 동아시아에서는 황제의 교체를 천명天命의 이동으로 해석하여 그때마다 연호年號를 개정했다. 그런데 중국에서는 황제가 죽어도 그해 말까지는 죽은 황제의 연호를 계속 사용했다. 새 황제의 시대는 즉위 이듬해 정월 초하루부터 열리는 셈이었다. 이를 유년칭원법踰年稱元法이라 한다. 반면 일본에서는 새 황제가 즉위한 즉시 연호를 바꿨다. 조선이 중국 연호가 적용되는 권역에서 벗어나 독자적인 연호를 쓰기 시작한 것은 청일전쟁 발발 직후였다. 이때 중국에 대한 사대事大관계를 공식 폐기하고 '조선 개국開國'을 새 연호로 정했다. 1895년에는 양력 채용을 계기로 건양建陽을 새 연호로 정했다가 대한제국 선포 후 다시 광무光武로 바꿨다. 연호 적용 방식을 중국식으로 할 것인지 일본식으로 할 것인지에 대해 명시적인 규정은 없었다. 다만 당시 대다수 식자

識者들은 새 덴노[天皇]가 즉위하자마자 바로 연호를 바꾸고 새 시대를 선포하는 일본식 제도를 불효막심한 오랑캐 제도라고들 생각했다. 한국에 대한 지배권을 확보한 일제가 일본식 개원법改元法을 강요하지 않은 것은 다소 의외인데, 어쩌면 조만간 사라질 한국 연호年號를 바꾸는 문제로 굳이 쓸데없는 분란을 일으키고 싶지 않았을 수도 있다. 그래서 〈신문지법〉 공포 일자는 융희 원년 7월 24일이 아니라 광무 11년 7월 24일로 표기되었다. 1907년을 융희 원년으로 표기하기 시작한 것은 조금 시간이 더 지난 뒤의 일이다. 〈신문지법〉이 순종 재위 중에 공포되었음에도 후일 〈광무신문지법〉으로 불린 것은 이런 까닭에서다.

황실의 존엄을 모독하는 내용은 신문에 실을 수 없다

다음은 〈광무신문지법〉의 주요 내용이다.

> 제1조. 신문지를 발행하려는 자는 발행지를 관할하는 경찰서를 경유하여 내부대신에게 청원하여 허가를 받아야 한다. 제10조. 신문지는 매회 발행에 앞서 먼저 내부 및 그 관할 관청에 각 2부를 납부해야 한다. 제11조. 황실의 존엄을 모독하거나 국헌을 문란케 하거나 또는 국제 교의를 저해하는 사항은 기재할 수 없다. 제12조. 기밀에 관한 관청의 문서 및 의사議事는 해당 관청의 허가를 받지 않고는 그 상략詳略을 불구하고 기재할 수 없다. 특수한 사항에 관해 해당 관청에서 기재를 금할 때도 같다. 제21조. 내부대신은 신문지로써 안녕 질서를 방해하거나 풍속을 괴란케 한다고 인정될 때는 그 발

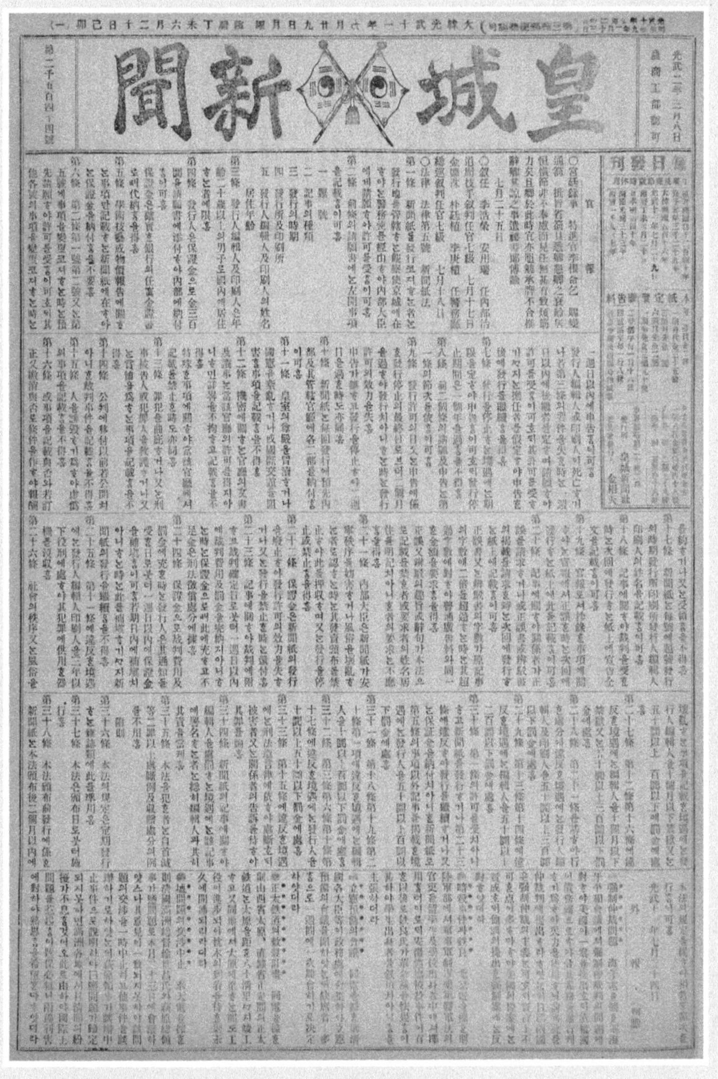
皇城新聞

〈광무신문지법〉

〈광무신문지법〉 전문이 수록된
《황성신문》 1907년 7월 29일자.

매 반포를 금지하고 이를 압수하여 그 발행을 정지 또는 금지할 수 있다.

이런 종류의 법조문들이 대개 그렇듯이 내용은 장황하지만 요지는 간명하다. 일제 권력의 눈 밖에 난 자들은 신문을 발행하겠다는 꿈을 꾸지 마라. 신문을 발행하기 전에 먼저 검열을 거쳐라. 권력의 비위를 거스르는 내용은 신문에 실을 수 없다. 혹시 실수로라도 그런 내용을 싣는다면 폐간이나 정간을 각오해라.

게다가 이런 '금지법'들이 금지하는 사항들은 법조문이 아무리 명백하게 규정하더라도 결코 명백하게 인지되지 않는다. 어떤 행위나 발언이 '황실의 존엄을 모독하는 것'이거나 '국헌을 문란케 하는 것'일까? 비근한 예로 1990년대 태극기에 대한 국제적 인지도를 높이겠다며 태극기 도안을 상업화하는 문제를 검토한 적이 있었다. 그때 이런 문제가 제기되었다. 팬티나 브래지어에 태극기 도안을 넣는 것이 태극기를 모욕하는 것인가 아닌가? 양말이나 신발에는? 권력은 해석의 권리를 독점한다. 행위자나 발언자의 의지에 관계없이, 권력은 자기 맘대로 문란이나 모독 여부를 판정한다. 그래서 이런 금지법들은 그것이 구체적으로 금지한 행위나 발언뿐 아니라 금지선에 저촉될 '우려가 있는' 행위나 발언까지 금기의 영역으로 몰아넣는다. 법이 정한 금지선 바깥쪽에 또 하나의 사회적 심리적 금지선이 만들어지는 것이다. 이 법은 한국의 언론 자체를 말살하기 위한 법이었고, 그 목적을 충분히 달성했다.

군대 해산보다 언론 통제가 먼저

〈신문지법〉이 제정된 지 사흘 뒤, 다시 법률 제2호로 '정치적 성격을 띤 집회와 결사의 금지'를 골자로 한 〈보안법〉이 공포되었다. 군대 해산에 관한 조칙이 공포된 것은 〈신문지법〉이 공포된 지 정확히 일주일 뒤였다. 법령의 공포 순서는 일제 침략 정책의 우선순위를 보여준다. 일제는 한국을 식민지화하는 데 군대의 무장해제나 집회와 결사의 금지보다 언론 통제가 더 시급하다고 판단했다.

일제는 한국을 강점한 뒤 대한제국 정부 명의로 공포된 법률을 거의 다 폐지하고 그 대신 칙령이니 법률이니 제령制令조선총독이 제정 공포한 법령이니 부령府令제령의 하위법, 정식 명칭은 조선총독부령이니 하는 법령으로 대체했으나, 〈신문지법〉은 그대로 두었다. 다만 이 법은 식민지 원주민에게만 해당하는 법률이었다. 일본인이 발행하는 신문은 1908년 통감부가 제정한 〈신문지규칙〉의 적용을 받았다. 물론 이 규칙은 〈신문지법〉보다 훨씬 더 많은 '언론 자유'를 보장했다. 3·1운동 이후 일제는 이른바 '문화통치'를 표방하면서 조선인에게만 적용했던 〈조선태형령〉 등을 폐지했다. 그러나 〈신문지법〉에는 손을 대지 않았다. 내선일체內鮮一體를 표방하며 한국인에 대한 가시적 차별을 가급적 은폐하려 했던 1930년대 말에도, 〈신문지법〉과 〈신문지규칙〉을 통합 정비하겠다는 언명言明은 있었으나 결국 끝까지 그대로 두었다. 언론을 장악하고 조작하는 것은 권력에게는 끊을 수 없는 마약과 같았다.

1921년 용산 철도운동장의 취재기자석

〈신문지법〉을 근거로 한 일제의 신문 검열은 기자들에게는 치명적인 '자기 검열' 로 이어졌다.
총독 정치를 정면에서 비판하는 기사를 써봐야 신문에 실리지도 못하고 공연히 경찰서 구경만 해야 하는 상황에서,
당시 기자들은 변죽만 울리는 데 그칠 수밖에 없었다.
* 출처: 동아일보사, 《사진으로 보는 한국백년》, 1978.

해방 뒤에도 죽지 않은 〈광무신문지법〉

헌법도 없던 전제군주제 시절 일제가 한국 침략을 위해 제정한 이 악법은, 해방 후 미군정 시절뿐 아니라 민주주의 헌법이 제정된 뒤에도 오랫동안 존속했다. 당시의 미국은 언론 자유의 모범이자 언론의 천국天國이었으나, 미군정은 한국인들을 통제하기 위해서는 언론의 자유를 인정하지 않는 편이 낫다고 판단했다. "그들조선인 경찰이 일본을 위해 유용했다면, 우리를 위해서도 유용할 것"이라는 미군정 당국자의 판단은 언론에도 적용되었다. 1948년 5월 21일, 미군정기의 대법원은 1심 재판부의 판단을 배척하고 〈광무신문지법〉이 유효하다고 판결했다. 피고는 남노당 중앙위원 김광수였다.

두 달 뒤에 제정된 대한민국 헌법 제13조도 '모든 국민은 법률에 의하지 아니하고는 언론, 출판, 집회, 결사의 자유를 제한받지 아니한다'라 하여 이 법률이 '위헌 혐의'를 비껴갈 수 있게 해주었다. 법률에 의해서라면, 민주주의가 보편적으로 허용해야만 하는 기본권마저 제약할 수 있게 한 것이다. 이승만 정부는 조선총독부조차 거의 적용하지 않았던 〈광무신문지법〉을 조자룡이 헌 창 쓰듯 휘둘렀다. 정부 수립 한 달 만에 《조선통신》이, 그 다음 달에는 《국민신문》이 각각 폐간되었다. 이에 1948년 11월 1일, 언론 3단체기자협회, 언론협회, 담수회가 신문지법 철폐 성명을 내는 등 이 법에 반대하는 운동이 속발했지만 이승만 정부는 들은 체도 하지 않았다. 야당이 다수당이 된 1952년 3월 19일에야, 국회는 이 법을 폐지했다. 전쟁 중이었지만, 최소한의 양식을 가진 사람이라면 이 법을 살려두는 것이 코미디라는 사실은 알았다.

광무신문지법은 지금부터 46년 전 일인日人들이 한일합병을 목적으로 민족적 여론을 막기 위하여 제정하였던 법률로서 오늘에 있어서는 박물관에나 보관하였다가 후세 사람들에게 역사적 사실로서 일본인들의 악랄하였던 정책을 보여주는 참고문헌에 불과한 것이다. 법의 내용을 보면 전문 48조 중 30조목이 전부 언론을 탄압하는 법칙으로 된 세계에 그 예를 볼 수 없는 악독한 법률이다. 이러한 법률을 신생 자유 대한민국에서 공공연하게 적용하고 있다는 것은 언어도단이다(자유당 김정식).

독재의 역사는 곧 언론 탄압의 역사

'박물관에나 있어야 했던' 〈광무신문지법〉은 이렇게 폐지되었으나, 그렇다고 권력이 언론을 자유롭게 풀어준 것은 아니었다. 1959년 이승만 정부는 〈광무신문지법〉 대신 미군정법령을 적용하여 《경향신문》을 폐간했다. 국가 권력이 법률, 기타의 수단으로 언론을 억압하는 일은 그 뒤로도 오랫동안 계속되었다. 독재의 역사는 곧 언론 탄압의 역사였다.

'귀에 거슬리는 말'이 듣기 싫은 것은 인지상정이다. 옛사람들이 "충언忠言은 귀에 거슬리나 행동에 이롭다"는 말을 만들어낸 것은, 이 인지상정에서 벗어나야 남에게 해를 끼치지 않고 스스로도 해를 입지 않는다는 사실을 잘 알았기 때문이다. 하지만 남의 말문을 막을 힘을 가진 국가 권력은 이 경구警句를 너무 우습게 여긴다. 국가 권력이 국민을 해치고 스스로를 망치는 것은 대개가 이 경구를 무시했기 때문이다. 이제 한국에서는 〈광무신문지법〉뿐 아니라 법과 강제력에 의한 언론 탄압도

박물관에 들어갔다. 그러나 언론은 여전히 문제다. 오늘날의 거대 언론은 국가 권력의 탄압을 받는 대상이 아니라 특정 권력과 이해관계를 같이하는 '한통속'이 되어 있다. 그들은 권력을 향해서가 아니라, 권력의 미움을 받는 자들을 향해 쓴소리를 퍼붓는다. 언론이 자발적으로 권력의 마약 구실을 하면, 그 권력은 자기가 영향을 미치는 세상 전체를 망치게 마련이다.

七月二十九日

7월 29일 _ 양화진에 외국인 묘역 조성

글로벌시대, 한국인의 사생관死生觀과 외국인 묘지

7月
29日

무덤, 죽은 사람의 집

기나긴 세월 농경에 의지하여 살아온 까닭에 한국인들은 사람을 식물에 비유하는 문화를 형성했다. 어린이를 '새싹'이라 부르고 큰 업적을 남긴 사람을 '거목巨木'이라 하며 평생 살 집이나 직장을 구하면 '뿌리 내린다'고 한다. 조윤제가 한국인의 기질적 특성 중 하나로 꼽은 '끈기'도 기실 '근기根氣'니 나무뿌리처럼 단단히 박혀 흔들리거나 뽑히지 않는 기질을 말한다.

산 사람이 뿌리내리는 곳은 집이요, 죽은 사람이 정착하는 곳은 무덤이다. 조선시대에는 고향을 떠나 서울에서 벼슬살이하던 젊은이가 죽으면, 며칠이 걸리더라도 친지들이 시체를 떠매고 그의 고향집에까지 데려다주었다. 일가가 모두 서울에 세거世居하는 경화사족京華士族들도 어지간해서는 서울 근교에 묘를 쓰지 않았다. 조상들이 잠들어 있는 선산先山 한 귀퉁이에 자기 자리를 잡는 것이 후손 된 도리였다. 밥은 밖에서 먹어도 잠은 집에서 자는 관습은 타향살이를 하다가도 죽은 뒤에는 고향에 묻히는 규범과 짝을 이뤘다. 살던 곳에서 죽어 묻힐 곳까지 가는 여정旅程이 길다보니, 형편에 따라 7일장이나 9일장을 치르는 것이 오히려 일반적이었다.

한국 전통문화, 삶과 죽음을 멀리 떼어놓다

한국 '전통문화'의 주요 특징 중 하나는, 삶과 죽음을 지나칠 정도로 멀리 떼어놓는 점이다. 세계 어느 나라 도시를 가나 도시 한복판, 마을 한 귀퉁이, 산 사람의 집들 옆에 공동묘지가 있는 것을 어렵지 않게 볼 수 있다. 무덤은 성질상 죽음을 직접 연상시키는 시설이다. 그런데 한국인들은 자기 삶의 공간 주변에 무덤은 물론 그 비슷한 시설이 있는 것조차 참지 못한다. 산업화와 도시화를 거치면서 산山의 의미가 많이 달라지기는 했으나, 평지에는 산 사람의 집을 짓고 죽은 사람의 집은 산에 만들어야 한다는 것이 아주 오랜 옛날부터의 관념이었다. 그래서 한국의 무덤은 '산소山所'다. 오랫동안 산 자의 거소居所와 죽은 자의 유택幽宅을 공간적으로 확실히 분리시키는 문화 속에서 살아온 탓에, 현대 한국인들은 할 수만 있다면 죽음이라는 단어 자체를 소멸시킬 것처럼 행동한다. 사람은 누구나 언젠가는 죽는다는 사실을 잘 알면서도. 특히 대도시 사람들은 납골당이나 화장장 등 죽음과 관련된 시설이 자기 동네 인근에 들어온다는 소식을 들으면 바로 전의戰意를 불태운다.

오래전 용산 미군기지 공원화 방향에 대한 공청회가 있었다. 그 자리에 토론자로 참석해서 용산공원의 역사성과 관련한 활용방안에 대해 의견을 냈다. 용산 미군기지 일대는 조선시대 서울 토박이 주민들을 위한 공동묘지였다. 러일전쟁 이후 일본군이 군사기지로 그 땅을 요구하자, 대한제국 정부는 보상을 위해 현장을 조사했다. 조사 결과 모두 117만여 기基의 무덤이 확인됐다. 공청회의 주목적이 외국 군사기지가 되기 전 그 땅의 '장소성'을 확인하고 그것을 공원 조성에 반영하는 방안을 찾는 것이었기 때문에, 나는 당연히 그 사실을 소개했다. 그리고 이렇게 제안했다. 본래 서울의 공동묘지였던 땅이고, 장례문화와 죽음에 대한 태도를 바꾸는 것이 시대의 과제라 할 수 있으니, 일정 면적을 수목장지로 할당하거나 아니면 서울 시민들이 함께 기릴 만한 인물들의 이름을 새겨둔 '메모리얼 월Memorial Wall'을 설치하자고. 그랬다가 지역 주민 대표들에게 봉변당할 뻔했다. 이 좋은 땅을 일부나마 왜 죽은 자들에게 할당하자 하느냐고.

출퇴근길이나 통학길에 수시로 무덤을 보는 사람들과 자신의 일상생활 공간에서 죽음을 멀리 떼어놓은 사람들은, 아무래도 죽음을 대하는 태도가 다를 수밖에 없다. 그러나 죽음을 대하는 태도가 곧 삶을 대하는 태도다. 죽음을 생각하기 싫어하는 사회는, 삶에 대해서도 진지하게 생각하지 못한다. 삶의 근본적 의미에 대해 진지하게 성찰하지 못하면서 표피적이고 말초적인 자극에만 몰입하는 현대 한국인 다수의 행태는, 어쩌면 죽음을 접할 기회가 줄어든 것과 관련이 있을지도 모른다는 생각이다.

한국적 무덤관에 균열이 생기다

물론 죽음을 두려워하고 가급적 멀리 떼어놓으려 드는 것은 인류의 보편적인 심성이다. 다만 한국 문화는 삶과 죽음 양자 사이를 시각적·공간적으로 격리시키는 점에서 세계 제일이라 해도 지나치지 않은 듯하다. 한국인들이 이 사실, 즉 죽은 자를 대하는 자신들의 태도와 방식이

다른 나라 사람들의 그것과 매우 다르다는 사실을 처음 깨달은 것은, 개항 이후 한국에서 외국인 사망자가 출현한 뒤의 일이었다.

1890년 7월 26일, 제중원 의사로 있던 미국인 헤론John W. Heron이 서울에 들어온 서양인으로는 처음으로 이질에 걸려 사망했다. 그 전에 청국인과 일본인 중에도 사망자가 있었을 터이나, 이들은 서울 인근에 별도의 무덤 자리를 요구하지 않았다. 청국인은 시신을 어떻게 처리했는지 정확히 알 수 없지만, 일본인들은 가까운 사람들끼리 모여 간단한 화장식火葬式을 치르고는 유골함을 본국에 보냈다. 일본인들이 자기들 거류지에 신사神社를 먼저 만든 것도 주로 장례葬禮를 위해서였다. 하지만 서양인들의 장례 문화는 중국, 일본과 달랐다. 그들에게는 '수구초심首丘初心' 같은 성어成語가 없었다. 더구나 그들의 고향은 말 그대로 '이역만리異域萬里'에 있었다. 서구 각국은 조선 정부와 통상조약을 체결할 당시부터 자국민이 조선에서 죽을 경우에 대비해 조선 정부에 합당한 장지葬地 제공의 의무를 부과했다. 그러나 조선 정부는 이 문제를 그리 심각하게 다루지 않았다. 죽은 이가 무엇 때문에 먼 타국 땅에서 영면永眠하겠는가 하는 생각 때문이었다. 그런데 실제로 사망자가 발생하자 사태는 조선 정부의 예상과는 다른 방향으로 전개되었다.

양화진에 외국인 묘역을 만들다

> 조선 정부는 외국인 묘지를 위해 서울 근교에 땅을 내어주지 않았다. 강한 미신과 아주 엄격한 법률은 그 도시 성곽 내에 죽은 자의 매장을 허락하지 않았

으며 이제까지 죽었던 몇 명의 유럽인들은 제물포 근처의 묘지에 매장되었다. 그러나 7월의 한더위 속에서, 그것도 운송수단이라고는 가마밖에 없는 상황에서 제물포까지 30마일 거리를 유해를 옮겨 그렇게 멀리서 우리의 사자死者를 장례 지내야 한다는 것은 이미 상처받은 마음에 고통을 더하는 것일 뿐 아니라 무익하고 불편하며 비용이 많이 드는 것이다. 그리하여 헤론 의사의 죽음이 피할 수 없는 것처럼 보이자 묘지를 위해 서울 근교의 한 지역을 조선 정부에 요청했다. 그들은 특유의 지연 방식으로 끝내 땅을 주지 않았다. 헤론이 죽던 날 그들은 한 장소를 제공했으나 우리는 그곳이 강 건너 모래사장 뒤쪽 멀리 떨어진 아주 낮은 지대여서 거의 사용할 수 없다는 것을 알았다. 그때 우리는 어떤 즉각적인 조치를 취하지 않으면 안 되었기 때문에 우리 선교단 소유의 토지 일부에 임시로 매장하기로 결정했다. 그 당시 거기에는 언더우드 씨와 헤론의 한글 선생들이 살고 있던 작은 집이 있었다. 그들은 이러한 계획을 듣자마자 그것은 법에 저촉되며 또 시체를 그곳으로 옮기려면 도로를 통과해야 하는데, 그러면 아마도 상당한 흥분과 소동이 있게 될 것이라고 하면서 아주 강력히 반대했다. 그때 우리는 그들이 다른 장소를 제공하지 않았기 때문에 일시적으로나마 유해를 이렇게 처리하지 않을 수 없다는 전언을 외부外部에 보내는 동시에 헤론의 집 뒤쪽에 무덤을 파라고 지시했다. 장례시각은 3시로 정해졌는데, 약 30분 전에 한글 선생들이 헝클어진 머리에 눈물을 흘리고 떨면서 극도의 흥분과 공포에 사로잡혀 우리에게 달려왔다. 그들은 그 지역에 있는 사람들이 만일 시체가 성곽 안에 매장된다면 우리 모두를 공격하고 집을 불태울 것이며 그들을 때려죽이고 우리 또한 비슷하게 죽이기로 계획하고 있다고 증언했다. 우리는 시체를 뉘일 수 있는 장소를 찾을 수 없다는 것이 비참했다. 우리의 마음은 가엾은 괴롭힘을 당한 자매에 대한 고통으로 찢어지는 듯했다. 헤론 여사는 모든 사람의 동정을 받을 뿐만 아니라 그가 사랑하는 사람의 시체를 위해서 조용하고 버젓한 장례를 주장했지만, 그의 영면을 위한 장소 제공을 거절당한 채 온갖 입씨름과 혼란에 휩쓸렸다. 우리는 유생들의 처사에 몹시 화가 났다. 우리는 그들이 미개한 미신의 영역을 벗어나야 하고 사람들에게 그 비밀을 알리지 말아야 했다고 생각했다. 헤론의 유해를 어디에 안장해야 할지 불확실했기 때문에 방부 처리하고 밀봉해 두었다. 그런데 외부外部는 백인 주택지에 묻는 것이 우리의 취지라는 얘기를 듣고 곧 타협하며 우리에게 서울에서 약 5마일 떨어진 강이 내려다보이는 멋진 절벽 위의 넓은 장소를 제공했다. 이것은 미국 공사인 알렌 박사가 외부外部를 공격하고 양보할 것을 주장하면서 끈질긴 노력을 보여 얻은 것이었다(릴리어스 언더우드, 《상투의 나라》, 1904).

인용이 장황하지만 양화진에 외국인 묘지가 들어서기까지 미국인들과 조선 정부, 나아가 도성 안의 일반 시민들 사이에 어떤 줄다리기가 있었는지를 이보다 상세히 전달하기도 어려울 것이다. 당시 미국 공사 허드Augustine Heard II 릴리어스 언더우드는 '미국 공사인 알렌 박사'라고 기록했으나, 당시 미국 공사는 어거스틴 허드 2세였다는 헤론이 죽자마자 빨리 장지를 제공하라고 독촉했지만, 그냥 두면 알아서 제 나라로 돌아가겠지 하는 심사였던지 조선 정부는 모르쇠로 버텼다. 정동 외국인 거류지 안에 안장하겠다는 최후통첩을 받은 뒤에야, 조선 정부는 부랴부랴 묏자리를 구하러 나섰다. 왕이라도 도성 안에는 묻힐 수 없는 법인데 하물며 외국인이랴.

조선 정부가 찾아낸 곳은 한강변 양화진 언덕이었다. 양화진은 1866년 병인양요 때 프랑스 군함이 나타났던 곳이고, 1882년에 체결된 조

1951년의 양화진 외국인 묘지

1951년 언더우드가 찍은 양화진 외국인 선교사 묘원 항공촬영 사진.
이곳의 정경은 일제 강점기에도 이때와 별반 다르지 않았다.
《삼천리》 1938년 8월호는 "일광日光에 반사하여 더욱 더 정채精彩를 발하는 흰 대리석의 여러 석비石碑와 ……
무덤 한가운데에 깨끗한 돌로 전석을 하얗게 깐 품이 음산한 무덤 같지 않고 흡사 공원 같다"고 기록했다.

청상민수륙무역장정이 '개시장開市場'으로 정한 곳이기도 했다. 병인박해 때 프랑스 신부를 비롯한 천주교도들이 처형된 곳도 여기였다. 이래저래 외국인 묘역으로 양화진만한 곳도 없었다. 1890년 7월 29일 헤론을 묻은 뒤 조선 정부는 이 일대의 땅을 동전 705냥으로 매입하여 묘지의 권역을 일차 확정했다. 그로부터 3년 뒤인 1893년 10월에는 양화진외국인묘지 관리 규칙이 제정, 공포되었다. 조선 정부는 묘역의 토지를 제공하고, 묘역 관리는 외국인들이 자체적으로 꾸린 위원회에 맡긴다는 내용이었다. 묘지 권역은 그 뒤 여러 차례 확장되었는데, 땅값은 모두 조선 정부가 부담했다.

"나는 웨스트민스터 성당보다 한국 땅에 묻히기를 원하노라"

지금 이곳에는 555기의 외국인 무덤이 있다. "나는 웨스트민스터 성당보다 한국 땅에 묻히기를 원하노라"는 문구를 묘비에 새긴 헐버트Homer B. Hulbert, 《대한매일신보》의 사주로서 일제의 침략 만행을 폭로하고 한국인들의 독립의지를 고취하는 데 기여한 영국인 베델Ernest Thomas Bethell, 세브란스병원과 의학교를 세운 캐나다인 에이비슨Oliver R. Avison, 대한제국 군악대장으로 한국에 서양음악을 전수한 독일인 에케르트Franz Eckert, 이 땅 최초의 크리스마스실을 발행하는 등 결핵퇴치에 선구적 업적을 남긴 미국인 홀Sherwood Hall 일가, 경신학교와 연희전문 등을 창립하여 근대 교육 보급에 큰 족적을 남긴 미국인 언더우드Horace G. Underwood 일가, 배재학당과 정동교회를 세운 미국인 아펜젤러Henry Gerhart Appenzeller 등 한국의 근대 문물 도입과 관련해 결코 빼놓을 수 없는 역사적 인물들 다수가 죽은 뒤 이곳에서 '함께 살고' 있다. 이 묘역이 처음 만들어질 때는 서울 바깥이었으나, 이제는 서울 안이다. 현재 이 묘역은 한국기독교선교100주년기념교회가 관리하고 있어서 주로 개신교인들의 참배 성지처럼 이용되고 있다. 하지만 이 묘역에 선교사들의 무덤만 있는 것은 아니다. 종교적 이유가 아니더라도 일부러 들러서 죽음과 삶, 도시와 공동묘지의 관계에 대해 한 번쯤 생각해보는 것도 좋지 않을까? 아직도 이 묘지에서 '이국적 정취'보다는 '불길不吉'을 느끼는 사람들에게는 해당되지 않는 이야기겠지만.

八月四日

8월 4일 _ 김우진, 윤심덕 현해탄 투신

자살률은 시대의 '우울도' 측정하는 바로미터

8月
4日

“미안하지만 짐을 집에 보내주시오”

1927년 8월 4일 새벽 4시, 일본 시모노세키를 출발해 부산으로 향하던 관부연락선 도쿠주마루德壽丸는 쓰시마 섬 앞을 지나고 있었다. 그 시각 언제나처럼 배 안을 순찰하던 급사가 허겁지겁 선장에게 달려와 일등객실에 있던 손님 두 명이 사라졌다고 보고했다. 배 안을 두 번 세 번 샅샅이 뒤지고 배를 되돌려 항로를 거슬러가며 수색했지만, 물에 빠져 허우적거리는 사람도 물에 떠다니는 시체도 찾지 못했다. 객실 안에서 “미안하지만 짐을 집으로 보내주시오”라는 글자가 적힌 메모지 한 장만 나왔을 뿐이다.

실종된 두 사람은 김우진과 윤심덕으로, 나이 31살의 동갑내기 남녀였다. 김우진은 대한제국 시절 장성군수를 지낸 전남의 부호 김성규의 아들로 일본 와세다대학 영문과를 졸업했다. 귀국 후 부친이 설립한 농장 경영 회사인 상성합명회사 사장으로 있으면서 시, 희곡, 평론 등을 집필했는데, 사업가로서의 자질이 어땠는지는 알 수 없으나 극작가로서는 상당히 촉망받는 편이었다. 윤심덕은 평양 출생으로 경성여자고등보통학교 사범과를 졸업한 뒤 총독부 유학생으로 뽑혀 일본 도쿄음악학교에서 성악을 전공하고 돌아왔다. 그 뒤 경성사범 부속보통학교에서 학생들에게 음악을 가르치는 한편 성악가로도 활동하여 대중적 인기를 끌었다.

'조선 최초의 선상船上 정사情死'

두 사람의 실종 소식을 접한 조선 내 언론들은 하나같이 이 사건을 '조선 최초의 선상船上 정사情死'로 단정해 보도했다. 절대다수의 사람들이, 유부남이긴 했으나 부잣집 아들에 배운 것도 많고 인물도 빼어난 당대의 '엄친아'와 조선 최고의 소프라노 가수였던 당대의 '스타'가 함께 죽을 다른 특별한 이유를 찾지 못했다. 더구나 윤심덕이 실종된 직후 그녀가 마지막으로 취입한 노래가 유성기를 통해 곳곳에 울려 퍼지기 시작했다.

광막한 황야에 달리는 인생아
너의 가는 곳 그 어데냐
쓸쓸한 세상 험악한 고해苦海에
너는 무엇을 찾으러 가느냐
눈물로 된 이 세상아 나 죽으면 그만일까
행복 찾는 인생들아 너 찾는 것 설움.

헝가리 민족작곡가 요시프 이바노비치Iosif Ivanovich의 〈다뉴브강의 잔물결〉에 한국어 가사를 붙인 노래 〈사의 찬미〉는 당시 조선인들이 두

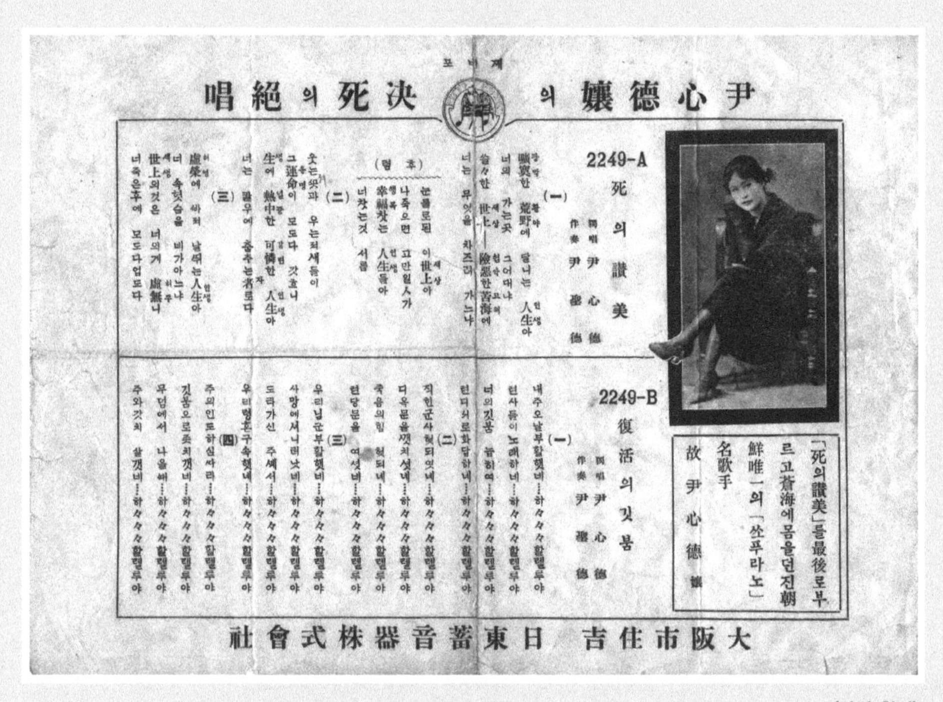

제비포

尹心德孃의 決死의 絕唱

2249-A

死의 讚美

獨唱 尹心德
伴奏 尹聖德

(一)
曠漠한 荒野에 달니는 人生아
너의 가는곳 그어대냐
쓸々한 世上 險惡한 苦海에
너는 무엇을 차즈러 가느냐

(후렴)
눈물로된 이世上아
나죽으면 고만일人가
幸福찻는 人生들아
너찻는것 서름

(二)
웃는꼿과 우는저새들이
그運命이 모도다 갓흐니
生에 熱中한 可憐한 人生아
너는 칼우에 춤추는者로다

(三)
虛榮에 싸혀 날뛰는 人生아
너 속혓슴을 비가아느냐
世上의것은 너의게 虛無니
너죽은후에 모도다업또다

2249-B

復活의 깃봄

獨唱 尹心德
伴奏 尹聖德

(一)
내주오날부활햇네…하々々々할렐루야
텬사들이 노래하네…하々々々할렐루야
너의깃봄 놉히여…하々々々할렐루야
텬디서로화답하네…하々々々할렐루야

(二)
직힌군사헛되엿네…하々々々할렐루야
디옥문을깻치셧네…하々々々할렐루야
죽음의힘 헛되네…하々々々할렐루야
텬당문을 여셧네…하々々々할렐루야

(三)
우리님군부활햇네…하々々々할렐루야
사망에서니러낫네…하々々々할렐루야
도라가신 주쎄서…하々々々할렐루야
우리령혼구속햇네…하々々々할렐루야

(四)
주의인도하심싸라…하々々々할렐루야
깃봄으로좃치갯네…하々々々할렐루야
무덤에서 나을쎄…하々々々할렐루야
주와갓치 살갯네…하々々々할렐루야

「死의讚美」를最後로부르고蒼海에몸을던진朝鮮唯一의「쏘푸라노」名歌手 故尹心德孃

大阪市住吉 日東蓄音器株式會社

〈사의 찬미〉

김우진과 윤심덕의 실종 후 윤심덕이 마지막으로 취입한 노래 〈사의 찬미〉가 공전의 히트를 기록했다. 〈사의 찬미〉 가사가 수록된 레코드회사의 음반 설명글은 윤심덕을 "「사의찬미」를 최후로 부르고 창해에 몸을 던진 조선 유일의 「소프라노」 명가수"로 소개하고 있다.

사람의 죽음에서 받은 연상聯想과 결합하여 공전의 히트를 기록했다. 중혼重婚이 드물지 않던 시절임에도 두 사람이 정말 이루어질 수 없는 관계였는지는 중요하지 않았다. 둘이 정말 그토록 사랑하는 사이였는지도 돌아볼 겨를이 없었다.

유명인 자살, 사회에 복잡한 감정적 파문 일으켜

자살, 특히 남들의 부러움을 살 만한 삶을 살던 사람들의 자살은 동시대 사회에 복잡한 감정적 파문을 일으킨다. 어떤 이들은 "저렇게 남부럽지 않은 처지에 있는 사람들도 죽기보다 괴로운 일을 겪는구나"라며 자신의 불행한 삶을 위안하는 소재로 삼는다. 이런 반응은 사회의 계층적 갈등을 완화하는 구실을 한다. 아무리 잘난 사람이라도, 아무리 부자라도, 그 삶의 내면을 들여다보면 다들 불쌍하다. 세상에 불쌍하지 않은 사람은 없다. 그러니 세상은 참 공평하다! 반대로 "저렇게 잘난 사람들도 자살하는데, 나 같은 게 살아서 뭐 하겠어"라고 생각하는 사람도 있다. 이런 반응은 이른바 '모방 자살'로 이어질 수도 있다.

물론 대다수 사람들은 자기 삶과 거리를 두고 남의 자살을 냉정하게 평가한다. 김우진과 윤심덕의 죽음에 대해서도 "앞날이 창창한 젊은 것들이 뭐가 아쉬워서 죽나? 그까짓 애정이 뭐 별거라고. 다 부모가 잘못 가르친 탓이야"라며 혀를 차는 노인들이 있었을 것이고, "현실이 부조리하고 풍습이 고루해서 자기들의 꿈과 이상을 펼치기 어려웠더라도 힘껏 싸워 현실을 바꿀 생각을 했어야지. 자살은 비겁한 현실 도피일

김우진과 윤심덕

김우진은 대한제국기 장성군수를 지낸 목포 부호 김성규의 맏아들로 와세다대학 영문과를 졸업했다.
우리나라 최초의 근대 극작가로 평가받는 그이지만,
가정적으로나 사회적으로나 자살할 이유는 한두 가지가 아니었다.
윤심덕 역시 유부남을 사랑한 것 말고도 숱한 고민을 안고 산 신여성이었다.
그러나 하루하루 죽지 못해 살아가는 평범한 사람들이 보기에,
둘 모두 죽을 핑계보다는 살 이유가 훨씬 많은 사람들이었다.

뿐이야"라며 냉소하는 젊은이들도 있었을 것이다. '사랑'이라는 근대적 감성을 이해하고 내면화하는 데 몰두하던 청년 지식인들 중에는 이들에게 "숭고한 사랑을 실현하기 위해 죽음마저 불사한 시대의 선각자이자 영웅들"이라는 칭호를 헌정하고 싶어 하는 사람도 많았다. 당시 신문들의 논조도 대략 이랬다.

'믿을 수 없음'의 영역으로 이동한 유명인의 동반자살

자살은 산 사람의 지식으로는 결코 해독할 수 없는 영역이다. 현대의 정신의학자들이나 심리학자들은 자살의 직접 원인을 '우울증'이라는 개인의 질병으로 돌리는 경향이 있다. 하지만 자살한 사람에게 왜 그런 결단을 내렸느냐고, 자살한 것을 후회하지는 않느냐고 물어볼 방도는 없다. 남은, 그가 아무리 탁월한 정신분석가이거나 심리학자라도, 이미 자살한 사람의 내면을 들여다보고 해석할 수 없다. 평소 우울증을 앓던 환자가 자살을 선택하는 경우가 많기는 하겠지만, 그렇다고 모든 자살을 개인의 정신질환 탓으로 돌릴 수는 없다. 충정공 민영환이나 매천 황현이 '우울증'으로 인해 자살했다고 진단한다면, 이 얼마나 허무한 일인가? 자살은 개인이 선택하는 일이지만, 그 동기는 개인 내부에만 있지 않다. 살인범의 살인 동기가 한두 가지가 아니듯, 자살자의 자살 동기도 한두 가지가 아닐 것이며, 여러 동기가 복합적·중첩적으로 작용했을 수도 있다. 자살은 '알 수 없음'의 영역에 있다. 그래서 유명인이든 그렇지 않은 사람이든, 자살한 사람의 진정한 자살 동기에 대해서는 구구한 억측이 떠돌기 마련이다. '알 수 없음'은 종종 '믿을 수 없음'과 연결된다.

김우진, 윤심덕 두 사람의 '자살'도 대체로 '믿을 수 없음'의 영역 안에 있었다. 두 사람이 실종된 직후부터 이들이 짐만 부친 채 배는 타지 않고 이탈리아로 도피했다는 소문이 돌았고, 이 소문은 시간이 흘러도 수그러들지 않았다. 엘비스 프레슬리가 여태 살아 있다고 믿는 사람들이 있는 것처럼, 당시에도 두 사람이 분명 살아 있을 거라 믿는 사람들이 많았다. 그들은 자기 믿음을 입증하기 위해 권력의 도움까지 요청했다. 두 사람이 이탈리아에 숨어 사는 것이 분명하니 그들의 소재를 파악해달라는 요구를 견디다 못한 일본 정부는 이탈리아 주재 일본 영사에게 사실 여부를 조사하라고 지시했다. 1931년 11월, 소문이 '사실무근'이라는 이탈리아 주재 일본 영사의 보고가 도착했다. 그러나 그 뒤로도 한동안 이 믿음은 완전히 소멸하지 않았다. 그때에도 소문을 잠재운 것은 사실이 아니라 시간이었다.

"모든 자살은 사회적 타살이다"

1920년대는 전 세계적으로 자살의 유혹이 거세던 시대였다. 자살 신호의 1차 발신지는 유럽이었다. 유럽인들은 1차 세계대전을 치르며 일찍이 겪은 바 없는 대량 살상과 문명 파괴를 목도目睹했다. 역사는 일직선으로 발전한다는 산업혁명 이후의 일관된 믿음이 밑바닥에서부터 흔들리기 시작했다. 기계 문명의 발전과 살상 무기의 발전이 동의어라면,

문명이 발전할수록 인류 절멸絕滅의 위험도 커지는 셈이다. 그렇다면 미래가 현재보다 낫다고 보장할 수 없는 것 아닌가? 2천만 명 이상의 생목숨을 앗아간 전쟁의 참화 속에서 어렵게 살아남기는 했지만, 그 '살아 있음'이 과연 다행스러운 일인가? 방금 겪은 것보다 더 끔찍한 참화 속에 내팽개쳐질 가능성은 없는가? 유럽인들의 뇌리에는 이런 질문들이 계속 맴돌았다. 이런 회의 속에서 현실을 부정하거나 거꾸로 현재에 탐닉하는 사조가 풍미했다. 끔찍한 전쟁이 남긴 집단 트라우마는 낭만주의나 허무주의로 표현되었다. 이 사조가 전후戰後 일본과 그 식민지 지식인들에게도 침투했다.

일본은 1차 세계대전의 전승국이었고, 직접적인 전쟁 피해도 입지 않았다. 그 점에서 유럽 지식인들만큼 반성과 회의懷疑의 정서가 절절하지는 않았다. 하지만 시대를 우울하게 만드는 다른 요인들이 있었다. 일본 경제는 1차 세계대전 이후의 '전후공황', 1923년 관동대지진 이후의 '진재震災공황' 등으로 불황의 늪에서 허우적대고 있었다. 고등교육을 받고도 취직 못한 젊은이들이 널려 있었다. 식민지에서는 사정이 더 나빴다. 일본인 '청년 실업자'들은 식민지에서라도 일자리를 찾을 수 있었으나, 조선인 '청년 실업자'들은 일본 유학을 하고도 조선에서 마땅한 일자리를 찾기 어려웠다. 수많은 지식 청년들이 자기 실존實存을 '룸펜 인텔리겐치아'라는 이름 안에 묶어놓아야 했다. 절망과 우울의 그림자가 대다수 청년 지식인 실업자들의 마음을 덮었고, 식민지 사회 전역에 드리워졌다. 김우진과 윤심덕의 죽음에 대한 유별난 관심은, 당대의 식민지 젊은이들이 자신의 절망을 그들에게 투사投射한 때문이었다.

지금 한국인의 자살률은 OECD 국가 중 최고다. 유명 연예인의 자살이 잇따르고 단지 같이 죽기 위해 만나는 사람들까지 나오고 있다. 그들이 죽음을 선택하는 진정한 속사정은 물론 알 수 없다. 하지만 자살률은 시대의 '우울도'를 측정하는 바로미터다. 자살률은 정치와 사회 상황이 개인들에게 가하는 압력의 정도를 보여준다. 사람들이 스스로 희망의 끈을 놓아버리는 사회에는 희망이 없다. "모든 자살은 사회적 타살이다"(에밀 뒤르켐).

8월 6일 _ 서소문 화교들의 삶

'외국인 혐오증', 우리가 용납될 공간도 줄인다

8月
6日

중국인의 한반도 거주 역사

> 이 골목을 지나갈 때에는 흡사 중국 산동성 어느 곳에 온 느낌을 가지게 된다. 길 좌우에 벌려 있는 것은 대부분 중국인의 잡화상점과 요리점 등이다. …… 뒷골목으로 발을 들여놓으면 중국 갈보와 아편쟁이들이 맞아준다. 중국 갈보들은 값싼 백분을 낯에 새 벽 칠하듯 하얗게 바르고 입술에는 피를 바른 것처럼 빨간 연지칠을 하고서 이성에 주린 중국 남자 가슴을 호린다. …… 이 뒷골목처럼 아편쟁이가 많이 출입하는 곳은 드물 것이다. …… 도박으로 그날그날을 지내는 부류도 있다. 도박 끝에 싸움이 일어나게 되면 필경에는 끔찍스러운 살인 사건도 가끔 자아내게 된다. 미국의 알카포네 일당이 이곳으로 한 번 시찰을 온다 하더라도 오히려 배워갈 만한 꺼리가 많을는지도 모를 것이다.

서울 서소문 길가와 뒷골목 풍경에 대한 《조선일보》 1936년 8월 6일자 기사의 한 토막이다. 중국인이 한반도에 거주하기 시작한 것은 아주 오랜 옛날부터다. 조선시대 유교 지식인들이 이 땅에 처음으로 '교화敎化'를 일으킨 군주로 추앙했던 기자箕子는 기록상 중국 은殷나라 유민流民이며, 그 기자조선을 멸滅한 위만衛滿 역시 연燕나라 사람이다. 고려

태조 왕건王建의 탄생 설화는 그의 할아버지 작제건作帝建을 당나라 황제의 아들로 묘사했다. 비교적 가까운 과거인 17세기에는 명나라 장수 두사충杜思忠과 병부상서 석성石星의 아들 석담石潭이 조선에 귀화했다. 전 세계에서 유례를 찾기 어려울 정도의 '순혈주의'에 대한 집착과는 별개로, 오늘날 한국인들의 상당수는 자기 성씨姓氏가 중국에서 유래했다고 믿는다. 한국인들의 의식 속에서 옛날에 귀화한 중국인은 중국인이 아니다. 심지어 자기 성씨가 중국에서 유래했으며 자기 먼 조상이 중국인이라고 믿는 사람들조차도, 자기가 한국인이라는 사실을 추호도 의심하지 않는다. 그들은 같은 중국인의 후손인 화교華僑들에 대해 털끝만큼도 동질감을 느끼지 않는다.

재한 화교 사회의 형성

한국에 귀화하지 않고 한국인에 동화하지 않은 중국인이 한국 땅에서 집단을 이루어 살기 시작한 것은 개항 이후의 일이다. 1882년 임오군란이 일어나자 청淸은 광동수사제독廣東水師提督 우장칭吳長慶에게 4,500명의 병사를 내주어 난을 진압하도록 했다. 이때 광동廣東 상인 여럿이 군납軍納 조달상으로 서울에 들어왔는데, 재한 화교의 역사는 이들로부터 시작한다. 1883년 주력부대를 이끌고 귀국했던 우장칭이 이듬해 급사急死하자 조선 정부는 동대문 부근에 그의 사당祠堂을 지어주었고, 서울에 남아 있던 청병淸兵과 상인들은 매년 춘추春秋로 그곳에 모여 우장칭의 넋을 기렸다. 사당은 1960년대에 연희동 한성화교중고등학교 안

1913년의 을지로

갑신정변 이후 조선의 정치와 외교를 쥐락펴락했던
위안스카이袁世凱의 관사는 현 명동 중국대사관 자리에 있었다.
조선 사람들은 그 건물 앞길을 '원세개 대인의 진영 앞길' 이라는 뜻의 '원대인진전袁大人陣前' 이라고 불렀다.
중국 상인들의 집과 점포는 이 공관 주변, 지금의 명동·소공동·저동 등지에 많았는데,
해방 뒤인 1946년 서울 가로명을 새로 제정할 때 중국인 거류지의 한복판을 관통하는 길,
일제 강점기에 고가네초黃金町라 불리던 길은 '을지로' 로 바뀌었다.
당시 가로명제정위원회 위원들은 살수대첩의 영웅 을지문덕 장군의
이름을 빌려서 이 일대에 덮인 중국인들의 기운을 꺾으려 했다.

* 출처: 최석로 해설, 《(사진으로 본 조선시대) 민족의 사진첩 II. 민족의 뿌리—그때를 아십니까?》, 서문당, 1998, 56쪽.

으로 옮겨졌으나, 서울 거주 화교들은 지금까지도 그의 사당에 모여 제사 지내며 그를 한국 화교의 비조鼻祖로 추앙한다.

남의 나라에 대규모 군대를 주둔시킨 나라 사람들이 그 나라에서 특권층으로 대우받는 것은 당연한 일이다. 특히 1884년 갑신정변을 진압한 위안스카이袁世凱가 주차조선총리교섭통상사의駐箚朝鮮總理交涉通商事宜라는 거창한 직함을 가지고 조선의 감국監國 행세를 하던 시절, 청상의 위세는 그야말로 하늘을 찔렀다. 그들은 수표교 주변, 서소문 일대로 거침없이 상권商圈을 확장해나갔다. 그들의 상권 확장을 도운 것은 중국제 상품에 대한 대중의 신뢰만이 아니었다. 그들의 배후에는 한반도 전역에 그림자를 드리운 대국大國이 있었다. 그들은 사농공상士農工商의 말단인 장사치였으나 그래도 상국上國의 대인大人이었다.

'되놈'으로 불리게 된 중국인들

중국은 인구가 많은 만큼 해외 이민도 많은 나라인데, 그 넓은 중국 땅에서도 특히 이민자를 많이 배출한 지역이 광동廣東과 산동山東이다. 중국인들은 이 두 지역을 합쳐 양동兩東이라고 한다. 이 두 성省이 비록 양동兩東으로 묶여 불리기는 하지만, 이민 배출의 동기는 사뭇 달랐다. 광동성이 위치한 강남땅은 토지도 비옥했고 사람도 부유했다. 이곳 사람들은 해외로 나갈 때에도 상당한 돈을 가지고 나갔다. 오늘날 동남아시아 일대에 거대한 화교 자본주의 네트워크를 구성한 부호들이 주로 광동성 출신이다. 반면 산동은 토질이 척박했고 사람들도 가난했다. 이곳 사람들이 해외로 나간 것은 돈 벌기 위해서가 아니라 그냥 살기 위해서인 경우가 많았다. 우장칭이 광동수사제독이었던 관계로 처음 조선에 들어온 청상의 중추를 이룬 것은 광동 상인들이었다. 물론 산동, 절강, 강소성 출신들도 있었으나 그들도 가난한 노동자는 아니었다. 조선인들이 돈 있고 '빽' 있는 중국인들을 면전에서 '되놈'이라고 부르는 것은 상상도 할 수 없는 일이었다.

1894년 청일전쟁이 일어나 중국의 패색이 짙어지자 많은 청상淸商이 귀국했지만, 조선 땅에 너무 많은 돈을 깔아놓았거나 목숨보다 재산을 아낀 일부는 남았다. 전쟁이 끝난 뒤에는 노동자, 곡예사, 창부娼婦 등 이전과는 다른 성분成分의 중국인들이 들어오기 시작했다. 더불어 중국인을 대하는 조선인들의 시선도 완전히 달라졌다. 청일전쟁 이전에 중국인들은 자기들이 서양인에게 받은 멸시를 조선인들에게 전가轉嫁했으나, 그 이후에는 양자의 관계가 역전되었다. 당시 조선에 거주한 중국인들은 조선인들이 마음껏 멸시할 수 있는 유일한 외국인이었다. 중국인들의 평균적인 지위가 낮아졌던 데다가, 오랜 세월 사대事大해야 했던 역사에 대한 보복 심리가 함께 작용한 결과였다. 중국인들을 대놓고 '되놈'이라 부르는 관행은 이때쯤에 생겨났다.

'쿨리', 재한 화교의 새 표상으로

조선에 들어오는 중국인들의 사회적·경제적 지위는 20세기 초에 더 낮아졌다. 의화단 사건과 신해혁명 등으로 혼란해진 중국 내 정세 탓에 많은 중국인들이 조선에 건너왔다. 그들 중 대다수가 산동성 출신이었다. 한국을 강점한 일제가 항만, 도로 등의 토목공사와 관공서 건축 공사를 활발히 벌인 것도 이들을 끌어들인 주요 요인이었다. 공사를 청부받은 일본 토목건축회사들은 인건비를 줄이기 위해 다수의 중국인 쿨리[苦力]들을 고용했다. 쿨리의 사전적 정의는 '일종의 집단 채무 노예, 또는 사실상의 노예로서 아무 일에나 투입되는 중국인 또는 인도인 노동자'인데, 이 말은 인도어의 'Kuli' '날품팔이'라는 뜻에서 유래했다. 이를 영국인들이 'Coolie'로 바꿔 중국인 노동자에게도 적용했고, 이것이 다시 한자 '고력苦力'으로 음역됐다. 이들은 '지휘자' 또는 '통솔자'에게 집단으로 예속되었기에 아무리 나쁜 노동조건과 저임금이라도 거부할 수 없었다. 쿨리들은 주로 산동성 웨이하이威海에서 배편으로 인천에 들어왔다.

극도의 가난은 언제나 빈곤, 무식, 불결과 짝을 이루게 마련이다. 조선인들은 의식적·무의식적으로 쿨리들을 재한 화교의 새 표상表象으로 삼았다. 평소 남에게 구박받고 차별받는 사람일수록, 자기들보다 더 불쌍하고 더 무식하며 더 교양 없고 더 더러운 자들이 있다는 사실에 더 큰 위안을 받는 법이다. 조선인들은 쿨리로 표상되는 중국인들을 멸시함으로써, 이민족 통치 하에서 느끼는 일상적인 억울함을 해소했다.

일제, 조선인들의 반화교 정서를 자극하다

일본 제국주의 통치자들도 중국인에 대한 멸시를 암암리에 조장했다. 조선에 중국인이 없었다면 조선인의 울분은 고스란히 일본인에게 향했을 것이다. 조선인들이 중국에 사대事大했던 수백 년간의 역사를 생생히 기억한다는 사실은, 일본 제국주의 통치자들에게는 매우 유용했다. 그들은 중국에 사대했던 조선인들이 거꾸로 중국인들을 멸시할 수 있게 된 것은 오로지 일본 덕분이라는 사실을 수시로 일깨우려 들었다.

만주사변 이후 조선인들의 반反화교 정서를 자극하려는 일제의 책동은 한층 노골화했다. 일본 제국주의 통치자들과 관변 지식인들은, 일본의 중국 침략은 중국 땅에서 중국인들에게 박해받는 조선인들을 구원하는 일이며, 나아가 조선인들이 넓은 대륙에서 큰 꿈을 펼칠 수 있도록 도와주는 일이라고 선전했다. 그들은 조선인들이 중국인들을 멸시하고 증오하면 할수록, 일본인에 대한 반감反感과 일본 식민 통치에 대한 적대감이 줄어든다는 점을 잘 알았다. 많은 조선인들이 일본 제국주의 통치자들의 이 같은 정치적·전략적 의도를 간파하지 못하고 오히려 그에 부화뇌동했다. 지식인들이라고 해서 다르지 않았다. 심지어 일부 지식인들은 한국인들의 '민족주의'에서 일본에 대한 저항의식을 소거消去하고 그 자리에 중국을 집어넣으려 들었다.

중국인 적대 풍조의 극단화

1930년대에 들어 중국인을 적대시하고 조롱하는 풍조가 극단화했다. 만주사변 두 달 전인 1931년 7월, 일본 관동군의 사주를 받은 《조선일보》 장춘특파원 김달삼은 만주의 만보산에서 농수로 공사를 하던 조선인 농민이 중국인 관헌에게 피살당했다는 거짓 정보를 본사에 전달했고, 《조선일보》는 호외를 발행하여 이 사건을 대대적으로 보도했다. 이 허위보도에 접한 조선인들은 평소에 감춰왔던 '동포애'를 한껏 발휘하여 화교들을 닥치는 대로 난타하고 그들의 집과 가게를 불태웠다. 관동대지진 때 일본인들이 재일 조선인들에게 했던 짓이, 8년 뒤 조선 땅에서 조선인들에 의해 재조선 중국인들을 상대로 재연되었다. 일본인들 앞에서는 옴짝달싹 못 하는 조선인들이었으나, 중국인들에게는 내면의 폭력성과 광기狂氣를 아무 거리낌 없이 발산했다. 그래도 괜찮았다. 이 글 모두冒頭에 소개한 《조선일보》 기사를 포함해 수많은 텍스트들이, 조선인들에게 화교華僑와 중국인들은 경멸해 마땅하다고 선동했다. 조선인들의 집단적 화교 폭행 사건이 일어난 지 두 달 뒤, 일본군은 압록강을 건너 만주를 침략했다. 수많은 조선인들이 이 소식에 환호했다.

이듬해인 1932년, 김동인은 잡지 《삼천리》에 단편소설 〈붉은 산〉을 발표했다. 중국인 지주에게 박해받는 재만在滿 한인들의 참상을 고발하고 반중反中반일反日이 아니라 민족주의를 고취하는 내용이었다. 그러나 이때는 이미 일본 제국주의가 만주를 장악한 후였고, 만주의 중국인들이 대다수 조선인을 일제의 앞잡이로 보던 때였다. 일본의 앞잡이가 되기를 거부한 조선인들이 중국인들과 힘을 합쳐 '반만反滿 항일전쟁'을 시작하던 때이기도 했다. 일본에 대한 적대감이 깊은 사람들은 중국인과 손을 잡았고, 중국인에 대한 적대감이 더 깊은 사람들은 일본 제국주의의 편을 들었다. 한중韓中 양 민족을 이간하여 만주의 독립운동 세력을 약화시키고 한반도의 조선인들을 침략전쟁에 동원하려 했던 일제의 프로젝트는 성공적이었다.

조선의 화교와 만주의 조선인

중일전쟁 이듬해인 1938년에 김정구가 발표한 노래 〈왕서방연서〉가 공전의 히트를 친 것도, 대다수 한국인들의 의식 속에 반反중국인 정서가 깊이 자리 잡은 결과였다.

> 비단이 장수 왕서방 명월이한테 반해서 비단이 팔아 모은 돈 통통 털어 다 줬소. 띵호아 띵호아 돈이가 없어도 띵호아 명월이하고 살아서 왕서방 기분이 좋구나. 우리가 반해서~ 비단이 팔아도 띵호아.
> 밥이나 먹어해도 명월이 잠이나 자서해도 명월이 명월이 생각이 다 나서 왕서방 병들어 누웠소. 띵호아 띵호아 병들어 누워도 띵호아 명월이 하고 살아서 왕서방 기분이 풀린다. 우리가 반해서~ 비단이 팔아도 띵호아.

'비단장수 왕서방'으로 대표되는 중국인들에 대한 노골적인 멸시감과 조롱을 담은 이 노래는 유성기를 통해 전국 방방곡곡에 울려 퍼졌다. 짓궂은 조선인들은 일부러 청요리집에 가서 중국인 주인에게 이 노래를 부르게 했다. 일본의 적국민敵國民 처지가 된 그들은, 속으로 피눈물을 흘리면서도 겉으로는 웃으며 이 노래를 불러야 했다.

작용이 있으면 반작용이 있는 것이 불변의 진리다. 조선인들이 조선 땅에서 화교들을 조롱한 대가는 중국 땅에 사는 한국인들이 대신 치러야 했다. 1930년대 만주에서 수많은 조선인 반일 운동가들이 일본군 밀정이라는 혐의를 받아 억울하게 살해당한 것은 이런 반작용의 일환이었다.

외국인 혐오증, 비루한 '민족 서열의식'의 소산

세계화란 우리가 세계로 나가는 것만이 아니라 세계가 우리 안에 들어오는 것도 의미한다. 그런데 1960~70년대 군인으로, 광부로, 간호사로, 건설 노동자로 베트남, 독일, 사우디아라비아 등지에 나갔던 사람들에게는 한국 사회를 빈곤의 늪에서 구출해낸 산업 역군이라는 찬사를 바치면서도, 이 땅에 들어와 일하는 외국인 노동자들은 멸시하고 증오하는 사람들이 너무나 많다. 외국인이 범죄라도 저지를 양이면, 마치 외국인의 DNA에 범죄적 기질이 포함되어 있기라도 한 것처럼 반응하는 사람도 많다. 물론 이때의 '외국인'에서 미국인이나 유럽인은 대체로 배제된다. 일제 강점기 외국인 혐오가 일본인을 배제한 채 중국인에게만 향했던 것처럼.

한국 근현대의 '외국인 혐오증'은 민족주의의 소산이 아니라 비루한

'민족 서열의식'의 소산이다. 이런 의식과 태도에 대한 세계인의 '보답'이 어떤 것일지는 불문가지不問可知다. 우리 안에 들어온 세계를 끌어안지 못하면, 우리가 용납될 세상도 줄어들게 마련이다.

8월 10일 _ 일제, 서울 시민의 공동묘지 용산 땅을 군용지로 수용

기억에서 지워진 공동묘지 용산, 삶 주변에서 사라진 죽음

8月
10日

산 자와 죽은 자의 공간을 평지와 산지로 나누다

산업화 이전, 한국인들에게 산은 제2의 집터이자 농토였다. 살아서는 평지에 지은 집에서 기거했고 죽어서는 산에 만든 집유택幽宅에서 영면永眠했다. 마을 가까이에 있는 야트막한 산들이 온통 무덤으로 덮여 있는 것은 한국 자연 경관의 두드러진 특징이다. 산등성이 눈에 잘 띄는 곳에 작은 산처럼 생긴 무덤들이 빼곡히 들어차 있는 모습은 한국이 아니면 세계 다른 어느 곳에서도 보기 어려운 진풍경이다. 시체를 굳이 높은 산까지 끌고 올라가서 매장하는 풍습을 지닌 나라는 생각보다 많지 않다. 오히려 마을 한 귀퉁이나 도시 외곽에 공동묘지를 두는 나라가 더 많다. 산 자와 죽은 자의 공간을 평지와 산지山地로 확연히 나누는 점에서 한국은 가히 독보적이다. 그래서 한국 무덤의 별칭은 산소山所다.

한국인들이 산 자와 죽은 자의 공간을 이런 식으로 분할하기 시작한 것은 삼국시대 이후다. 고구려 국내성이 있던 중국 길림성吉林省 집안현集安縣은 압록강에 가까운 평지인데, 어느 곳에서나 주먹만 한 돌덩어리가 발에 차인다. 이 돌덩어리들은 모두 옛 고구려 돌무지무덤에서 떨어져 나온 파편들이다. 서울 송파구 석촌동의 옛 지명은 돌말 또는 돌마을인데, 마을 전역이 돌덩어리로 덮여 있어 붙은 이름이다. 석촌동의 돌덩어리들 역시 돌무지무덤의 파편들이었다. 주지하다시피 이 돌무지무덤을 만든 사람들은 남하한 원原고구려인들이었다. 삼국시대 초기까지는, 이렇듯 죽은 자에게 평지平地가 할당되었다. 산 자들은 오히려 죽은 자들보다 상대적으로 높은 곳, 야트막한 언덕 능선을 둘러싼 성 안에 거처를 마련했다. 죽은 자의 거소居所를 평지에 두지 않는 문화가 형성된 것은 농경農耕이 지배적인 생산 활동으로 자리 잡은 뒤의 일이었다.

옛 서울의 공동묘지, 도성 밖 남산 기슭

물론 산이 죽은 자들만을 위해 존재하는 공간은 아니었다. 산은 산 자들에게도 나물과 과실, 땔거리, 가축 기를 곳을 제공해주었다. 한반도에 산이 많기도 하지만 산이 없는 곳에서는 애당초 생활이 불가능했으니 대부분의 농촌 마을이 산자락 끝에 터를 잡고 있다. 그런데 조선시대 서울 도성 안에서는 채석採石, 벌목伐木, 매장 등 산을 이용하는 행위가 모두 금지되었다. 풍수風水를 보전하고 왕도王都의 권위를 드러내려는 뜻에서였다. 나무를 베고 돌을 캐내는 것은 풍수를 손상시키는 일이요, 도성 안 산에 무덤을 쓰는 것은 왕권을 우습게 여기는 행위였다. 사람이 죽으면 살았을 때의 지위보다 높여주는 것이 오랜 관행이었으나, 아무리 그래도 왕보다 높은 자리를 허용할 수는 없었다. 왕궁을 굽어보는 곳에 무덤을 쓰는 것은 불경不敬이었다.

도성 안에는 무덤을 쓸 수 없었기 때문에 서울에서 죽은 사람은 왕이든 평민이든 모두 도성 밖으로 나가야 했다. 그런데 산 사람과 죽은 사람을 공간적으로 격리시키는 문화에서는, 자연히 산 사람과 죽은 사람이 통과하는 문도 달라야 했다. 왕조정부가 명시적으로 지정하지는 않았으나, 시체는 동남의 광희문光熙門과 서남의 소의문昭義門서소문으로만 나갈 수 있었다. 그 탓에 이들 문에는 시구문屍口門이라는 별칭別稱이 붙었다. 시체가 나가는 문이라는 뜻이다. 일반인의 상여는 이 두 문 중에서도 특히 광희문을 주로 이용했다. 지금의 서소문근린공원 일대는 사형장이어서 서소문으로는 처형處刑이 있을 때마다 사형수를 실은 함거가 나가곤 했다. 현재 공원 내에 있는 천주교 순교자현양탑도 이와 관련한 기념물이다. 아무리 시체라도 사형수와 같은 문을 쓰는 게 좋을 턱이 없었으니, 사람들은 특별한 이유가 없는 한 굳이 자기 부형父兄의 시체를 소의문을 통해 내보내려 하지 않았다. 다만 제사상을 받을 수 없는 어린아이들의 시체는 예외였다. 서소문 밖 아현阿峴의 옛 이름은 애오개인데, 옆의 큰고개대현大峴에 상대되는 이름이라는 설과 주변에 애기 무덤이 많아 '아이고개'라 했던 데에서 연유한 이름이라는 설이 공존한다.

시구문屍口門을 통해 도성 밖으로 빠져나간 시체의 행선지는 당연히 제각각이었다. 시골에서 올라와 벼슬살이 하던 사람들, 서울에서 몇 대째 세거世居했으나 본향本鄕에 근거가 따로 있는 사람들은 아무리 멀어도 선산先山까지 가서 묻혔다. 하지만 시골에 이렇다 할 연고緣故가 없는 서울 사람들, 경아전京衙前, 군교軍校, 시전 상인, 노비 등은 도성 가까운 곳에 묏자리를 잡아야 했다. 소의문을 빠져나간 시체는 애오개 주변에, 광희문을 빠져나간 시체는 남산 남사면南斜面, 지금의 용산 미군 기지 일대에 묻혔다. 이런 일이 500년 넘게 되풀이되면서 도성 밖 남산 기슭은 온통 무덤 천지가 되었다.

일제, 공동묘지를 군용지로 요구하다

1904년 2월 4일 러시아를 상대로 전쟁을 도발한 일본은, 나흘 후 인천항에 육군 선발대를 상륙시켰다. 일본군 선발대는 곧바로 서울에 입성하여 한국 군사시설과 정부기관을 강제로 빼앗아 주둔하는 한편, 대한제국 정부를 협박해 2월 23일 이른바 〈한일의정서〉라는 군사협정을 체결했다. 이 협정의 핵심 조항은 제4조 "제3국의 침해나 내란으로 인하여 대한제국의 황실 안녕과 영토 보전에 위험이 있을 경우에는 대일본제국 정부는 속히 임기응변의 필요한 조치를 행할 것이며, 대한제국 정부는 대일본제국 정부의 행동이 용이하도록 충분히 편의를 제공한다. 대일본제국 정부는 이 목적을 달성하기 위하여 군략상軍略上 필요한 지점을 상황을 보아 편리한 대로 수용할 수 있다"였다. 형식상 외교문서이기에 여러 미사여구美辭麗句가 동원되었지만, 간단히 요약하자면 일본군은 필요에 따라 한국 내 어느 땅이나 점유占有할 수 있고, 한국 정부는 그에 협조해야 한다는 것이다.

〈한일의정서〉 체결로부터 보름 남짓 지난 3월 11일, 일본은 한국주차군사령부韓國駐箚軍司令部를 설치함으로써 한국을 군사적으로 점령하겠다는 뜻을 공공연히 밝혔다. 남산 일본 공사관 옆에 임시로 사령부 건물을 마련한 일본군은 영구 주둔시설을 확보하기 위해 적당한 장소를 물색했다. 그들의 눈에 띈 곳은 남산의 남사면南斜面에서 한강에 이르는 광활한 지역이었다. 이 일대는 한강 수로와 철도가 교차하는 수륙교통의 중심지이자 남대문에 인접한 곳으로서 유사시 도성 안으로 군대를 진입시키기에 최적의 조건을 갖추고 있었다. 8월 15일, 한국주차군사령관 하세가와 요시미치長谷川好道는 한일의정서의 규정에 따라 한국 정부에 군용지 수용을 통보했다. 그가 요구한 땅은 서울 용산의 300만 평, 평양의 393만 평, 의주의 280만 평 등 모두 1천만 평에 달했다.

일본군이 요구한 토지의 규모도 엄청났지만, 한국 정부를 더 곤혹스럽게 만든 것은 그 장소였다. 수백 년간 서울 시민이 함께 이용해왔던 공동묘지를 통째로 없애는 것은 한국인의 정서로는 용납할 수 없는 일이었다. 그 시절 한국인들은 부모가 죽으면 묘 옆에 초막을 짓고 시묘살이하는 것이 자식 된 도리라고 여겼다. 그 시절에 가장 많았던 민사소송은 다름 아닌 산송山訟, 즉 '묏자리 싸움'이었다. 한국인들은 산 사람의 집보다 죽은 사람의 집이 가문의 길흉화복吉凶禍福에 더 큰 영향을 미친다고 믿었다. 그런 백성들을 둔 정부에게 도성都城의 공동묘지를 내놓으라고 요구하다니! 한국 정부는 그저 아연할 수밖에 없었다. 한국 정부는 우선 대책을 마련하는 척하며 시간을 끌었다. 일본군도 만주와 대한해협의 전선에 신경을 곤두세우고 있던 터라 심하게 독촉하지는 않았다. 일부러 게으름 피는 한국 정부에게는 다행스러운 일이었다.

터무니없는 보상비, 입막음은 총칼로

그러나 1905년 5월 대한해협 전투가 끝나자마자 사태가 일변했다. 다음 달 조선주차군 사령관 하세가와는 한국 내부대신 이지용을 불러 한국 정부의 어려운 재정 형편을 감안하여 특별히 20만 원을 지급할 테니 7월 26일까지 토지 수용을 완료하라고 독촉했다. 1천만 평에 20만 원이면 1평당 2전으로 계산한 셈이다. 이지용은 이 터무니없는 요구를 감지덕지하며 받아들였다. 백성들이 폭동을 일으키더라도 그건 나중 일이었고, 당장은 일본군의 총칼이 훨씬 더 무서웠다. 이지용은 서울, 평양, 의주의 지방관들에게 일본군이 요구하는 토지의 이용 현황을 조사하고 보상가액을 산정하라고 지시했다.

며칠 뒤 한성부는 해당 구역 내에 분묘 117만 7,308기, 사유 전답 3,118일경日耕일경日耕은 소 한 마리로 하루에 갈 수 있는 면적이다, 가옥 1,176호가 있으며, 보상액은 89만 7,534원으로 추산된다고 보고했다. 물론 이 엄청난 수치가 전수조사의 결과라고는 믿기 어렵다. 가옥과 전지田地야 일일이 조사했겠지만, 단 몇 사람이 며칠 만에 117만 7,308기의 무덤을 일일이 세어 기록하기란 불가능하다. 아마 두 평당 1기 정도로 계산한 것으로 보이는데, 그럴 수밖에 없을 정도로 이 일대에는 무덤이 많았다.

한성부가 제시한 분묘 1기당 이장비는 50전이었는데, 이는 당시 장정 하루 일당도 안 되는 액수였다. 하지만 한국 정부는 이조차도 지급할 형편이 못 되었다. 일본군이 주기로 한 돈은 겨우 20만 원, 그 돈으로 평양과 의주의 토지 수용비까지 충당해야 했다. 산 사람을 위한 가옥과 농토에 대해서도 합당한 보상을 못할 형편에 분묘 이장비에까지 신경

쓸 여유는 없었다. 보상비도 없이 며칠 내로 분묘를 옮기라는 청천벽력 같은 지시를 전달받은 사람들은 먼저 내부內部로 달려가 사정을 봐달라고 간곡히 호소했다. 분묘 이장 지시나 터무니없는 보상비 제시가 말도 안 되는 일이라는 것은 찾아간 시민들이나 내부 관리들이나 다들 잘 알고 있었다. 그러나 내부는 이 일에 대해 아무런 결정권이 없었다. 말도 되지 않는 일에는 말로 맞설 수 없는 법이다. 흥분한 군중 일부가 소리를 지르고 기물을 집어던졌다. 그러나 더 이상의 항의는 불가능했다. 폭동의 조짐이 있다고 판단한 일본군은 즉시 현장에 출동하여 총칼로 군중을 해산시켰다. 생활에 어느 정도 여유가 있던 사람들은 조상의 묘를 이장했으나, 대다수 사람들은 넋 놓고 하늘을 원망하는 수밖에 없었다.

죽음을 생각하는 것이 삶을 성찰하는 것

1905년 8월 10일 용산 땅의 군용지 수용이 마무리되자 일본군은 약탈한 광대한 땅 위에 거대한 병영과 연병장, 철도시설을 지었고, 남은 땅은 일본인들에게 나눠주었다. 이 땅에는 '신용산'이라는 새 이름이 붙었다. 이 중 군용지로 편입된 땅은 해방 이후 그대로 미군의 수중으로 넘어갔다. 수백 년간 서울 시민들의 공동묘지였고, 최근 100여 년간 외국군 주둔지였던 이 땅이 서울 최대 규모의 공원으로 시민에게 되돌아올 예정이다.

이제 왕도 없고 풍수지리설의 힘도 많이 약해졌지만, 서울은 여전히 죽은 자들에게 인색한 도시다. 도시 안에 죽음과 연관된 시설이나 장소

용산에 있던 조선총독 관저

조선군사령관 하세가와 요시미치는 한국인들에게서 거저 빼앗다시피 한
용산 공동묘지 터에 초호화판 관저를 지었다. 그가 1916년 제2대 조선총독이 된 뒤
이 건물은 조선총독 관저가 되었다. 그러나 1919년 3·1운동으로
하세가와가 경질된 뒤에는 이 건물도 거의 사용되지 않았다.
* 출처: 이규헌 해설, 《(사진으로 보는) 근대한국 상—산하와 풍물》, 1987, 서문당, 55쪽.

가 없다는 것은 서울의 두드러진 특징 중 하나다. 한 세대 전만 해도 관棺을 실은 영구차를 보면 제자리에서 한 바퀴 돌아 액땜하는 것이 관행일 정도였다. 하지만 삶과 죽음은 연속된 것이며, 삶은 죽음 가까이에 있을 때 더 빛나는 법이다. 죽음을 생각하는 것이 곧 삶을 성찰하는 것이다. 죽음을 연상시킬 수 있는 기물器物과 시설들을 일상에서 보이지 않는 먼 곳으로 계속 격리시켜왔기에, 우리의 삶이 더 경박해져가는 것은 아닐까?

八月十二日

8월 12일 _ 보건부, 무면허 의사 275명 적발

의료 민영화, '가난이 사형선고' 인 사회를 만든다

8月
12日

어느 어느 병원에 가야 할까요

여보세요 여보세요 배가 아파요

배 아프고 열이 나니 어떡할까요

어느 어느 병원에 가야 할까요

여보세요 여보세요 나는 의사요

배 아프고 열이 나면 빨리 오세요

여기는 소아과 병원입니다(〈병원놀이〉, 장민수 작사)

요즘 유치원생들이 배우고 부르는 노래다. 오늘날에는 누구나 아프면 병원에 가야 한다는 사실을 안다. 종교적 이유에서든 그 밖의 다른 이유에서든 병원에 안 가겠다고 버티는 사람들도 있지만, 그들이라고 병원이 질병 치료의 유일한 권위기관이라는 사실을 부인하지는 않는다. 자기 자식이 아픈데도 병원에 데려가지 않고 임의로 다른 '치료법'을 선택하는 사람들은 범죄자로 취급받는다.

뿐만 아니라 대다수 사람들은 자기 몸의 어느 부분이 어떻게 아픈지에 따라 어떤 '분과'를 찾아가야 하는지도 안다. 근현대의 모든 학문이 그렇듯이 의학도 '세분화'를 발전의 주요 지표로 삼아왔다. 한 세대 전까지만 해도 보통사람들은 내과, 외과, 산부인과, 소아과, 안과, 이비인후과, 정형외과 정도만 알면 되었다. 물론 '정도만'이라고 하기에는 이것도 너무 많다. 보통사람들이 자기 몸의 아픈 부위와 이 정도 진료 '분과' 사이의 대응관계에 익숙해지는 데에는 한 세기 넘는 시간이 걸렸다. 그런데 지금은 이보다 훨씬 더 많은 것을 알아야 한다. 내과만 해도 호흡기내과, 심장혈관내과, 내분비대사내과, 신장내과, 혈액종양내과, 감염내과, 류머티스내과 등으로 나뉘어 있다. 전체 진료 분과는 거의 100개에 육박한다. 그런데도 사람들은 그 많은 분과들에 맞추어 그럭저럭 자기 질병을 스스로 분류한다.

옛날의 의료인과 의료행위

그러나 100여 년 전만 해도 질병과 병원은 곧바로 연결되지 않았다. 치료법도 여러 가지였고, 넓은 의미에서 의사라 할 수 있는 '치료사'도 여러 종류가 있었다. 집안에 환자가 발생하면 먼저 다른 가족 구성원들이 '치료'하겠다고 나선다. 이마에 찬 물수건을 올려놓거나, 팔다리를 주무르거나, 손으로 배를 쓸어내리거나, 손톱 위를 바늘로 찌르는 행위들이 모두 치료행위였다. 이런 일들이 대개 경험 많은 할머니의 몫이었기에, 수백 년, 어쩌면 수천 년 동안 모든 집에 "할머니 손은 약손"이라는 말이 전해 내려왔다. 이렇게 해도 낫지 않으면 다음엔 주변에서 어렵지 않게 구할 수 있는 '약물'들을 쓴다. 파, 마늘, 쑥, 생강, 대추, 배 등의 찬거리나 과일들, 또는 엉겅퀴, 민들레, 쑥부쟁이 같은 잡초들이 모두 특정 질병이나 증상에 대응하는 민간 약초들이었다.

집 밖의 사람들에게 도움을 청하는 것은 집안 식구의 손과 지식만으로는 어찌할 수 없는 질병이라는 판단이 선 다음의 일이었다. 하지만 그 사람이 꼭 의사여야 할 이유는 없었다. 자기 집 할머니보다 더 경험 많고 질병에 대해 아는 게 많은 동네 노인이어도 됐고, 점쟁이나 판수여도 괜찮았다. 의사를 찾아가는 것은 그 다음 순서였고, 의사가 치료할 수 없다고 손을 놓은 다음에는 무당을 불러 굿을 했다. 무당과 의사의 순서를 바꾸거나 아예 의사를 빼놓아도 무방했다. 환자의 처지에서는 이 모든 행위가 '의료행위'였고, 자신을 치료하겠다고 나서는 사람들 모두가 '의료인'이었다.

질병도 치료도 귀신 소관

전 세계 어느 곳에서나 가장 머리 좋다는 인재들이 의과학醫科學의 발전을 위해 매진하고 있는 지금도 모든 질병의 발생 원인이 다 규명되지 않았는데, 옛날에야 말할 나위도 없었다. 옛사람들은 많은 질병이 인간의 힘으로는 어찌할 수 없는 존재, 즉 초자연적인 존재의 작용에 의해 생긴다고 믿었다. 인간의 힘으로 어찌할 수 없는 존재를 몰아내기 위해서는 그보다 더 강력한 존재, 즉 신神에게 의지하는 수밖에 다른 도리가 없었다.

'의醫'라는 글자는 옛 문자 '의毉'가 변한 것인데, 이는 무당巫堂이 활과 창을 들고 귀신을 몰아내는 모습을 형상화한 것이다. 고대古代에는 의술과 주술呪術이 본래 하나이지 둘이 아니었다. 지금도 의과학醫科學의 '혜택'을 입지 못하는 지역에 사는 사람들은 주술로 의술을 대신한다. 16세기 '해부학 혁명'에 따라 근대 의학으로 향하는 길이 열린 서양에서조차 18세기까지는 의과대학생들이 천문학을 필수로 배워야 했다. 당시 의사들은 별의 운행이 환자의 운명運命과 직결된다고 믿었기에, 별자리를 관측하여 환자를 수술할 시각을 결정했다. 동양에서든 서양에서든 '실험실 의학'이 성립되기 전의 의학은 기본적으로 '주술의학'이거나 '경험의학'이었다. 한자 '의毉'가 '의醫'로 변한 것은 '의사醫師'들이 주술呪術보다 약물藥物을 더 많이, 더 자주 사용하게 된 다음의 일이었다.

의학 공부보다 약재 구비가 더 큰 일

한의학韓醫學, 한의학漢醫學, 동양의학東洋醫學, 중의학中醫學 등 지역에 따라 다른 이름으로 불리우나 실질은 크게 다르지 않은 의학체계에서 의학의 신은 신농씨神農氏다. 20세기 초까지, 한국의 의원醫院과 약국藥局들은 문 앞이나 담장에 '신농유업神農遺業'이라는 글자를 크게 써 붙여 놓았는데, 이는 '신농씨가 넘겨준 업業'을 계승했다는 뜻이다. 신농씨는 사람의 몸에 소의 머리를 가진 중국 전설상의 신인神人으로 달리 염제炎帝라고도 하는데, 백초百草를 직접 먹어보고 약초를 찾아냈다고 한다. 요컨대 신농씨의 특기는 '먹어보고 효험을 아는 것'이었다. 그의 직업적 후예들은, '먹어보는' 방식을 '먹여보는' 방식으로 뒤틀기는 했지만,

이 방식을 수천 년간 거의 그대로 답습하여 거대한 경험의학 체계를 만들어냈다. 그런데 이런 의학은 치료해보지 못한 질병에 대해서는 대체로 속수무책이었던 데다가, 같은 약이라도 '체질'에 따라 달리 반응하는 문제에 대해 적절한 대책을 내놓지 못했다.

게다가 의학은 보편적이었으나 약재藥材는 그렇지 않았다. 약재는 약의 재료일 뿐 약이 아니다. 여러 약재를 정해진 비율에 따라 조합해야, 즉 조제調劑해야 약이 된다. 약재를 구할 수 없으면 아무리 신묘神妙한 비방秘方이라도, 또 어떤 명의名醫가 쓴 처방전이라도, 무용지물이 될 수밖에 없다. 우리나라 사람들이 중국 의학을 받아들인 것은 삼국시대부터로 추정되는데, 의서를 읽고 이치를 깨우치는 것보다 더 어려운 것이 질환별 처방에 따른 약재를 구비하는 일이었다. 중국 땅에는 지천으로 널렸으나 한반도에서는 구할 수 없는 약재가 많았다. 중국 의서에 쓰인 대로 약을 조제하기 위해서는 중국산 약재를 수입하는 수밖에 없었다. 당연히 약은 중국에서보다 한반도에서 더 귀했다. 그러니 왕이나 귀족이 아니고서는 중국 의서醫書를 읽고 그에 따라 처방할 수 있는 의사를 접할 수 없었다.

의사들이 중국산을 대체할 수 있는 토산 약재인 '향약鄕藥'들을 찾아내고 목록을 정리하기 시작한 것은 조선 왕조가 개창된 뒤의 일이었다. 유교 국가 조선에서 백성의 질고疾苦를 구제하는 것은 왕자王者의 의무였고, 부모의 질병을 구완하는 것은 효자의 도리였다. 의학 지식은 향촌 사대부에서 왕에 이르기까지 지식인 사회 일반에 두루 확산되었고, 더불어 향약鄕藥 목록도 확대되었다. 그리하여 17세기 초에는 향약을 기반으로 중국 의학과는 다른 '동의학東醫學' 체계를 세울 수 있게 되었다. 현대 한국의 한의학자韓醫學者와 한의사韓醫師들이 《동의보감東醫寶鑑》을 성전聖典처럼 떠받드는 것도 무리는 아니다.

의사가 의원의 윗자리를 차지하다

그럼에도 의학은 여전히 질병 치료에서 배타적인 권위를 확립하지 못했다. 한의학漢醫學이든 동의학東醫學이든 고치지 못하는 질병이 너무 많았고, 고칠 수 있는 경우에도 치료비가 만만치 않았으며, 의사들의 개인별 편차도 아주 컸다. 대대로 의업醫業을 이어온 의가醫家의 정통 후예도 의원醫員이었고, 이곳저곳으로 떠돌아다니며 효능이 의심스러운 약을 파는 '돌팔이'들도 의원이었다. 옛사람들이 병이 나도 바로 의사를 찾지 않았던 것은 무지해서가 아니라 의학이 아직 광범위한 사회적 신뢰를 얻지 못했기 때문이다. 조선시대 의원이 양반 사대부와 어깨를 나란히 할 수 없었던 것도 의학의 '지위'가 그 정도였기 때문이다.

할머니, 이웃 노인, 점쟁이 무당, 돌팔이 약장수, 의원 등 여러 '의료인' 중에서 의원이 독보적이고 배타적인 권위를 행사하게 된 것은 서양 근대 의학이 도입되고 그 스스로 자신의 '효능'을 입증한 뒤의 일이었다. 더불어 의원이라는 직함도 의사醫師로 격상되었다. 의술을 담당하는 관원官員이, 타인에게 올바른 몸가짐과 마음자세를 가르치는 스승이 된 것이다. 아니, 엄밀히 말하자면 새로 서양의학을 배운 의사醫師가 동의학東醫學을 배운 의원醫員의 윗자리를 차지했다고 해야 옳다.

서양의학과 세계의학

서구 열강의 제국주의적 팽창이 시작된 이후, 비非서구 세계의 문화, 관습, 지식체계 일반은 서구의 것을 기준으로 재구성·재배치되었다. 특히 '과학'의 영역에서는 비非서구 세계가 쌓아놓은 지식 목록이 사실상 무가치해졌고, 서양과학이 유일하고도 배타적인 권위를 획득했다. 철학, 종교 등 일부 인문학 영역을 제외하면 '동양물리학'이나 '동양생물학' 같은 것은 없다. 당연히 '동양수의학'도 없다. 오직 의학에서만, '서양의학'과 '동양의학' 또는 '한의학韓醫學'의 구별이 있을 뿐이다. 어떤 과학도 완벽하게 해석할 수 없을 만큼 완벽한 실체가 인간의 몸이라서 그럴 수도 있다. 하지만 사실은 한국에서 유독 그렇다. 이웃 일본만 해도 의학은 하나뿐이다. 중국에서는 중국의학과 서양의학을 통섭하려 하지 굳이 명확히 구분하려 하지 않는다. 현대 한국에서 '서양의학'이나 '양의洋醫'라는 명칭은 그 의학과 의술이 서양에서 기원했기 때문이 아니라 '한의학'과 '한의사'가 실존하기 때문에, 그에 상대되는 개념으로 통용된다.

한국에서 '서양의학'으로 불리는 학문은, 서양인들이 주도하여 구축하긴 했으나 중세 서양의학과는 다르며, 중세 서양의학이 독자적으로 발전하여 이룬 것도 아니다. 동양의학과 마찬가지로 형이상학 및 점성술 등과 연관되어 있던 서양 갈렌 의학의 이론적 토대는 16세기 '해부학 혁명'으로 인해 무너졌다. 하지만 의술과 의약 부문의 진보가 그에 곧바로 뒤따르지는 않았다. 서양의 의술과 의약을 발전시킨 동력은 오히려 서양의 외부, 즉 서양이 아닌 곳에서 생겼다.

'전통의학들'이 살아남은 이유

1492년 크리스토퍼 콜럼버스의 대서양 횡단 이후, 유럽인들은 앞다투어 미지의 세계를 발견하기 위한 항해에 나섰다. 그들은 자기들이 처음 발을 디딘 땅에서 이전에는 알지 못했던 사람들뿐 아니라 겪지 못했던 질병과도 조우遭遇했다. 어떤 문명권에서나 질병과 치료법, 치료약은 대체로 공존하기 마련이다. 아예 고칠 수 없는 질병에 대해서도 예방이나 고통 완화를 위한 나름의 대처법들이 있다. 서양인들은 자기들이 새로 발견한 지역의 질병과 치료법, 약물 목록을 자기들의 의학 지식 목록에 추가했다. 이렇게 해서 세계의 의학은 서양의학을 중심으로 통합되었다.

이런 점에서 보면 서양 근대 의학은 근대 물리학이나 근대 생물학처럼 '신新의학'이자 '보편의학'이라 해야 마땅하다. 하지만 다른 학문 분야와 달리 질병을 완전히 극복할 수 있는 구체적 전망을 내놓지 못했기 때문에, 다른 지역에서 오랜 세월 권위를 쌓아온 '전통의학'이나 '토착의학' 또는 '재래의학'들을 철저히 구축驅逐하지 못했다.

'저급한 조선인들에게는 저급한 의료가 어울린다'

비非서구 세계에서 재래의학이 잔존殘存한 데에는 서양 근대 의학 자체의 한계에 덧붙여, 해당 지역의 정치적·사회적 상황과 조건도 중대한 영향을 미쳤다. 일본은 메이지유신 직후 서양 근대 의학만을 '보편의학'으로 인정하고 재래의학 또는 전통의학에 사실상 사형 선고를 내렸

1956년 가톨릭의대 신입생들

일제 강점기 남한 지역에는 1개의 의과대학, 5개의 의학전문학교가 있었다.
해방 이후 의학전문학교들이 의과대학으로 승격하고, 1954년까지 부산대, 이화여대, 가톨릭대에
의과대학이 신설되어 의과대학은 8곳이 되었고, 정원도 많이 늘었다.
의학 교육기관의 확장은 '가짜의사'가 발붙일 곳을 줄였다.
* 출처: 가톨릭대학교 의과대학 50년사 편찬위원회, 《가톨릭대학교 의과대학 50년사》, 가톨릭대학교 의과대학, 2004.

다. 일본 정부는 전통의학에 입각한 치료행위를 당장 금지하지는 않았으나, 전통의학의 공식적公式的 교육과 자격 인증은 중단했다. 그 결과 일본 국내의 전통의학은 아주 빠른 속도로 소멸했다.

그러나 일본의 식민지 조선에서는 일본 본토에서와 같은 강력한 의료 일원화가 추진되지 않았다. 식민지 통치 권력은 식민지 내부의 전통의학을 '보편의학'의 하위下位 의학 또는 유사類似 의학으로 재편했을 뿐 소멸시키지는 않았다. 양의를 대규모로 양성하여 식민지 보건 의료 전반에 대한 책임을 맡기려면 돈이 너무 많이 들었다. 게다가 식민지 전통의사들에게 비非문명을 대표하게 하여 양의로 대표되는 문명과 상대되는 위치에 놓아두는 것이, 식민지 통치를 안정화하는 데에도 유리했다. 일본 제국주의 통치자들은 조선인들 스스로 '저급한 조선인들에게는 저급한 의료가 어울린다'는 생각을 갖기를 바랐다. 조선인들의 마음에 고급 의료에 대한 갈망과 동경을 심어놓는 것은, 그들을 '일본화'로 유인하는 방도이기도 했다.

식민지 의료체계 청산 작업

일제 강점기에 전통의사는 한 덩어리였으나 양의는 여러 등급으로 나뉘었다. 일본 정부가 인정한 의과대학을 졸업한 의사, 일본 정부가 인정한 의학전문학교를 졸업한 의사, 일본 정부가 인정하지 않은 각종 의학교를 졸업하거나 외국 의사 자격을 가진 자로서 일본 정부가 주관하는 시험에 합격하여 자격을 인정받은 의사, 독학獨學 또는 어깨너머로

의학을 배운 뒤 소정의 시험에 합격하여 정해진 군郡에서만 개업할 수 있는 자격을 얻은 한지의사限地醫師. 해방 후 한반도에 진주한 미군은 이토록 많은 종류의 '닥터들'이 있다는 사실에 당황했다. 한지의사와 의생醫生들로 구성된 공의公醫들에 의지하여 보건 위생 행정을 펼쳐야 했던 미군들은 이들 '허브닥터'를 믿지 못했다. 군정청은 일제의 식민 통치 하에서 만들어진 복잡한 의사 자격 제도를 미국식으로 정비하려 했다.

하지만 이런 식의 '자격 정비'는 언제나 극심한 사회적 반발을 불러 일으키기 마련이다. 전통의사들은 자기들의 의학에 '민족의학'이라는 이름을 붙이기 위해 뭉쳤고, 한지의사限地醫師들은 간단한 통과의례를 거쳐 정규 의사 대열에 합류하기를 바랐다. 미군정은 이 정비 작업을 완수하지 못하고 신생 대한민국 정부의 과제로 떠넘겼다. 한국 사회 전반에서 식민지 의료체계의 유산을 청산하는 작업은 그로부터 수십 년간 계속되었다.

해방 직후에는 의사 자격에 단일 기준이 없었던 데다가 만주국이나 일본 등지에서 의사 자격을 취득한 뒤 귀국한 사람들이 적지 않았다. 더구나 사회 전반이 혼란스러워 신분과 자격을 위조하는 일이 흔했기 때문에 가짜의사도 많았다. 1954년 8월 12일, 보건부는 가짜의사 275명을 적발하여 경찰에 통보했다. 면허 없이 병원 간판을 내건 사람, 남의 면허증을 빌려 진료행위를 한 사람들이 무더기로 걸려들었다. 그런데 이들 전부가 생짜배기 가짜는 아니었다. 상당수는 병원에서 조수 노릇을 하면서 어깨너머로 의술을 배운 사람들로, 10년 전이었다면 한지의사 정도의 소양은 갖춘 사람들이었다. 일제 강점기에는 이런 식으로 의술을 배우는 사람이 적지 않았으나, 해방 이후 의과대학이 늘어나고 의사 자격 기준이 강화되자 이들은 정규 의사가 될 기회를 잃어버렸다.

병원이 신전인 시대, 의료 민영화는 면죄부 판매

의사 자격이 엄격한 전문적 통제 아래에 놓인 뒤 가짜의사 문제는 사라졌다. 접골사, 침구사, 산파 등 의사 아닌 의료인들이 설 자리도 계속 좁아지다가 결국 없어졌다. 의술과 의약이 균질화하자 의학에 대한 사회적 신뢰가 높아졌다. 전 국민 의료보험이 시행된 뒤로 사람들은 전보다 훨씬 쉽게 전문 의료인을 접하게 되었으며, 자기 몸의 미세한 변화를 의학적 시선으로 바라보는 습관을 키워갔다. 더불어 병원이 개입하는 영역도 넓어졌다. 오늘날의 사람들은 병원에서 태어나고, 자기 몸에 조금만 이상이 생기면 스스로 알아서 병원을 선택하여 찾아가며, 병원에서 죽는다. 이제 병원은 생로병사의 모든 계기에 개입하는 기관으로 옛날의 신전神殿과 같은 위상을 확보했다.

의학과 병원이 전 국민의 생활과 의식에 대해 강력한 영향력을 확보하자마자, 병원을 자본의 지배 하에 두자는 주장이 나오기 시작했다. 사람의 목숨에는 값을 매길 수 없다. 아니, 경우에 따라서는 있다. 치료하지 않은 채 방치해두면 죽을 사람의 목숨 값은 그의 지불 능력과 대략 같다. 더 살 수만 있다면 전 재산이라도 내놓는 게 사람이다. 조금만 더 살 수 있게 해준다면 또는 조금만 덜 아프게 해준다면, 아무리 비싼 의료비라도 감당할 의향이 있는 사람들이 즐비한 고령화 시대에, 탐욕

스런 자본이 이 엄청난 시장을 그냥 두고 볼 까닭이 없다. 영리병원 제도의 도입, 다른 말로 의료 민영화는 사람들이 부담해야 할 의료비 총액을 늘리고 병원으로 하여금 공공연히 사람의 목숨 값을 책정하게 만들 것이다. 인류는 오랜 시간 동안 '가난이 죄'인 사회를 개선하기 위해 노력해왔다. 그런데 공보험에 힘입어 엄청난 영향력을 확보한 의학과 의료가, '가난이 사형선고'인 사회를 만들려 하는 것은 너무 심하지 않은가.

八月十九日

8월 19일 _ 한성전기회사, 전등개설예식 개최

'불야성'을 현실 세계에 구현한 전등, 그래도 늘 부족한 현대인의 시간

8月
19日

뜨겁지 않은 신기한 등불 전등의 등장

1901년 8월 19일 밤, 늦은 시각임에도 불구하고 지금의 서울 동대문종합시장 자리에 있던 한성전기회사 전차 차고에 수많은 시민이 모여들었다. 밤 11시, 때는 한여름이었지만 사위는 칠흑같이 어두웠다. 바로 옆에 있는 사람의 얼굴도 알아볼 수 없는 어둠 속에서 사람들이 웅성거리고 있을 때, 단상에 앉아 있던 육군 부장副將 민영환이 앞으로 나와 전기 스위치를 올렸다. 순간, 동대문 전차 차고에서 종로 네거리에 이르는 길가 교차로들에 설치된 전기 가로등이 일제히 빛을 내뿜었다. 사람들은 함께 온 가족, 친지들의 얼굴을 서로 마주 보면서 환호성을 질렀다. 한밤중임에도 어둠의 감각인 청각聽覺이 물러나고 낮의 감각인 시각視覺이 되살아나는 것은 그들에게 정녕 놀라운 경험이었다. 서울 시민들에게 이 놀라운 경험을 '선사'하기 위해 한성전기회사는 밤 9시부터 한 시간 가량 특별 전차를 운행하여 시민들을 동대문 전차 차고까지 실어 날랐다.

우리나라에서 전등이 처음 빛을 발한 것은 1887년 2월 10일 경복궁 안에서였다. 1883년 민영익을 단장으로 한 보빙사報聘使 일행이 미국에 파견되었는데, 그들은 귀국한 뒤 미국에서 견문見聞한 신기한 문물들에 대해 고종에게 소상히 보고했다. 고종은 인민들이 4년에 한 번씩 추장 격인 백리새천덕伯理璽天德프레지던트을 투표로 추대하여 나라를 다스리게 한다는 미국의 정치 체제는 전혀 부러워하지 않았으나, 밤을 낮처럼 밝히면서도 별로 뜨겁지 않은 신기한 등불은 아주 부러워했다. 토머스 에디슨이 백열등을 발명한 것이 그 4년 전인 1879년 12월의 일이었으니, 당시 백열등은 보통의 미국인들도 쉽게 접할 수 없는 물건이었다.

고종의 각별한 '건달불' 사랑

왕이 탐내는 물건을 즉각 구해다 바치지 못하면 충신忠臣이라 할 수 없다. 민영익이었는지 보빙사의 다른 일원이었는지는 알 수 없으나 누군가 서울에 있던 미국 공사 푸트를 통해 전등을 밝힐 수 있는 시설과 기구 일체를 미국의 에디슨 전등회사에 주문했다. 에디슨 전등회사는 이 미지未知의 왕국에서 보내온 주문을 신속히 처리하려 했으나, 1884년 겨울 조선에서 갑신정변이 일어나는 바람에 물품과 기사技士를 보내는 일을 일단 유보했다. 에디슨 전등회사 직원 윌리엄 맥케이William McCay가 전등 가설용 장비와 기구를 가지고 인천항에 도착한 것은 조선 정부가 미국인 교사들을 초빙하여 육영공원을 개설한 1886년 겨울이었다. 전등 가설 예정지인 경복궁 경내를 둘러본 그는 발전기를 설치할 장소로 향원정 옆을 지목했다. 발전용 증기 터빈을 가동하기 위해서는 다량의 물이 필요했기 때문이다. 이듬해 봄, 향원정 옆 작은 발전소에서 생산한 전기가 경복궁 건청궁 경내를 환하게 밝혔다. 이 전등은 조선이 일본이나 중국을 거치지 않고, 그들보다 먼저 도입한 거의 유일한 신문물이었다.

에디슨 전등회사는 이 동양 최초의 전등이 이웃나라 사람들로부터도 최선의 평가를 받을 수 있도록 적자를 보면서까지 투자를 아끼지 않았다. 하지만 아직 기술에 문제가 있었기 때문인지 전등은 여러 가지 말썽을 부렸다. 발전기는 수시로 작동을 멈췄고, 그때마다 전등이 꺼졌다. 발전기를 다시 가동할 때에는 엄청난 굉음이 궐 안에 있는 사람들의 고막을 찔렀다. 제멋대로 깨었다 잤다 하는 데다가 수시로 사람들을 괴롭히기까지 하니 그 성정性情이 건달과 똑같다 해서 사람들은 이 불을 '전깃불'이라 하지 않고 '건달불'이라 했다. 하지만 고종의 건달불 사랑은 각별했다. 그는 이 건달불에서 어둠을 물리치는 용도 이상의 무엇인가를 발견했던 듯하다. 고종은 이 건달불을 밤과 낮의 경계를 허무는 힘, 곧 시간을 지배하는 힘의 상징으로 활용하려 했던 것으로 보인다. 전등은 권력이 꿈에서도 그려왔던 '시공간을 초월하는 힘'을 표상할 수 있었다. 고종은 전등이 사치와 낭비일 뿐이니 당장 철거해야 한다는 지식인과 관료들의 상소도, 건달불 때문에 가뭄이 든다는 백성들의 원망도 가볍게 묵살했다. 낮이건 밤이건 발전기가 돌아가는 한, 궐 안의 전등은 계속 빛을 내뿜어야 했다. 고종은 한 걸음 더 나아가 1894년에는 창덕궁에 제2전등소를 설치했다. 이 전등소의 발전 용량은 경복궁 것의 3배였다.

누구나 볼 수 있는 곳에 등장한 전등

경복궁과 창덕궁에 전등이 설치된 뒤에도, 보통 사람들은 이런 불이 있다는 소문만 들었을 뿐 직접 볼 기회를 얻을 수는 없었다. 권력의 거소居所인 구중궁궐 안에서, 권력의 상징으로만 빛을 발하던 전등이 거리로 나온 것은 고종 소유의 한성전기회사가 설립된 뒤의 일이었다. 1899년 봄, 서울에 전차 궤도를 부설하고 발전소를 건설한 한성전기회사는 전차 운행 개시에 이어 민간용 전등 사업을 시작하기로 하고 그해 11월 황실 소유의 전등시설 일체를 구입했다. 당시는 경운궁을 새 황궁으로 쓰고 있던 때라 경복궁에 있던 전등 설비는 이미 쓸모없게 된 상태였다. 이듬해 4월 10일, 한성전기회사 사옥현재 YMCA 서쪽 장안빌딩 자리 주변에 설치된 전기 가로등 3개가 불을 밝혔다. 누구나 볼 수 있는 곳에 등장한 전등은 이것이 처음이었던 바, 1966년 대한민국 정부는 이 날을 '전기의 날'로 지정했다.

민간용 전등 사업이 급물살을 탄 것은 1902년 가을로 예정된 '황제 어극御極 40년 망육순望六旬 칭경 기념 예식'을 앞두고 서울을 '극장 도시'로 개조하는 작업이 본격화하던 무렵이었다. 고종은 이 기념 예식을 통해 안으로 백성들의 '충군애국忠君愛國'하는 마음을 모으는 한편, 밖으로 대한제국이 근대 문명국가의 일원임을 과시하려 했다. 이를 위해서는 우선 도시 서울을 개조할 필요가 있었다. 백성들에게는 주연배우인 황제의 위의威儀를 돋보이게 하는 무대 장치와 소품들로 가득 찬 도시를 보여줘야 했고, 기념 예식에 참석할 열국列國의 특사들에게는 이 도시에도 근대 문명이 찬란하게 빛을 발하고 있음을 알려줘야 했다.

1900년경 한성전기회사 앞의 매표소

우리나라 최초의 전기 가로등이 걸린 자리다.
'밝은 밤'은 '보이지 않는 존재'들에 대한 두려움을 덜어주었으며,
일상생활에서 '세속적' 목적으로 사용되는 시간대를 비약적으로 늘렸다.
전등은 출현하자마자 귀신을 쫓는 가장 강력한 무기가 된 셈이다.
* 출처: 체신부, 《한국전기통신100년사》, 1985.

1901년 6월 17일, 황궁皇宮인 경운궁 안에 먼저 6개의 전등이 가설되었다. 며칠 후, 관판官辦 회사정부의 직접 감독 하에 운영되는 회사인 대한협동우선회사 소속 선박 한성호가 상하이에서 전등용 설비와 기구를 다량 구입해왔다. 민간용 전등을 개설할 준비를 마친 한성전기회사가 야간 가로조명 소개 겸 판촉 행사로 벌인 것이 바로 이 전등 개설 예식이었다. 이때부터 일부 대로변과 부호 집 천장에 매달리기 시작한 전등은 밤의 의미를 근본적으로 뒤바꿔놓았다. 전등이 출현한 지 10여 년 뒤에는 서울 시내에 아예 밤에만 영업하는 야시夜市까지 나타났다.

전등 덕분에 늘어난 시간, 그러나 여전히 '시간 없다' 불평

전등이 발명되기 전까지, 밤은 귀신이나 도깨비 또는 악령惡靈이 지배하는 시간대였다. 밤은 인간의 행동 공간과 행위 내용을 제약했다. 또 계절에 따라 낮과 밤의 길이가 달랐기 때문에 인간 삶의 리듬은 자연의 운행에 종속될 수밖에 없었다. 그러나 전등은 전설의 '불야성不夜城'을 현실 세계에 구현함으로써 인류로 하여금 밤을 완벽히 통제할 수 있게 해주었다. 전등은 양陽과 음陰, 천사와 악마의 시간대로 명확히 나뉘어 있던 낮과 밤의 구분을 사실상 무의미하게 만들었다. 전등으로 말미암아 낮과 밤은 연속된 시간대로 통합되었으며, 서로 밀도가 달랐던 시간대들이 균질화했다. 인류가 '규칙적인 생활'을 모범이자 정상으로 상정할 수 있게 된 것도 전등 덕분이다. 여름이든 겨울이든 언제나 같은 시각에 일어나고 같은 시각에 잠자리에 들 수 있게 된 것도, 1년 365일 매일같이 하루 세 끼 식사를 즐길 수 있게 된 것도, 한밤중에 아무 두려움 없이 거리를 활보할 수 있게 된 것도, 다 전등 덕분이다. 물론 노동자들이 며칠씩 제대로 눈도 붙이지 못하고 야근에 시달리게 된 것 역시 전등 '덕분'이다. 옛날 노예들은 밤에는 그래도 잠을 잘 수 있었으나, 현대의 임금 노동자들은 한밤중이라도 자본가가 시키는 대로 군소리 없이 일해야 한다. 전등은 자연이 인간의 일상에 가하던 원초적 제약을 무력화함으로써 인간 내면에서 자연성을 소거消去하는 데 성공했다. 인간을 기계처럼 만드는 데 가장 강력한 힘을 발휘한 것이 바로 전등이다.

전등이 만들어낸 디스토피아적 현실을 외면한다면, 어쨌거나 밤이 생활시간대로 편입됨으로써 인간의 삶은 이전보다 훨씬 풍요롭고 다채로워졌다. 오늘날의 사람들은 옛사람들보다 훨씬 많이 일하고 많이 놀고 많이 먹고 많이 마신다. 현대인은 잠자는 시간을 제외한 나머지 시간에는 언제나 움직이고 먹고 마시며 웃고 떠들거나 운다. 이제 귀신이 지배하는 시간, 악령을 두려워해야 하는 시간은 사라졌다. 현대인의 기대수명이 한 세기 전 사람들보다 두 배 가까이 늘어난 것을 감안하면, 현대인이 실제로 소비하는 시간은 세 배 이상 늘어난 셈이다. 그럼에도 불구하고 현대인들은 언제나 '시간이 없다'며 불평을 늘어놓는다. 정말 그렇게 시간이 없는 것일까? 아니면 전등 덕에 늘어난 시간의 대부분을, 아니 본래 자기 것이어야 할 시간까지 누군가가 빼앗아갔기 때문일까? 이 질문의 답은, '불빛'을 자기 내면으로 향할 때에야 찾을 수 있을 듯하다. 요즘 사람들에게 정말 부족한 것은 '모든 시간'이 아니라 '자기 성찰'의 시간이 아닐까?

8월 20일 _ 청계천 복개 계획 제출

복개에서 복원까지, 청계천의 역사와 인간의 변덕

8月
20日

'청계천 복개해서 일선융화 이루자'

1926년 8월 20일경, 예종석, 오무라 히야쿠조大村百藏 등이 '일한 합작'으로 주식회사 순목회淳睦會를 설립하고 청계천 광교에서부터 동쪽으로 1킬로미터 정도 구간을 복개하여 그 위에 각종 오락시설과 흥행장을 건설하겠다며 조선총독부에 허가원을 제출했다. 1926년은 경복궁 앞에 조선총독부 신청사가, 경운궁덕수궁 앞에 경성부 신청사가 각각 완공된 해였다. 이때까지 조선총독부 청사는 남산의 구舊통감부 자리현재의 서울애니메이션센터에, 경성부 청사는 본정本町충무로 입구의 구舊경성이사청 자리현재의 신세계 백화점에 있었다.

1885년 일본인의 서울 거주가 공식 인정된 이래, 청계천은 일본인과 조선인의 거주지를 나누는 경계선이었다. 일본은 한국을 강점한 지 15년 만에 조선총독부 청사와 경성부 청사를 옛 조선/대한제국의 정치적 중심지로 이전함으로써, 일본인의 총독부에서 한반도의 총독부로, 일본인의 경성부에서 서울의 경성부로 자기 위상을 이전하겠다는 의지를 표명했다. 예종석 등의 청계천 복개 계획은 일제의 이런 정치적 의도에 나름대로 부응하면서 '눈 먼 땅'을 챙겨보겠다는 정상배政商輩다운 욕심의 발로였다. 이들은 '우연히' 내지인 시가市街와 조선인 시가를 양분하게 된 청계천을 복개해버리면 둘을 나누던 공간적 경계선이 사라질 터이고, 그러면 일본인과 조선인이 함께 어울려 자연스레 '일선융화日鮮融和'가 이루어질 것이라 주장했다. 공간적 격리 때문에 민족적·사회적 차별이 발생한다는 황당한 논리였다. 하지만 경성부가 이 계획을 불허한 것은 그 논리의 황당함 때문이 아니라 청계천을 복개할 경우 호우 때 배수에 문제가 생길 수 있다는 이유 때문이었다.

광장시장이라는 이름과 청계천

청계천을 복개하려는 시도는 이전에도 있었다. 1904년 러일전쟁 중 서울을 점령한 일본군은 경부·경의철도 공사를 속성으로 진행하면서 경인철도 남대문정거장현재의 서울역을 한반도 종관縱貫 철도의 중심으로 삼았다. 이와 동시에 철도용 부지를 확보한다는 명목으로 남대문정거장 주변 토지 50만 평을 강제 수용했다. 당시 서울 유일의 도시 상설시장이던 선혜청 창내장현재의 남대문시장은 남대문정거장과 혼마치本町 일본인 거류지 사이에 끼어 있었던 데다가 당시 일본인들이 집중적으로 빼앗고 있던 내장원 소유의 땅이었다. 항간에는 선혜청 창내장도 종국에는 폐쇄되어 일본인에게 넘어갈 것이라는 소문이 돌았다. 이렇게 되면 선혜청 창내장 상인들이 장사터를 잃을뿐더러, 일반 시민들도 큰 불편을 겪을 것이 불 보듯 뻔했다.

눈치 빠른 사람들 몇몇이 새 시장 터를 마련하자고 나섰다. 그들은 청계천 광교에서 장교에 이르는 구간을 복개하여 그 위에 새 시장을 만들기로 하고 광교의 '광'과 장교의 '장'을 따서 회사 이름을 광장회사廣長會社, 시장 이름을 광장시장廣長市場이라 지었다. 선혜청 창내장을 철폐한다는 소문은 결과적으로 사실무근인 것으로 드러났지만, 이들은 새 시장 설치를 위한 청계천 복개 공역工役을 예정대로 추진했다. 그러나 1905년 여름 장마 때 청계천 변에 쌓아놓았던 복개용 목재가 다 떠내려가면서 이 계획은 물거품이 되고 말았다.

일제, 전시 교통망 확충을 위해 청계천 복개 계획

'눈 먼 땅'에 대한 욕심을 넘어 행정 당국이 도시 구조 및 위생 문제 전반과 관련하여 청계천 복개 문제를 진지하게 검토하기 시작한 것은 1930년대 이후의 일이었다. 일제는 1931년 만주사변 이후 조선을 대륙 병참기지로 설정하고, 경성을 병참선兵站線의 중심에 두었다. 이를 위해 만든 것이 이른바 '대경성大京城 계획'이었는데, 이 구상은 1934년의 시가지계획령을 계기로 구체화했다. 청계천을 복개한다는 구상은 시가지계획령 공포 이듬해인 1935년에 나왔다. 이때 경성부의 마치다町田 토목과장은 청계천을 전면 복개하여 도로로 삼고 그 위로 고가철도를 놓겠다는 구상을 발표했다. 대경성계획으로 영등포를 비롯한 경성 주변의 1개 군郡 8개 면面이 새로 경성에 편입될 경우 늘어나는 교통 수요를 감당할 수 없다는 이유에서였다.

그러나 민간의 교통 수요보다 더 중요하게 고려된 것은 군부의 교통 수요였다. 용산, 영등포의 공업지대에서 생산되는 군수물자를 만주로 신속히 이송하기 위해서는 경성-의주 간 또는 경성-원산 간 도로를 확충하는 한편, 경성 부내府內를 관통하는 도로를 확장할 필요가 있었다. 마포, 노량진, 영등포 등지에 신작로新作路가 만들어진 것도 이 무렵이었는데, 도심부를 관통하는 도로를 만드는 데에는 토지 수용비가 필요 없는 청계천이 적격이었다. 하지만 조선총독부 철도국에는 고가철도를 놓을 돈이 없었다.

청계천을 파리 세느강처럼 '낭만적 공간'으로

마치다의 야심찬 구상이 좌절되자, 경성부는 형편이 닿는 대로 1937년부터 5개년 계획으로 광교와 삼각정현재의 삼각동까지만이라도 우선 복개한다는 안案을 새로 마련했다. 이 계획의 최종 목적은 광교에서 오간수문에 이르는 청계천 도심부 구간을 전면 복개하여 자동차 전용도로로 삼고, 오간수문에서 한강 합류부에 이르는 구간 도로 좌우에는 하수관로를 매설하여 청계천에 항상 '맑은 물'이 흐르게 한다는 것이었다. 이 구상에 대해 당시 《조선일보》는 "불란서 파리의 세느강처럼 아름다운 시詩의 시냇가로 될 날도 멀지 않았다"고 칭송했다.

그러나 1937년 중일전쟁 이후 서울 인구의 비약적 증대는 청계천을 파리의 세느강처럼 아름다운 '낭만적 공간'으로 만든다는 낭만적 구상을 용납하지 않았다. 1936년 부역府域 확장 당시 70만 내외였던 서울 인구는 4년 뒤인 1940년에는 100만에 육박했다. 해마다 10만 명 가까운 인구가 늘어난 셈이다. 주거, 교육, 환경, 취업, 범죄 등 모든 도시 문제의 배후에는 인구 폭증이 있다. 일제는 대외 침략전쟁을 치르는 한편에서, 급증하는 경성의 도시 문제와도 전쟁을 치러야 했다. 1940년 경성부는 전시戰時 군수물자의 운송 편의를 확대하고 적기敵機의 공습에 대비한 방공防空 대책을 마련하는 방안을 담은 3대 계획안을 발표했다. 이 계획안의 첫째가 청계천을 전면 복개하여 도로를 확충하고 그 아래로 지하철을 놓는 것이었다. 고가철도 대신 지하철을 놓기로 한 것은 공습空襲에 대한 우려 때문이었다. 하지만 이 구상은 전쟁 물자를 조달하기 위해 일반 가정집의 숟가락과 요강까지 뒤져 빼앗아야 했던 당시의 조선총독부 재정 형편으로는 도저히 실현할 수 없는 황당한 꿈이었다.

서울 시민, '살인하천' 청계천 복개를 염원하다

그런데 청계천 복개는 경성부 당국자들만의 꿈이 아니었다. 그것은 경성부민 모두의 오랜 염원이기도 했다. 서울이 조선 왕조의 수도가 된 이래 내내, 청계천은 자연하천이 아니라 도시 하수도였다. 도성 안 인구가 10만 명 선에서 유지되던 시대에는 자연적인 물 순환만으로도 하수 처리가 가능했다. 조선 후기 도성 안 인구가 20만 명 이상으로 늘어난 뒤에는 인위적인 준설이 부득이했으나, 그래도 사람들은 개천에 불만을 늘어놓지 않았다. 불만이 있었어도 처치할 방법이 없기는 했지만. 하지만 서울 인구가 30만을 넘어서고 도시 산업화에 따라 자연이 만들지 않은 독소가 개천에 흘러들기 시작하면서, 개천은 '살인하천'이 되어갔다. 일제 강점기 조사에 따르면, 경성부민의 전염병 이환률은 일본

일제 강점기 청계천 수표교 주변

서울이 조선 왕조의 수도가 된 이래 내내 청계천은 도시 하수도였다.
도성 안 인구가 점차 늘어나고 도시 산업화에 따라 독소가 개천에 흘러들면서
청계천은 경성 주민의 전염병 발병률을 높이는 '살인하천' 이 되어갔다.
이 때문에 일제 강점기 청계천 복개는 경성부 당국자뿐만 아니라 경성부민 모두가 바라던 일이었다.
* 출처: 이규헌 해설, 《사진으로 보는 근대한국 상—산하와 풍물》, 서문당, 1986, 49쪽.

제국 판도 내 전체 도시 중 단연 으뜸이었고, 특히 청계천 가까운 동네에 사는 사람들의 전염병 사망률이 높았다. 이 무렵에는 마음만 먹으면 청계천쯤이야 얼마든지 복개할 수 있는 기술적 토대도 갖추어져 있었다. 이즈음부터 서울 시민들은 청계천을 '도시의 암종癌腫'이라 부르며 하루 속히 눈앞에서 사라지기를 염원했다.

서울 시민의 한결같은 염원이 실현된 것은 해방되고도 한참 후였다. 1958년 5월, 서울시는 3개년 계획으로 일제 강점기 이래의 현안이던 청계천 복개 공사에 착수했다. 책정된 공사비는 ICA국제협조처 자금 20만 달러와 국비國費 6억 원으로서, 당시 경제 형편에서는 엄청난 액수였다. 1961년 11월, 오간수교까지 복개 공사가 마무리되었고 그해 12월 5일 복개도로 개통식이 거행되었다. 그로부터 6년 뒤인 1967년에는 오간수교에서 중랑천 합류부에 이르는 나머지 전 구간을 복개하는 공사가 시작되어 1977년에야 완료되었다.

복개할 때는 언제고

그런데 지상에서 청계천이 사라진 지 30년쯤 지나자, 이번에는 여기저기에서 '복원' 이야기가 나돌기 시작했다. 2003년부터 2005년까지, 단 3년의 공사 끝에 청계천은 30년간의 지하 생활을 청산하고 전혀 새로운 모습으로 지상에 다시 나타났다.

자연이 수시로 변덕을 부린다고 하나 인간의 자연에 대한 태도는 더 변덕스럽다. 청계천 복개 공사가 끝났을 때에도, 복원 공사를 마쳤을

평화시장에서 열린 청계천 복개공사 개통 기념식(1963년 12월 5일)

지류 복개가 시작된 1936년부터 계산하면 청계천 복개에는 무려 30년의 시간이 걸렸다.
그러나 복원 공사는 단 3년 만에 마무리되었다. 재원이 늘어나고 기술 수준이 높아진 덕인데,
반면 시행착오를 교정할 여유는 줄어들었다.
* 출처: 문화체육관광부, 공감포토, 사진으로 보는 오늘, 역사속의 오늘, 1960년 10월 29일.

때에도, 서울 시민 대다수는 환호했다. 이 두 '시민들' 사이에는 단지 한 세대의 시간이 가로놓여 있을 뿐이다. 자연의 변덕과 인간의 변덕이 다른 점은, 전자가 우발적이고 종종 반복적인 데 반해 후자는 성찰적이고 나름 계획적이라는 점이다. 물론 성찰의 자리를 탐욕이 대신할 경우에는, 인간의 변덕도 자연재해 못지않은 재앙을 초래하곤 한다.

8월 23일 _ 여자정신근로령 공포

만행의 기록이 문서로 남는 경우는 드물다

8月
23日

역사, 기억된 시간

물리적 관점에서 1년은 그저 지구가 태양을 한 바퀴 도는 데 걸리는 시간이라 1910년이나 2010년이나 똑같은 한 해일 뿐이다. 하지만 역사적 관점에서 1년은 특정한 사건들로 구성되는 '고유의 결'을 갖는다. 흔히 과거 전체를 역사라 부르기도 하나, 엄밀한 의미에서 역사란 흘러간 시간 전체가 아니라 기억되는 시간이다. 개인에게나 집단에게나 유난히 사건·사고가 많았던 해로 기억되는 시간대가 있는가 하면, 무슨 특별한 일이 있었는지 도통 기억나지 않는 시간대도 있다. 그래서 역사적 시간은 강약과 리듬이 있는 음악적 시간에 가깝다. 전쟁이 일어나고 끝난 해가 있고, 자연재해가 유독 잦았거나 전염병이 극성을 부린 해도 있다.

역사학의 악보樂譜에서 전쟁이나 혁명, 자연재해 같은 큰 사변들이 하나의 악절樂節을 이룬다면, 특정한 정치적·사회적·경제적·자연적 조건에 대한 사람들의 개별적이거나 집단적인 반응은 각각의 음표를 구성한다고 봐도 무방하다. 가령 1997년의 IMF 구제금융 사태는 그 자체로 하나의 역사적 사건이지만, 이 '단일 사건'을 미시적으로 살펴보면 그 안에 개인과 가족 단위의 숱한 '작은 역사'들이 밀집해 있음을 알 수 있다. 파산, 부도, 실직, 전직轉職, 경매, 별거, 이혼, 가정불화와 가정폭력, 진학 포기, 자살 또는 자살미수 등 개인이나 가족 단위의 사건과 선택들이, 이 사태의 그늘 아래에서, 이 사태의 세부 '사태'로 일어났다.

물론 개인이나 가족 단위의 '작은 선택'들에 영향을 미치는 것이 외환위기 같은 큰 사건들만은 아니다. 사람들은 때로 특별한 정치적 변화나 경제적 파동이 없어도, 단순하고 상징적인 신호 하나에 흡사 무리생활을 하는 동물들 같은 반응을 보이기도 한다. 2006년과 2007년 사이에도 쌍춘년雙春年이니 황금돼지해니 해서 출산율이 반짝 올랐던 적이 있다. 하지만 다른 각도에서 보자면, '행운의 해'나 '아이 낳기 좋은 해' 같은 비합리적 담론에 영향 받는 출산율 추이 자체가, '경쟁 만능의 신자유주의 시대'라는 한 악절樂節의 음표들일 수도 있다. 아이를 낳아 기르는 일이 너무 두려운 시대에 그 두려움을 덜어주는 메시지가 있다면, 합리적 근거가 있든 없든 그에 반응하는 것이 사람이다. 혼인, 출산, 취업, 진학, 자살 등은 흔히 개인 차원의 실존적 선택으로 취급되지만, 이들 중 어느 것도 순전히 '개인적'이지는 않다.

태평양전쟁, '내핍'을 '일본 국민'의 기본 생활 태도로 만들다

1941년 겨울 태평양전쟁 발발 이후, 특히 1942년 초여름 일본 해군이 미드웨이해전에서 참패한 이후, 식민지를 포함한 일본 제국 전역은 '차가운 열기'에 휩싸였다. 전쟁터에서 싸우는 군인들에게도 먹을 것과 입을 것을 제때 공급하지 못하는 판국에, 후방에 있는 민간인들이 배불리 먹고 따뜻하게 입는 것은 사치였다. 남자들에게는 군복 비슷하게 생긴 '국민복'이라는 옷이, 여자들에게는 속바지인지 작업복인지 정체를 확정하기 어려운 '몸뻬'라는 옷이, 각각 전시戰時에 국민의 도리를 표현하는 표준 의복으로 강요되었다. 옷으로 자기 몸의 개성個性을 표현하려는 행위는 비非국민적인 행태라며 지탄받았다. 쌀을 비롯한 주요 식료품은 배급제로 분배되었기 때문에, 가진 돈이 많아도 합법적으로는 배불리 먹을 수 없었다. 궁핍을 참고 견딘다는 뜻의 '내핍耐乏'은 이 무렵 '일본 국민'이 견지해야 할 기본 생활 태도였다.

대략 1940년부터 1945년 사이의 기간은, 권력이 사람들의 몸을 궁핍의 한기寒氣로 감싸면서 동시에 그들의 마음을 뜨거운 애국심과 투지鬪志로 채우기 위한 선전과 선동에 몰두하던 시기였다. '국체명징國體明徵' 천황제 국가의 정체를 분명히 드러내자, '인고단련忍苦鍛鍊' 고통을 참아내며 단련하자, '귀축미영鬼畜米英' 미국과 영국은 귀신같고 축생 같다, '총후보국銃後報國' 후방에서 나라의 은혜에 보답하자 따위의 국가주의적이고 호전적인 구호가 적힌 현수막들이 도시 거리의 대형 건물 외벽을 뒤덮었고, 놋그릇 하나, 놋수저 한 벌, 놋요강 하나라도 찾아내려는 말단 관리들의 핏발 선 눈동자가 농촌 마을 가가호호의 헛간과 부엌을 뒤졌다.

아들 '씨'라도 남기려 혼사를 서두르다

그런데 이런 상황에서 묘하게도, 인생 최대의 경사인 혼사가 예년에 비해 크게 늘어났다. 잔칫상에 올릴 음식도 변변히 구하기 어려운 형편에, 기쁘고 들뜬 기색을 드러내는 것도 비非애국적 태도로 지목받지 않을까 걱정해야 하던 시절에, 혼인 잔치를 벌이는 사람들이 왜 그렇게 늘었을까?

1943년 8월 1일부로 시행된 〈조선징병령〉에 따라 한국인 청년들이 입대하기 시작한 것은 1944년 하반기부터였다. 학도지원병 모집은 그에 앞서 시작되었고, 징병제 시행에 맞춰 전문학교와 대학의 학기가 단축되었다. 여러 자식 중에 똑똑한 자식 하나라도 제대로 공부시켜 가문을 일으켜보겠다고 논 팔고 소 팔아 고급 학교에 보낸 부모들은 자식이 출세하는 모습을 보기는커녕 자칫하면 졸업하자마자 시체가 되는 꼴을 볼지도 모른다는 위기감에 휩싸였다. 그렇다고 그런 위기감을 대놓고 드러낼 수도 없었다. 자식에게 징병 영장이 날아오면 기쁜 표정으로 "천황폐하의 하해와 같은 은혜에 감사드립니다"라고 외쳐야 하는 것이 당시 '국민의 도리'였다. 살아 돌아올 수 있을지 기약할 수 없는 전쟁터에 아들을 내보내야 했던 부모들은 '씨'라도 남겨둘 양으로 혼사를 서둘렀다.

정신대에 보내느니 시집 보내자

딸 둔 부모라고 해서 아들 둔 부모보다 나을 것도 없었다. 전쟁이 장기화함에 따라 젊은 남자들을 모조리 군대에 몰아넣었던 일본 군국주의는, 그로 인한 심각한 노동력 부족 현상을 해소하기 위해 젊은 여자들을 집 밖으로 끌어냈다. 이는 '남자는 집 밖에서 천황에게 봉사하고, 여자는 집 안에서 가정을 돌본다'는 현모양처론賢母良妻論에 따라 편성된 일본 사회의 기초 단위를 근본에서 뒤흔드는 것이었지만, 궁지에 몰린 상태에서 이것저것 따질 계제가 아니었다. 〈여자정신근로령女子挺身勤勞令〉, 즉 '여자들도 집 밖으로 나가 몸을 던져 근로하라'는 명령이 칙령 제519호로 공포된 것은 일본 패망 한 해 전인 1944년 8월 23일이었다. 그런데 딸 가진 부모들, 특히 딸에게까지 고등교육을 시킬 수 있을 정도의 여력餘力을 가진 부모들은 그 몇 해 전부터 마음을 졸여야 했다. 학교라는 곳이 공부는 시키는 둥 마는 둥 하면서 말만 한 처녀들을 산으로 들로 내몰아 근로보국이라는 명목으로 중도동을 강요하는 것도 참기 어려웠는데, 급기야 일본말을 할 줄 아는 여학생들을 일본 본토나 함경도 평안도 등지의 군수공장으로 보낼 것이라는 소문까지 돌았다.

〈여자정신근로령〉 공포를 전후하여 여학교 교장들은 조회시간 훈시 때마다 '정신대에 자원하여 천황폐하에 대한 반도 여성의 적성赤誠을 보이라'고 최면 걸듯 주문하곤 했다. 조선인 중에서는 그래도 행세깨나 한다는 집 딸들도 이런 압력에 시달려야 하는 상황이었으니, 별 볼 일 없는 집안 딸은 말할 나위도 없었다. 그런데 그 시절 공장은 군국주의 특유의 위계 의식과 중세적 성차별 의식이 공존하면서 여공女工에 대한 남자 관리자의 성희롱, 성폭행, 성추행이 일상화한 공간이었다. 공장은 정숙한 여자가 갈 곳이 아니었고, 정숙한 여자라도 일단 공장에 가면 더 이상 정숙한 여자가 아니었다. 게다가 말로야 공장에서 일할 것이라고 하지만, 떠도는 소문으로나 세상 돌아가는 꼴로 보나, 꼭 공장에서 일하게 된다는 보장도 없을 것 같았다. 불안감에 휩싸인 부모들은 딸을

일본에 도착한 전라북도 여자정신근로대원들

중노동에 시달리며 임금조차 못 받는 경우가 허다했지만,
여기까지 온 사람들은 그나마 운이 좋은 편이었다.
선발 과정에서, 또는 이동 중에 자기 의사에 반하여 위안소로 끌려간 사람들은
견딜 수 없는 치욕과 고통을 겪어야 했다. 그런 사정을 알았기에 부모들은
사윗감 재목을 따질 겨를도 없이 혼사를 서둘렀다
* 출처: 독립기념관.

속히 기혼 여성으로 만들어 동원 대상에서 빼내는 것만이 상수라고 여겼다.

여자정신대 그리고 일본군 위안부

〈여자정신근로령〉은 〈국민직업능력신고령〉이 지정한 직업 능력을 가진 12세 이상 40세 미만의 미혼 여성 또는 자원自願 여성을 '여자정신대'라는 이름의 근로 요원으로 삼아 전쟁 수행에 필요한 작업장에 배치하는 것을 골자로 한 법령이었다. 여자정신대원을 받아들이고자 하는 업체나 업주는 사전에 일본 지방장관에게 신청하게 되어 있었고, 지방장관은 이 신청에 따라 말단 지방행정기관장 또는 단체나 학교의 장에게 대원 선발을 명할 수 있었다.

그런데 비리는 대개 법과 권력 곁에 있는 자들이 저지르기 마련이고, 법이 강압적일수록 그 정도도 심해진다. 일본군의 견지에서는 '위안소'도 필요 업소였고, '위안부'도 소요 인원이었다. 일본군 위안부로 끌려갔던 여성들이 한결같이 증언한 바대로, 여자정신대원 중 일부는 공장에 가는 줄 알고 있다가 위안소로 빼돌려졌다. 이 사실은 당시에도 많은 사람들이 알았다. 여자정신대원으로 끌려가 공장에서 노동했던 여성들과 그 가족들은 해방 뒤 귀국해서도 그 사실을 숨기기에 급급했다. 1980년대까지 '정신대'라는 단어는 곧 '일본군 위안부'를 의미했다. 여자정신대와 일본군 위안부가 다르다는 사실이 널리 알려지고, 일본의 위안부 강제 동원이 '독립된' 여성 인권 침해 문제로 다뤄지기 시작한 것은 1990년대 중반부터였다.

일제가 조선인 위안부를 강제 동원하지 않았다?

유의할 점은 이 무렵부터 일본은 물론 국내 학계 일각에서도 일본 정부와 군이 조선인 위안부를 강제 동원한 바 없다는 주장이 나오기 시작했다는 것이다. 그들 주장의 요지는 이렇다. 첫째, 총독부나 일본군이 위안부 모집에 직접 개입했다는 증거는 없다. 둘째, 위안부는 일본인 여성을 포함한 다국적이었으며 조선인 여성이라 해서 특별히 차별받았다는 증거도 없다. 셋째, 민간업자들에 의한 취업 사기 등으로 자기 뜻과 달리 위안소에 끌려간 사람이 있었을 가능성을 배제할 수 없으나 이들은 기본적으로 직업적 성매매 여성들이었다. 따라서 일본 정부와 군부, 조선총독부에 도의적 책임을 물을 수는 있으나 직접 책임을 물을 수는 없다.

문서로 남은 증거에만 매달리면, 이런 해석도 가능하기는 하다. 하지만 증거가 문서로만 남는 것은 아니다. 게다가 국가권력이 개입한 범죄일수록 문서 증거는 거의 남지 않는다. 예컨대 독재 권력이 반정부 인사를 고문, 납치, 살해하라고 지시하면서 '문서'를 남기지는 않는다. 이런 범죄를 묵인, 방조하겠다는 의사를 우회적으로 표현하기만 해도, 국가권력이 바라는 바는 충분히 이루어진다. 따라서 이런 권력 범죄의 증거는 1,100회가 넘도록 일본대사관 앞에서 수요집회를 지속하며 일본 정부의 공식 사과를 요구하는 피해자들의 절규나 정신대와 위안부를 혼동했던 한국인들의 보편적 의식에서 찾아야 한다.

자국군의 '사기 진작'을 위해 식민지의 꽃다운 젊은 여성들을 성노리개로 잡아간 일본 군국주의의 과거 행위는 의심할 바 없는 '반反인간적 만행'이며, 인류의 공분公憤을 사 마땅한 일이다. 그런데 피해자들이 겪은 만행은 과거에 끝난 일이 아니다. 이제 살날이 얼마 남지 않은 호호할머니가 되어서도 일본 정부의 사과를 요구하는 피해자들의 절규를 한낱 '믿을 수 없는 증언'으로 치부하는 일부 한국인 학자들의 태도도, 피해자를 두 번 죽이는 반反인간적 만행이다.

八月二十九日

8월 29일 _ 일본, 한국 국호를 조선으로 변경

남이 이름 지어준 대로 불리는 자, 식민지 백성

8月
29日

작명권, 가장 강력한 권력

사람이나 사물, 지형지물 등에 이름을 붙이는 것은 그에 개성을 부여하고 그 본질을 규정하며 그에 대한 작명자의 '소망과 기대'를 담는 일이다. 표의문자表意文字인 한자를 쓰는 문화권에서 이름의 의미는 더 각별하다. 이름이 사람의 운명을 좌우할 수 있다는 믿음이 널리 퍼져 있으며, 하는 일이 잘 풀리지 않으면 이름을 잘못 지어준 부모나 작명가를 탓하는 경우도 많다. 작명소가 성업 중인 것도 한자문화권의 한 특징이다.

작명권作名權은 사람이 어떤 대상에 대해 행사하는 가장 강력한 권력이다. 그 대상이 사람이든 사물이든. 당장 사람의 이름은 '그'의 것이지만, '그' 스스로 자기 이름을 짓는 경우는 아주 드물다. 이름을 '지어준' 사람이 부모든 집안 어른이든 직업 작명가든, 그들은 그 이름으로 불리게 될 사람의 의사는 물어보지도 않고 자기들 마음대로 이름을 붙인다. 절대 다수의 사람들은 그렇게 붙은 이름을 '가지고' 평생을 산다. 이름이 사람의 운명에 영향을 미친다는 믿음에 근거하여 좀 과장해서 말하자면, 사람의 일생이란 남이 규정한 정체에서 출발하여 남이 제시한 방향으로 흘러가는 것이라 해도 무방하다.

'부르는 자'와 '불리는 것' 사이의 관계

권리의 주체인 사람의 이름조차 이런데, 하물며 스스로 발언할 수 없는 사물이나 지형지물의 이름이야 더 말할 나위도 없다. 어떤 대상에 자기 마음대로 이름을 붙이고 그 이름으로 그 대상을 '부르는 자'와 그렇게 '불리는 것' 사이에는 주체와 객체, 소유와 예속, 지배와 피지배의 관계가 성립된다. '부르는 자'와 '불리는 것' 사이의 관계는 개인 대 개인, 사람과 사물 사이에서만 맺어지지 않는다. 국가와 국가, 문명과 문명 사이의 접촉과 충돌이 일반화한 이래, 이는 세계의 질서와 구조를 만들고 유지하는 기본 관계였다.

뉴기니와 오스트레일리아 등지에만 서식하는 독특한 동물로 캥거루가 있는데, 이 이름이 붙은 연유에 대해서는 흥미로운 이야기가 전한다. 몇몇 영국인들이 영어를 조금 배운 원주민을 안내인 삼아 내륙을 탐험하다가 아랫배에 주머니가 달린 신기한 동물을 '발견'했다. 그들은 원주민에게 저 동물의 이름이 무엇이냐고 물었고, 원주민은 지체 없이 캥거루라고 답했다. 이로써 캥거루라는 '동물 이름'이 유럽에 알려졌다. 그런데 '캥거루'는 원주민 언어로 '몰라요'라는 뜻이었다고 한다. 오스트레일리아남쪽이라는 뜻의 라틴어 Australis에서 유래한 이 이름도 유럽인들이 마음대로 붙인 것이다 원주민들 모두가 이 동물의 이름을 몰랐던 것인지, 아니면 그 안내인만 몰랐던 것인지는 중요하지 않다. 일단 유럽인들이 캥거루로 명명命名한 이상, 설사 원주민들이 붙인 다른 이름이 있었더라도 그것은 더 이상 존속할 수 없었다.

우스꽝스럽기보단 어이없는 이야기지만 캥거루는 '아메리카 인디언'

에 비하면 그나마 나은 편이다. 자기가 '발견'한 땅이 인도인 줄 잘못 알았던 크리스토퍼 콜럼버스 때문에, 아메리카이 역시 유럽인 아메리고 베스푸치가 붙인 이름이라고 한다에서 수십만 년간 살아온 원주민들은 졸지에 '인디언'인도 사람이 되어버렸다. 아메리카 인디언들이야 문자 문명을 만들지 못해 그렇다 치자. 오랜 세월 유럽과 우열을 겨뤘던 아랍인들조차도 자기 땅에 대한 작명권을 온전히 행사할 수 없었다. 아랍인들이 '알 자지라'라고 부르는 땅을 고대 그리스인들은 메소포타미아라고 불렀다. 하지만 지금 세계인들은 '알 자지라'를 방송사 이름인 줄로만 안다.

고려공화국 그리고 고려인

유럽인들이 이른바 '대항해시대the Era of Great Voyages'를 열고 자본주의 세계체제를 형성해간 이래, 이런 해프닝은 문명의 격차와 무관하게 지구 도처에서 일어났다. 오늘날 호칭으로 표현되는 한국인들의 정체성은 두 개로 분리되어 있다. 대한민국이라는 국호와 한국인이라는 정체는 국내용이며 기껏해야 한자 문화권에서만 통할 뿐이다. 대한민국의 국제 명칭은 Republic of Korea, 즉 고려공화국이며 한국인의 국제 명칭은 Korean, 즉 고려인이다. 고려 왕조가 멸망한 지 600년이 훨씬 지난 지금에도, 대한민국과 한국인은 그 시대에 유럽인들이 '안' 이름으로 불리고 있다.

이는 한국보다 먼저 '서구화'에 성공한 일본이나 아시아 대륙의 반을 차지하는 중국이라고 해서 예외가 아니다. 일본にほん 역시 일본 국내

와 한자 문화권에서만 통하는 이름일 뿐 국제 명칭은 JAPAN이다. 유럽인들이 일본을 JAPAN으로 부르게 된 경위는 명확치 않은데, 일본의 중국 광동 사투리 발음이 포르투갈인들에 의해 유럽으로 전해져 지팡구, 야퐁, 야판 등으로 불리다 재팬으로 고착했다는 설이 유력하다. 땅이 광대하고 역사가 길어 아주 먼 옛날부터 유럽 세계에 알려진 중국은 더 심하다. 진시황의 진나라 이래 수많은 왕조가 명멸했으나 유럽인들은 자기가 처음 '안' 진秦이라는 이름을 새 왕조의 이름으로 바꾸어 불러줄 필요를 느끼지 않았다. 그래서 중국은 지금도 CHINA다.

물론 한국인을 포함한 한자 문화권의 사람들도 America를 미국으로, England를 영국으로, France를 불란서로, Germany를 독일로, Greece를 희랍으로 부를 권리가 있다. 그러나 이 권리는 당사자들에게는 아무런 영향을 미치지 못한다. 프랑스인은 자기가 '불란서인'인 줄 몰라도 국제 무대에서 활동하는 데 아무런 불편을 느끼지 않는다. 그들은 미국에 가서건, 한국에 와서건 자기가 France인이라고 말하면 된다. 반면 한국인은 외국에 나가면 스스로 알아서 '고려인' 행세를 해야 한다.

"한국의 국호를 고쳐 지금부터 조선이라 한다"

유럽인들이 주도한 제국주의적 팽창은 세계를 '부르는 자'와 '불리는 자'로 양분했다. 유럽인들을 따라 제국주의적 팽창에 나섰던 일본 역시 이 관행을 따랐다. 다만 그들은 새로운 땅을 '발견'한 것이 아니라 자기들과 오랜 세월 교섭해온 인근 지역을 침략하고 합병했기 때문에, 이름

1910년 일본에서 발행된 병합 기념엽서 중 하나

상단 원내는 순종 이척과 메이지 무쓰히토.
지도의 붉은 색 부분에는 각각 조선과 일본이라 기재되어 있다.
이보다 뒤에 나온 같은 양식의 지도에는 일본 대신 본주, 구주, 북구주, 북해도를 써넣어 조선을 일본의 한 '지방'으로 표시했지만, 한국 강점 당시에는 조선의 '국가적 지위'를 부정하지 않았다.
* 출처: 최석로 해설, 《(옛 그림엽서로 본) 민족의 사진첩 IV. 개화기의 생활과 풍속》, 서문당, 2007, 176쪽.

을 새로 '지어줄' 수는 없었다. 그래서 그들은 자기들 나름의 소망과 기대, 목적의식을 담아 여러 이름 중 하나를 선택했다.

일본인들은 중국을 굳이 지나支那라고 불렀다. 지나는 영어 CHINA를 음역한 것이다. 일본으로서는 천하의 중심 국가라는 뜻을 지닌 한자어 중국中國이 마땅치 않았기 때문이다. 물론 중국인들은 일본인에게 '지나인'으로 불리는 것을 불쾌하게 여겼고, 스스로 지나인으로 자처하지도 않았다. 하지만 일본에 합병당한 '한국인'들은 그럴 권리가 없었다. 일본인들은 '대한제국'에 대해서는 확실하고도 배타적인 작명권을 행사했다.

1910년 8월 29일, 이름도 없고 조문도 달랑 한 문장뿐인 희한한 법령이 일본 칙령 제318호로 공포됐다. 전문全文은 "한국의 국호를 고쳐 지금부터 조선이라 한다"였고 부칙은 "본령은 공포일로부터 시행한다"였다. 이 조문은 한국이라는 나라가 사라진 것이 아니라 그 주권만이 일본 왕에게 양도된 것이었음을 보여준다. 빅토리아가 영국 왕인 동시에 인도 황제였듯, 이 시점에서 한국은 일본의 영토로 편입된 것이 아니라 일왕에 의해 별도의 통치를 받는 독립된 '나라'가 된 것이다. 그래서 일본 내각은 한국 통치에 간섭하지 못했고, 일왕의 위임을 받은 조선총독이 입법, 사법, 행정, 군사의 전권全權을 행사했다. 조선을 별도의 '나라'로 남겨둔 이 칙령은 조선인을 일본 '국민'과 동등하게 대접하지 않겠다는 강력한 차별 의식의 소산이기도 했다. 이 칙령에 따라 조선인은 일본 덴노의 통치를 받으면서도 일본 국민은 아닌 어정쩡한 지위, 즉 식민지 노예라는 법적 지위를 획득했다.

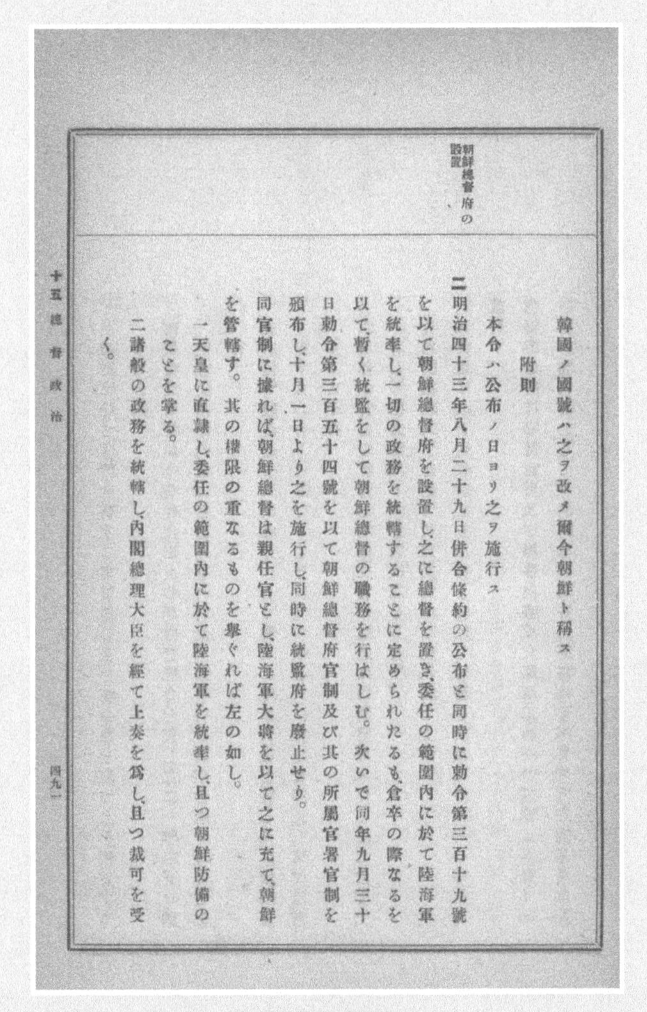
朝鮮總督府の設置

韓國ノ國號ハ之ヲ改メ爾今朝鮮ト稱ス

附則

本令ハ公布ノ日ヨリ之ヲ施行ス

二 明治四十三年八月二十九日併合條約の公布と同時に勅令第三百十九號を以て朝鮮總督府を設置し、之に總督を置き、委任の範圍内に於て陸海軍を統率し、一切の政務を統轄することに定められたるも、倉卒の際なるを以て、暫く統監をして朝鮮總督の職務を行はしむ。次いで同年九月三十日勅令第三百五十四號を以て朝鮮總督府官制及び其の所屬官署官制を頒布し、十月一日より之を施行し、同時に統監府を廢止せり。同官制に據れば、朝鮮總督は親任官とし、陸海軍大將を以て之に充て、朝鮮を管轄す。其の權限の重なるものを擧ぐれば左の如し。

一 天皇に直隷し、委任の範圍内に於て陸海軍を統率し、且つ朝鮮防備のことを掌る。

二 諸般の政務を統轄し、内閣總理大臣を經て上奏を爲し、且つ裁可を受く。

十五 總督政治　四九一

일본 칙령 제318호

1910년 8월 29일, 일제는 "한국의 국호를 고쳐 지금부터 조선이라 한다"는 일본 칙령 제318호를 공포했다.
한국을 일본의 영토에 편입시키지 않고 일왕이 위임한 조선총독에 의해 별도의 통치를 받는 독립된 '나라'로 둔 것이다.
조선을 별도의 '나라'로 남겨둔 이 칙령은
조선인을 일본 '국민'과 동등하게 대접하지 않겠다는 강력한 차별 의식의 소산으로서,
이에 따라 조선인은 일본 국민이 아닌 식민지 노예라는 법적 지위를 획득하게 되었다.
* 출처: 조선총독부, 《심상소학일본역사 보충교재 교수참고서尋常小學日本歷史補充敎材敎授參考書》,
조선교육연구회, 1920, 491쪽.

제 나라 제 땅 이름도 제 뜻대로 못 짓던 것이 한 세기 전

일본은 또 조선이라는 '새 이름'에 자신들의 '소망과 기대'를 담았다. 메이지유신 무렵에 일본인들은 조선이라는 공식 국호보다 '한'이라는 지명을 더 즐겨 썼다. 마치 우리나라 사람들이 일본이라는 국호보다 왜倭라는 지명을 더 자주 썼던 것처럼. 1870년대 일본 군국주의자들의 조선 침략론을 '정한론征韓論'이라 했는데, 여기에서 '한'은 고대 한일관계사에 대한 일본인들의 왜곡된 기억을 되살리는 기호였다. 신공황후가 삼한을 정복했다는 《일본서기》 기록에 기초하여, 삼한을 다시 복속시켜 일본의 옛 영토를 회복하자는 것이 그들의 주장이었다. 일본인들이 생각하기에, '조선'이라는 이름은 기자, 위만 등 대륙의 중국과 관련된 것이며, 삼한이라는 이름은 해양의 일본과 관련된 이름이었다.

그렇게 조선보다 한韓을 선호하던 일본인들이 정작 한국의 주권을 빼앗은 뒤에는 국호를 '조선'으로 바꿨다. 여기에는 '대한제국'의 역사를 지우려는 의도도 있었지만, 심층에는 대륙 침략 야욕이 자리하고 있었다. 일본 군국주의자들은 한반도를 대륙 침략의 발판으로 삼고자 했고, 그들의 기준에서 해양과 연관된 이름인 '한'보다는 대륙과 결합한 이름인 '조선'이 더 적합하다고 판단했다. 한국에 대한 지정학적 평가의 기조가 바뀐 것이다.

열강이 겨루는 바둑판의 '잡힌 돌' 신세가 되어 제 나라 제 땅 이름도 제 마음대로 짓지 못하던 것이 겨우 한 세기 전의 일이다. 오늘날 중국은 미국과 자웅을 겨루는 세계의 초강대국이 되었고, 일본은 계속 우경화하면서 전쟁을 벌일 수 있는 '정상국가'가 되겠다고 나서고 있다. 한반도 주변에서 다시 이는 격랑은, 한반도의 지정학에 대해 우리 스스로 더 깊이 고민할 것을 요구한다. 정세가 변하면, 고민의 내용도 달라야 하는 것이 순리다.

八月 三十一日

8월 31일 _ 종로경찰서, 종로변 상점에 변소 설치 지시

민주 사회의 관리들, 다양하고 상충되는 시민들의 요구 경청하고 설득하는 자세 필요

8月
31日

인간, 지구에 부담 주는 유일한 존재

오래된 우스개로 신神이 천지天地를 창조하면서 저지른 단 하나의 실수는 인간을 만든 것이라는 말이 있다. 물론 우주조차 완벽하지 않아 조금씩 움직인다고는 하지만, 그래도 지구에 인간이 없었다면 지구 온난화나 오존층 파괴처럼 이 행성 자체를 파멸시킬지도 모를 위험한 변화는 일어나지 않았을 것이다. 인간이 결코 자연으로 환류하지 않는 쓰레기를 지구 위에 버리기 시작한 것은 산업혁명 이후의 일이지만, 그 이전에도 인간은 일시적으로든 장기적으로든 지구에 부담을 주는 유일한 존재였다.

인간을 제외한 모든 동물의 배설물은 금세 자연의 일부가 된다. 인간의 배설물도 본래는 그랬다. 드넓은 지표면에 무시해도 좋을 정도로 적은 개체의 인류가 '서식'하던 시대에는, 인간의 배설물도 다른 야생동물의 배설물과 다를 바 없었다. 그러나 인구가 늘어나고 그 늘어난 인구가 좁은 공간 안에 모여 살기 시작하면서, 그들의 배설물은 자연으로 곧바로 환류하지 않는 독특한 물질이 되었다. 이 물질은 자연 자체를 오염시켰고, 인간을 포함한 생명체들의 생존 조건을 악화시켰다.

성곽 도시들의 확장은 똥구덩이 매립지의 확장

인류가 도시를 '발명'한 이래, 분뇨 처리 문제는 도시 생활의 대표적인 골칫거리 중 하나였다. 도시 한복판에 '흐르는 물'을 끌어들일 수 있었던 도시들에서는 이 물을 분뇨 처리용 하수도로 사용했으나, 이런 도시의 주민들은 생명에 적대적인 더러운 하천과 더불어 살아야 했다. 수많은 사람의 분뇨가 버려진 하천은 수중 생물을 몰살시켰을 뿐 아니라, 전염병을 퍼뜨리고 기생충을 옮김으로써 사람도 죽였다.

그러나 더러운 하천과 질병 사이의 상관관계를 몰랐던 사람들의 관점에서는, 흐르는 물을 끌어들일 수 있는 도시는 그나마 나은 도시였다. 그렇지 못한 도시들에서는 성벽 안쪽에 거대한 구덩이를 만들어 거기에 분뇨를 쏟아부어야 했다. 이런 도시들에서 성벽 주변에 산다는 것은 구린내와 더불어 산다는 것을 의미했다. 구덩이가 가득 차 더 쏟아부을 수 없게 되면, 구덩이를 흙으로 메우고 성벽을 바깥쪽으로 내어 쌓았다. 그래서 역사가 긴 성곽 도시들의 영역 확장은 곧 똥구덩이 매립지의 확장이었다.

"당신의 분뇨만 보면, 당신이 어떤 사람인지 알 수 있다"

일찍부터 집약 농법이 발달한 동아시아에서는 도시와 농촌이 생태적인 보완관계를 맺음으로써 이 문제를 조금 경감시킬 수 있었다. 사람의 분뇨는 전근대의 도시가 농촌에 수출하는 대표적 '물자'였다. 물론 이 물자의 가격은 문화권과 시대에 따라 달랐다. 분뇨를 쳐가는 대신 돈을 내는 경우도 있었고 반대로 돈을 받는 경우도 있었다. 우리나라의 경우 대한제국 말기에 한성부민회가 서울 일부 지역에서 분뇨 수거료를 징수한 것이 이른바 '오물세汚物稅'의 시초로 보이는데, 바쿠후 시대 일본 에도江戶서는 분뇨 장사꾼들이 돈을 내고 분뇨를 쳐갔다.

그런데 분뇨를 오물로만 취급할 경우에는 그 양이 문제지만, 상품商品으로 취급할 경우에는 품질이 문제가 된다. 바쿠후 시대 일본 에도 시내는 지방 영주들의 저택이 몰려 있는 야마노테山の手와 평민과 장인匠人들의 거주지인 시타마치下町로 양분되어 있었는데, 야마노테의 분뇨 값이 더 비쌌으며, 한 집의 분뇨라도 남자의 것이 여자의 것보다 비쌌다고 한다. 물론 남자의 것과 여자의 것을 구분해 팔기 위해서는 변소를 따로 만들어야 했는데, 변소를 분리한 이유가 '남녀유별' 의식에 있었던 것인지 아니면 분뇨 값을 제대로 받으려는 경제적 동기에 있었던 것인지는 단정하기 어렵다. 어쨌거나 음식의 질이 분뇨의 질을 결정한다는 이 믿음에는 상당한 근대적 합리성이 있다. 《미식예찬》을 쓴 프랑스의 미식가 브리야 사바랭은 "당신이 무엇을 먹는지 말해달라. 그러면 당신이 어떤 사람인지 말해주겠다"는 말로 유명해졌으나, 일본 바쿠후시대 에도의 분뇨 수거업자였다면, "당신의 분뇨만 보면, 당신이 어떤 사람인지 알 수 있다"고 말했을 것이다.

조선시대 서울의 분뇨 처리 시스템

현재 남아 있는 서울의 옛 한옥을 통해 보건대, 서울의 양반들은 일본 에도의 귀족들과는 달리 집 안에 주종主從이나 남녀男女용 측간厠間을 따로 만들지는 않았던 것 같다. 변소 문화로만 보자면 중세 조선이 일본보다 평등 지향적이었다고 할 수 있을 터인데, 요강 문화까지 고려한다면 꼭 그랬다고만 보기도 어렵다. 지금으로서는 조선시대 양반댁 규수의 변소 사용 실태를 세세히 알 도리가 없다. 다만 연암 박지원이 〈예덕선생전穢德先生傳〉에서 묘사한 대로, 조선시대 한양에도 분뇨 수거를 업으로 삼는 사람들이 적지 않았음은 분명하다.

조선 전기에는 어땠는지 알 수 없으나, 적어도 조선 후기에는 주택 구조도 분뇨 수거에 편리하게 이루어져 있었다. 변소는 바깥 담장에 붙여 만들었고, 담장과 변소 사이에 작은 구멍을 내어 분뇨 수거업자가 집 대문으로 들락거리지 않고도 분뇨를 퍼갈 수 있게 했다. 또 변소와 연결된 담장 밑에는 도랑을 파서 수거 중에 흘린 분뇨를 처리할 수 있도록 했다. 이런 방식이었으니 아마도 분뇨 수거업자와 집 주인이 특별한 계약을 맺지는 않았을 것 같다. 다만 분뇨 수거가 '엿장수 맘대로', 아니 '똥치는 사람 맘대로'라는 약점이 있었다. 서울 인근 농촌이 분뇨를 필요로 하지 않는 기간에는 분뇨 수거업자도 이집 저집 돌아다닐 이유가 없었다. 이런 때에는 주로 개천이 분뇨 처리장 구실을 했다. 그런데 이처럼 분뇨 처리 시스템이 그럭저럭 정비되어 있었음에도 불구하고, 조선시대 큰길은 쇠똥, 말똥, 개똥 천지였고 그 사이사이에 사람의 분뇨도 섞여 있었다.

1900년경 서울의 뒷골목

한 노인이 똥바가지를 똥지게에 넣은 채 다른 노인과 이야기를 나누고 있다.
도시화가 급진전된 근대 초엽에 도시를 대표하는 냄새는 구린내와 지린내였다.
귀족들이 이 냄새로부터 거리를 두기 위해 '향기'에 몰입한 반면, 부르주아들은 '무취'를 선택했다.
근대 부르주아 국가가 성립된 후, 국가는 도시를 '무취' 상태로 유지하는 책임을 맡았는데,
전제정치 하에서는 그 책임이 국민들에게 떠넘겨졌다.
* 출처: 조풍연 해설, 《(사진으로 보는) 조선시대 상—생활과 풍속》, 서문당, 1987, 55쪽.

서울, "지구상에서 가장 더러운 도시"

19세기 말 서울에 왔던 영국인 지리학자 이사벨라 버드 비숍은 서울에서 받은 첫인상을 이렇게 표현했다. "나는 이 지구상에서 가장 더러운 도시가 베이징인 줄 알았다. 서울을 보기 전까지는……." 그녀가 이 지구상에서 가장 더럽다고 여겼던 도시보다 더 더러운 도시로 서울을 꼽은 첫 번째 이유는, 메인 스트리트인 종로 길가를 가득 덮은 똥덩어리들에 있었다. 대로를 가득 덮다시피 한 똥덩어리들은 당장 '문명화한 도시'에 익숙한 행인으로 하여금 도대체 어디를 밟고 걸어야 할지 알 수 없게 했다. 게다가 비라도 오는 날이면 똥과 흙은 아예 구분이 되지 않았다.

물론 한두 세기 전 런던의 도로 사정도 이와 그리 다르지 않았을 것이다. 오히려 집집마다 변소를 갖추고 있던 서울의 주택가가, 변소를 갖추지 못한 3~4층 건물들이 밀집한 18세기 유럽의 주택가보다 훨씬 깨끗했을 가능성이 높다. 서울 사람들은 그 시대 유럽인들과는 달리 길 위에 쌓인 똥을 피하기 위해 '하이힐' 같은 것을 발명할 필요를 느끼지 않았다. 문제는 변소를 갖춘 살림집이 아니라 변소 없는 공용公用 행랑들과 그 행랑들 앞의 큰길에 있었다.

뒷골목 담벼락에 소변, 한국 남성들의 '독특한 풍습'

몇 해 전 한국영상자료원이 스웨덴에서 입수한 '한국을 찍은 최초의 컬러 동영상' 자료를 본 적이 있다. 1930년대 후반 일본 주재 스웨덴 영사가 동남아시아와 조선을 여행하며 찍은 동영상이었는데, 나는 그가 찍은 '장소'가 어디인지를 추정하는 임무를 맡았다. 필름의 전체 분량은 짧지 않았으나 조선의 경성을 담은 분량은 고작 3분 남짓이었다. 컬러 필름 값이 어지간히 비쌌을 터이니 그럴 수밖에 없었을 것이다. 내용도 아주 산만했다. 촬영자가 특이하다고 생각한 장소들에 카메라를 들이대고 3~4초간 훑어나가는 식이었다.

그런데 그런 필름에서 유독 길게 촬영된 장면이 있었으니, 바로 초로初老의 남성이 좁지 않은 길가 담벼락에 오줌을 싸고는 뒤돌아서 바지춤을 올리는 장면이었다. 그는 낯선 외국인의 카메라를 보고 멋쩍게 웃었지만, 자기 행위를 특별히 부끄럽게 여기는 것 같지는 않았다. 스웨덴인 촬영자에게는 아까운 컬러 필름을 여러 컷 할애해도 좋을 만큼 '독특한 풍습'이었으나, 당대의 한국인들에게는 전혀 어색하지 않은 장면이었다. 한국 남성들의 이런 관행과 문화는 20세기 후반까지도 지속되었다. 1970~80년대까지도 주택가 골목 담장 여기저기에는 '소변금지'라는 글자가 쓰여 있었고, 때로는 그 옆에 조악한 모양의 커다란 가위 그림이 그려져 있기도 했다.

남성들의 배변 문화가 이랬던 데다가 여성에게는 관행적으로 집 밖의 공간이 배정되지 않았기 때문에 조선시대 대로변 공랑公廊에 변소가 없는 건 당연했다. 오줌이 마려우면 공랑 뒤쪽의 골목, 피맛길로 들어가 담벼락에 누면 그만이었고, 간혹 급할 경우에는 공랑 안에 비치해둔 요강을 이용하면 되었다. 요강의 내용물은 적당한 기회를 보아 길 위의 소똥이나 말똥 주변에 버렸다. 그렇다고 큰길이 언제나 더럽지는 않았다. 이 길은 서울 주민들이 수시로 함께 청소해야 하는 길이었다. 왕이 선대왕의 능이나 종묘에 행차하기 며칠 전부터는 수많은 사람들이 큰길로 몰려나와 대청소를 했다. 이렇게 대로가 주택가 골목길보다 더러웠다가 깨끗해졌다가 하는 상황이 수백 년간 되풀이되었다.

공공장소 '소변금지'

21세기인 지금, 한국 남성들이 공공장소에서 '중인환시리衆人環視裏'에 소변을 보는 폐습은 사라졌다. 그래도 일부는 가끔 또는 종종, 으슥한 뒷골목에서 조선시대 남성들처럼 행동한다. 이런 폐습弊習을 고치자는 계몽이 시작된 것이 19세기 말이었으니, 공공장소에서 이 폐습이 사라지는 데 한 세기 정도의 시간이 걸린 셈이다. 관습이 바뀌는 과정은 당연히 그와 관련한 법적·제도적·도덕적 태도의 변화만을 의미하지는 않는다. 물리적 환경도 관습과 함께 변화하며, 때로 그 변화를 유도하기까지 한다. 한국 남성들의 배변 '폐습'을 바꾸는 데에는 담벼락에 써놓은 '소변금지' 구호들보다 늘어난 공중화장실이 더 큰 몫을 했을 것이다. 물론 그렇다고 계몽의 효과가 아주 없었다는 것은 아니다. 다만 계몽의 효과는 상대적으로 미미했고, 사회 구성원 대다수가 그에 감화되기까지에는 오랜 시간이 필요했다.

돌이켜보면 한국 역사에서 공공장소 '소변금지'만큼 지속적으로 전개된 계몽도 흔치 않다. 19세기 말에는 주로 외국인 보이기에 부끄럽다는 것이 계몽의 주된 이유였으나, 점차 위생적 관점이 부가되었다. 이 폐습에 대한 집중적인 사회적·도덕적 공격이 진행된 것은 특히 1920년대 중반 이후였다. 한편으로는 도시 인구가 증가하고 교외 지역이 산업화함에 따라, 다른 한편으로는 냄새와 위생에 대한 새로운 '가치관'이 형성됨에 따라, 분뇨 문제가 새삼 도시민의 관심을 끌었기 때문이다. 이 문제를 해결하는 방안으로 주민들은 당국이 공중변소를 더 많이 설치하고 분뇨 수거 인력을 더 많이 배치해야 한다고 주장했지만, 일제 당국은 조선인의 위생 관념 부족에 책임을 떠넘겼다. 그들은 특히 서울의 중심 가로인 종로에 악취가 진동하는 것은, 대로변 상점에 변소가 없어 상인들이 요강의 내용물을 거리에 함부로 버리는 탓이라고 진단했다. 사실 '더러운 조선인' 이미지와 담론을 만들어 유포시키는 것은 식민 통치에 여러모로 유리했다. 심지어 이 무렵 경성부 협의회에서 어떤 일본인 의원은 "조선인들은 내지인일본인을 말함과 달라 공중변소를 너무 더럽게 이용하기 때문에, 이로 인한 악취가 심각하다. 차라리 공중변소를 전부 철거하라"고까지 주장했다.

1,500개의 변소 만드는 능력보다 1,500개의 요구 조화시키는 능력이 더 중요

1932년 7월, 종로경찰서는 종로 대로변 상점의 변소 설치 실태에 대한 전수 조사에 나섰다. 사실상 전부인 1,535호의 상점에 변소가 없는 것으로 확인됐고, 경찰은 상점주들에게 한 달 내에 변소를 설치하라고 지시했다. 1932년 8월 31일, 경찰은 그때까지도 변소를 설치하지 않은

1920년대 후반 종로

전차가 다니는 큰 길은 근대도시의 중심가로다운 면모를 보인다.
하지만 사진은 '냄새'까지 전달해주진 못한다.
도시의 외관이 '근대화'한 뒤에도 도시 공간 내부는 오랫동안
중세적 '구린내'와 '지린내'로 채워져 있었다.
* 출처: 이규헌 해설, 《사진으로 보는 근대한국 상—산하와 풍물》, 서문당, 1986, 22쪽.

735호의 상점을 적발하여 2~3일 내에 지시를 이행하지 않을 경우 엄벌에 처하겠다는 최후통첩을 발했다. 상점주들은 부랴부랴 비좁은 가게 한 구석을 잘라내어 옹색한 변소를 만들었고 경찰은 한 달 새 무려 1,535개의 변소를 만드는 엄청난 '실적'을 올렸다. 하지만 사정은 그리 나아지지 않았다. 길 위에 요강의 내용물을 버리는 폐습弊習은 잠시 사라졌으나, 뒷골목에서 배변하는 행인들의 폐습은 여전했다. 대로변 악취는 사라지지 않았고, 상점에 설치되었던 변소들만 하나둘 슬그머니 자취를 감추었다.

오늘날이었다면 당국이 어떻게든 시민들의 요구를 받아들여 공중변소를 설치했을 것이지만, 그때는 요구의 방향이 정반대였다. 전제정치 하에서는 관리가 시민들을 부리지만, 민주정치 하에서는 시민이 관리들을 못살게 군다. 그런데 시민들의 요구는 너무 다양하고 자주 상충된다. 그러니 민주 사회의 관리는 경청하고 설득하는 자세를 지녀야 한다. 1,500개의 변소를 만드는 능력보다 1,500명의 요구를 조화시키는 능력이 더 소중한 오늘이지만, 실적만으로 관리들을 평가하는 풍토는 여전한 듯하다.

九月十五日

9월 15일 _ 추석 임시열차 증편 운행

귀성과 민족 대이동, 이제 사라질지도 모를 한국적 '전통문화'

9月
15日

"아직 사회주의 물이 덜 빠졌구먼"

연전, 설을 한 달쯤 앞두고 중국에 다녀온 적이 있었다. 상해의 한 음식점에 들어갔는데, 종업원들이 응대하는 태도가 영 이상했다. 그들에게는 자본이 지배하는 국제도시 상해의 음식점 종업원들에게서 익히 보았던 세련미와 능숙함이 보이지 않았다. 그러면서도 한편으로는 낯익다는 느낌을 받았다. 중국 개혁개방 직후인 1991년, 중국 국영상점에서 받았던 바로 그 느낌이었다. 그들의 행동거지는 자본주의 사회의 '종업원'들이라면 반드시 갖춰야 할 미덕들과는 거리가 먼 무뚝뚝하고 거만하며 굼뜬 옛 사회주의 국영상점의 종업원들과 비슷했다.

여행 가이드가 음식점 주인을 대신해서 변명했다. "정규 종업원들이 다 춘절春節우리의 설에 해당 쇠러 고향에 가서 어쩔 수 없이 인근 농촌 처녀들을 데려다 임시로 일을 시키는데, 그래서 애들이 인물도 떨어지고 손님 접대할 줄도 모릅니다." 일행 중 한 명이 웃으며 한 마디 했다. "아직 사회주의 물이 덜 빠졌구먼." 그들이 자본주의 물을 덜 먹어서 그런 건 분명한 듯하다. 하지만 꼭 사회주의 물이 덜 빠져서 그렇다고는 할 수 없을 것 같다. 자본주의적 사회 관계망이 더 치밀하게 조직되고 사람들 뇌리에 자본주의적 영리 추구 의식이 더 깊이 각인된다면, 가족과 함께 고향에서 명절을 보내기 위해 한두 달씩 직장을 쉬는 행태는 분명 사라질 것이다.

그런데 이런 행태와 문화가 사회주의적인 것인가? 오히려 이런 풍습은 자본주의 도시화의 초기 국면에서 만들어져 한두 세대의 짧은 기간 동안만 존속했던 것 아닌가? 물론 여기에서 짧은 기간이라고 한 것은 한 인간의 생애사적 관점이 아니라 역사학적 관점에서 한 말이다. 도시 주민 대다수가 자기 사는 곳과 다른 장소에 '고향'을 가지고 있을 때, 농촌에 있는 그들의 친척 대다수가 농촌적 삶 이외의 다른 삶을 잘 이해하지 못할 때, 도시와 농촌을 잇는 교통망이 아직 덜 '정비'되어 있을 때, 돈이 전부가 아니라는 생각이 행동으로 표현될 수 있을 때라야, 이런 풍습이 폭넓은 사회적 동의를 얻을 수 있을 것이다.

'양대 명절'의 민족 대이동 전통, 불과 50년 전에 만들어진 것

우리나라에서도 설과 추석, 이른바 '양대 명절'의 민족 대이동은 오늘날 가장 한국적인 현상의 하나다. 명절 한참 전에 기차와 고속버스 표는 매진되고, 당일에는 서울에서 지방으로 이어지는 모든 도로가 마비된다. 사람들은 차 안에서 주리를 틀 생각에 미리 진저리를 치면서도, 명절에 고향을 찾는 것이 오랜 미풍양속美風良俗이려니 하면서 그를 지켜야 한다는 의무감에 서둘러 집을 나선다. 그러나 이 집단 귀성 전통이 만들어진 지는 50년 남짓밖에 되지 않았다.

한 세기 전만 해도 설과 추석을 쇠기 위해 일부러 '고향故鄕'에 가는 사람은 아주 드물었다. 인구의 절대 다수가 농민이자 사는 곳이 곧 고향인 사람들이었다. 서울에서 벼슬살이를 하거나 방방곡곡 떠돌아다니는 장돌뱅이 등 '특수한' 직업을 가진 사람들만이 명절 훨씬 전에 고향을 찾아 길을 나섰다. 대다수 사람들의 조상 무덤은 집 뒷산에 있었고, 멀리 떨어져 있는 경우라도 하루 안에 걸어서 다녀올 수 있었다.

또 지금은 설과 추석이 민족의 양대 명절이지만, 옛날에는 설이 훨씬 중요한 명절이었다. 설부터 정월 대보름까지는 농한기여서, 농촌 사람들에게는 내리 노는 축제 기간이었다. 반면 추석에는 놀거리나 볼거리가 그다지 많지 않았다. 햇곡식으로 차례를 지내는 날이라고는 하지만, 사실 추석은 추수秋收 전에 온다. 지역에 따라서는 단오를 추석보다 더 큰 명절로 치기도 했다. 옛날 보통 사람들의 추석날 일과는 아침에 차례 지내고 뒷산에 올라 성묘한 뒤 마을 사람들과 달이 기울 때까지 술 마시며 노는 것이 거의 전부였다. 물론 남정네들 뒤치다꺼리에 하루가 짧았던 부녀자는 예외였지만. 이런 상황에서 추석 귀성 행렬이 교통 문제나 그 밖의 사회 문제를 낳을 리 없었다.

'추석 명절을 부흥하라'

더구나 추석을 비롯한 명절 문화는 일제 강점기에 크게 위축되었다. 일제가 한국 문화 말살 정책을 편 데다 일요일과 일본의 축일들이 전통 명절을 조금씩 흡수해갔기 때문이다. 관공서는 물론 일본인 업주들도 자기가 고용한 '조선인'들에게 '문화적 독자성'을 허용하지 않았다.

일본인들은 메이지유신 이래 양력陽曆만을 인정했고, '조선인'들이 '음력 명절'을 쇠는 풍습을 '야만성'의 한 표현으로 치부했다. '조선인'들의 명절은 '비공식적'으로만 인정되는 하급 문화였다. 1923년 추석을 앞두고 한 한글 신문은 〈추석 명절을 부흥하라〉는 사설을 실어 명절 정취가 사라지는 만큼 민족의 생기도 줄어든다고 개탄했다. 추석이 이 지경이었으니 대보름과 단오가 명절 자리에서 밀려난 것도 어쩔 수 없는 일이었다.

귀성열차의 등장

그렇다고 추석에 '특별한' 교통 수요가 없었던 것은 아니다. 1921년, 당시 조선 철도를 운영하던 남만주 철도주식회사는 추석 특별열차를 처음 편성했다. 그런데 이 열차는 성묘객을 위한 귀성열차가 아니라 서울의 한량과 기생 등 대체로 불륜관계였던 연인들을 위한 '달구경[觀月] 열차'였다. 서울역에서 저녁 6시 반에 출발하여 수원 서호西湖 임시 정거장에 승객들을 내려주고 밤 11시 반에 태워왔다. 이 열차를 이용한 사람들 중 일부는 서울 토박이였겠으나, 그렇지 않은 다수에게 '추석 밤은 고향에서 가족과 함께 보내야 한다'는 의무감 따위는 없었던 셈이다.

귀성열차라는 이름은 1935년에 처음 등장한다. 그런데 이 열차는 설이나 추석 성묘객이 아니라 방학을 맞아 일시에 귀향하는 학생들을 실어 날랐다. '법도 있는' 집안 출신이라면, 객지에서 고향에 돌아온 뒤에는 바로 사당이나 선영先塋을 찾아 인사 올리는 것이 도리였다. 그러니 이들에게는 방학이 곧 귀성歸省이었다.

추석은 해방 뒤 1946년부터 임시공휴일이 되었고, 대한민국 정부 수립 후에는 법정공휴일의 자격을 얻었다. 그 무렵에는 만주나 일본 등의 외지뿐 아니라 농촌에서 서울로 들어오는 사람도 많아졌다. 일본인들이 남겨두고 떠난 '양질'의 일자리가 농촌의 젊은이들 발길을 끌어당겼던 것이다. 하지만 타향살이 하는 사람이 많았어도 당장 귀성 문제가 불거지지는 않았다. 명절에 맞춰 고향을 찾기에는 사회가 너무 혼란스러웠다.

귀성, 한 세대 뒤에는 사라질지도

한국전쟁이 끝난 뒤 서울 인구는 폭발적으로 늘었다. 전쟁 중 이런저런 이유로 고향에 발붙일 수 없게 된 사람들, 가장을 잃어 살길이 막막해진 과부와 고아들, 군대에서 맺은 '인간관계'를 발판으로 서울에서 도약의 기회를 찾으려는 사람들이 서울에 몰려들었다. 그들은 서울 시민의 자격을 새로 얻었지만, 마음으로는 서울을 타향으로 대하는 사람들이었다. 이들 중에는 전쟁 통에 죽은 부모형제를 고향에 묻은 지 얼마 안 된 사람들이 많았다. 죽은 이들에 대한 기억이 아직도 생생했던 1956년, 9월 19일의 추석을 나흘 앞두고 9월 15일부터 추석 임시열차가 증편 운행되었다. 이후 추석 열차 예매소 앞에 장사진이 펼쳐지고 서울을 빠져나가는 도로 교통이 마비되는 일이 해마다 되풀이되었다.

1971년 추석 귀성열차

명절 한복을 곱게 차려입은 여성이 체면 불구하고 차창으로 승차하고 있다.
* 출처: 한국사진기자협회, 《보도사진연감》, 한국사진기자협회, 1971.

그런데 이 한국적 '전통문화'도 그래 오래 지속되지는 않을 것 같다. 서울 인구가 증가세를 멈춘 지 이미 오래되었고, 지금은 서울 시민의 반 이상이 서울내기이며, 대가족이 사라지고, 장묘 문화가 바뀌고 있다. 어쩌면 한 세대 뒤에는 귀성이라는 말 자체가 사라질지도 모른다.

九月二十六日

9월 26일 _ 일본 제실박물관장, 순종 황제 알현

'빼앗은' 나라의 박물관과 '빼앗긴' 나라의 박물관

9月
26日

거대 박물관, 제국주의 팽창의 부산물

평소 골동품이나 문화재에 관심이 있던 사람이든 아니든, 외국에 나가면 으레 박물관을 찾기 마련이다. 박물관 탐방은 여행사들의 관광 패키지 상품에 기본으로 포함되는 '인기 상품'이며, 관광을 목적으로 하지 않는 여행객들에게도 거부하기 어려운 흡인력을 발산한다. 사람들은 이국異國에 가서 박물관을 보고 오지 않는 것은 식당에 가서 메뉴판만 보고 오는 것과 마찬가지라고들 생각한다. 그래서 어느 나라 박물관이나 '외국인'이 주 고객이다. 이는 박물관에 소장된 유물이 그 나라의 문화를 가장 잘 보여준다는 통념이 폭넓게 자리 잡고 있기 때문이다. 그도 그럴 것이, 어떤 나라와 민족의 역사와 문화를 이해하고 해석할 수 있게 해주는 매체로서 문화재보다 나은 것을 찾기는 어렵다.

미국이나 유럽의 박물관을 보고 온 사람들은 일단 그 어마어마한 규모에 압도된다. 돌아와서는 박물관이 잘 되어 있어야 선진국이라고들 입을 모은다. 그러나 한국 경제가 앞으로 수십 년간 고도성장을 지속한다 해도, 한국에 그런 박물관이 생길 가능성은 거의 없다. 인류 문명의 정수를 모아놓은 거대 박물관들은 제국주의 팽창의 부산물이기 때문이다. 제국주의 시대 열강의 문화재 약탈은 식민지에 관한 정보 수집 활동의 일환이었다. 또 그것들을 모아놓은 박물관은 자국의 국력을 내외에 과시하는 전시장이었다. 그래서 남을 지배하고 연구한 경험이 있는 나라의 박물관과 남의 해석 대상이 된 나라의 박물관은 근본적으로 다르다.

최초의 근대적 박물관

박물관은 왕이나 귀족, 학자들의 사적인 '보물 컬렉션과 학문적 수집품'을 보관하는 시설에서 출발했다. 이런 시설은 고대에도 있었으나, '진귀한 물건들'을 대중에게 공개, 전시하는 근대적 의미의 박물관이 처음 출현한 것은 17세기 말이다. 1682년 영국의 골동품 수집가이자 박물학자였던 엘라이스 애쉬몰Elais Ashmole(1617~1692)이 평생의 수집품을 옥스퍼드대학에 기증했고, 옥스퍼드대학은 이것들을 한 곳에 모아 대중에게 공개했다.

박물관을 뜻하는 Museum이라는 단어는 이 뒤에 생겼는데, 1706년에 간행된 신문물 용어 사전 《새로운 세계의 용어들*New World of Words*》은 이를 "a Study, or Library; also a College, or Public Place for the Resort of Learned Men교육받은 사람들을 위한 연구 공간이나 도서관 또는 대학이나 공공장소"라고 정의했다. 즉 최초의 근대적 공공 박물관은 학문적 관심의 대상이 되는 '물품'들을 모아놓고 특정한 기준에 따라 분류하여 전시하는 곳이었다.

제국주의 열강의 박물관, '국민 만들기'의 핵심 공간

이후 17~18세기에 걸쳐 영국의 대영박물관, 프랑스의 루브르박물관 등 '국가적 규모'의 박물관들이 이른바 '문명국'들에서 속속 문을 열었는데, 이들 박물관은 개원하자마자 '국민 만들기'를 위한 핵심 공간으로 자리 잡았다. 이런 박물관들은 제국주의 침략의 전리품들을 수집, 전시하여 국민적 자부심과 애국심을 고취하는 기능을 담당했다. '국민'을 만드는 데 기여한 박물관 유물은 크게 두 범주로 구성되었다. 하나는 자국의 장구한 역사와 자국민의 탁월한 문화 역량의 증거물로 삼을 만한 것들, 다른 하나는 자국이 점령했거나 지배하려고 하는 시간과 공간이 얼마나 길고 넓은지를 보여주는 이국적이고 이색적인 것들.

박물관들은 고유한 시간적·공간적 맥락에서 이탈되어 '유물'이 된 물품들을 한 장소에서 직관적으로 비교할 수 있게 함으로써, 관람객들이 자기 시간과 공간을 특권화할 수 있도록 했다. 제국주의 시대 열강의 박물관 유물들은 '지금 이곳'에서는 사용하지 않는 것들로서 다른 시대, 다른 세계에 대한 사람들의 이해와 상상을 매개하는 매체인 동시에, 자기 시대 자국 문명에 대한 자부심을 배양하는 선전 도구이기도 했다.

식민지 박물관, 제국주의 국가들의 식민지 분석 도구

물론 박물관이 제국주의 열강의 전유물은 아니었다. 20세기 초까지는 열강의 지배를 받은 식민지들에도 대개 '자국사'와 관련한 박물관들이 만들어졌다. 그러나 이들 박물관은 제국주의 국가의 박물관들과는 근본적으로 달랐다. 이들 지역의 박물관들은 그 지역 주민들 자신의 역사와 문화를 자랑스럽게 드러내기 위한 것이 아니라 제국주의 국가들의 현지 정보 수집 및 분석을 위한 도구에 가까웠다. 즉 원주민들에게는 친숙하되 제국주의 지배자들에게는 이색적인 것들이 유물의 주를 이루었다. 이들 지역 박물관의 유물을 선택하는 기준은 일차적으로 제국주의적 시선이었다.

일제의 한국 문화재 수집

일제가 한일신협약을 강제로 체결하고 한국 식민지화에 박차를 가하던 1908년 9월, 일본 제실帝室박물관 총장 마타노 타쿠股野琢가 동 박물관 미술부장을 대동하고 서울에 들어와 26일 순종 황제를 알현했다. 이들의 방한 목적은 '식민지 박물관' 건립을 위한 사전 조사와 준비였다. 1905년 한국 통감이 된 이토 히로부미伊藤博文는 고려청자 수집광으로도 유명해서, 그에게 줄을 대려는 한국인들이 얼마나 많은 청자를 갖다 바쳤는지 알 수 없을 정도였다고 한다. 뒤이어 이런저런 이유로 한국에 온 일본인 유력자들도 한국 '문화재'들을 뇌물로 챙기곤 했다.

일본인들의 한국 문화재 '수집' 활동은 이 무렵부터 본격화했다. 그들이 한국 문화재를 정당하게 수집했는지 여부를 따지는 일은 무의미하다. 그들은 줍고 훔치고 빼앗고 얻고 사는 모든 방법을 다 동원했다. 이들은 그렇게 '수집'한 문화재 다수를 일본으로 가져갔고, 일부는 한국에 박물관을 만들어 보관, 전시했다.

대한제국 제실박물관, '식민지 예속민' 생산하는 기계

마타노 등이 왔다간 지 1년여 만인 1909년 11월 1일, 대한제국 제실박물관이 문을 열었다. 몇 달 뒤인 1910년 4월, 제실박물관 부장 마츠모토 쿠마히코末松熊彦가 한국의 '보물'들을 수집하기 위해 전국 순회에 나섰다. 껍데기만 남은 한국 정부는 군수들에게 '보물을 가진 인민은 군청에 가지고 와서 유래와 역사를 상세히 설명하도록 하라'는 내용을 고시告示하라고 훈령했다.

일제는 유물뿐 아니라 유물에 부가된 '정보'까지도 가장 편한 방법으로 수집했고, 그렇게 수집한 유물과 정보들로써 한국과 한국인을 연구하고 한국인의 '자의식'에 영향을 미치려 했다. 제국주의자들은 '식민지 박물관'들이 원주민들에게 자부심을 주기보다는 자괴감을 주는 쪽으로 작동하기를 바랐다. 그런 점에서 대한제국 제실박물관은 제국주의가 식민지 현지에 만든 문화 정보 스테이션이자 '식민지 예속민'을 생산하는 기계였다.

문화재 보는 눈 달라져야

해방 후 다른 대다수 '근대적 시설'들이 그랬듯이, 한국의 박물관들 또

창경원

1909년 11월 1일, 창경궁에 설치된 동물원, 식물원, 박물관의 '삼원'이 일반에 개방되었다.
이름마저 '창경원'으로 바뀐 이곳은 이후 1983년까지 한국인들에게 가장 사랑받는 위락장이었다.
* 출처: 김택규·정성길 편저, 《사진으로 보는 한국 100년사》, 한국문화홍보센터, 1999, 54쪽.

한 주체적 시선으로 자신을 재규정, 재구성해야 했다. 그런데 국수주의적 경향을 보일 정도로 '시선의 역전逆轉'을 시도한 경우가 적지 않았음에도, 아직 우리는 제국주의자들의 오리엔탈리즘적 시선을 극복하지 못했다. 사실은 하나의 물건을 그 고유한 시간적·공간적 맥락에서 이탈시키는 행위 자체가 이미 권력 행위다. 현존 세계를 지배하는 권력의 시선을 극복하지 못하는 한, 문화재를 보는 눈 역시 달라지기 어려울 것이다. 어쩌면 남의 보물들을 빼앗거나 훔쳐 전시하고 있는 다른 나라 박물관들을 더 이상 부러워하지 않는 것이, 문화재를 대하는 우리 시선을 바꾸는 첫걸음일 수도 있다.

10월 1일 _ 가로명제정위원회, 새 동명과 가로명 고시

나라의 중심가로 세종대로, 그러나 나라의 정치 철학은?

10月
1日

해방 뒤에 남은 잔재

1945년 8월 15일, 일왕의 항복 선언과 동시에 한국인들은 해방을 맞았다고 생각했다. 하지만 조선총독부 통치기구가 바로 붕괴하지는 않았다. 경찰을 비롯한 총독부 관리들은 어수선한 상황에서 모두 제자리를 지켰다. 한 달 가까이 지난 9월 9일에 공포된 미군정 사령관 하지의 포고령 제1호 제2조도 "정부의 전全 공공公共 및 명예 직원과 사용인 및 공공복지와 공공위생을 포함한 전 공공사업기관의 유급 혹은 무급 직원 및 사용 중인 중요한 사업에 종사하는 사람은 새로운 명령이 있을 때까지 그의 정당한 기능과 의무를 실행하고 모든 기록과 재산을 보존 보호하여야 한다"였다. 관공서와 직장별로 한국인들의 자치위원회가 만들어져 활동했지만, 이 조직들이 각 단위에서 유일한 권한을 행사하지는 못했다.

한국인들이 일제의 식민 통치에서 해방되었다는 일반적 인식과는 별도로, 사람들의 직업 현장은 '이중 권력'의 지배 하에 있었다. 당연히 일본인들이 만들어놓은 행정 부서와 행정 권역의 명칭도 그대로였다. 한국인들이 해방되었다는 가시적 표시는 일부 공공시설의 현판에서 '일본'과 '제국'이 가려진 것 정도였다. 예컨대 경성제국대학 자치위원회는 '제국' 두 글자만 지우고 간판은 그대로 두었다. 일반 상점들은 정부 수립 뒤까지도 '나카무라상점中村商店'이나 '고바야시상점小林商店' 같은 일본식 이름을 바꾸지 않았다.

경성부윤 이범승 그리고 서울시장 김형민

한반도에 진주한 미군이 행정 업무를 맡을 만한 한국인 적격자를 찾는 데에는 상당한 시일이 필요했다. 그들은 여러 경로로 '적격자'를 물색했는데, 한국인들이 만든 자치위원회는 크게 참고하지 않았다. 미군은 서울 진주 직후 크릴로프Kryloff 소령을 경성부 책임자로 임명했고, 한 달쯤 뒤인 10월 25일 이범승李範昇을 크릴로프의 한국인 파트너인 경성부윤 자리에 앉혔다. 이범승은 일본 경도제국대학을 졸업하고, 황해도 산업과장을 지냈으며, 경성도서관을 설립하는 등 사회사업가로도 활동한 인물이었다. 그는 총독부 관리 출신이었으나 한국인들에게 상당한 신망을 받았다. 하지만 경력 탓인지, 일본인들이 만들어놓은 행정부서와 행정구역 명칭에 대해서는 아무런 문제도 못 느꼈던 듯하다. 물자가 부족하기도 했지만 그는 계속 '경성부' 글자가 인쇄된 용지와 '경성부윤' 직인을 사용했다. 형식논리로 보면, 그는 해방 후 최초의 서울시장이 아니라 최후의 경성부윤이었던 셈이다. 그런데 반년 남짓 경성부윤으로 일하던 그는 이듬해 5월 돌연 사직했다. 이유는 분명히 알 수 없으나 아마도 미군과 의사소통에 문제가 있었기 때문일 것이다. 그의 후임으로 '경성부윤'이 되었다가 직함을 '서울시장'으로 바꾸어 '초대' 서울시장이 된 이가 김형민金炯敏이다.

전북 익산의 개신교 가정에서 태어난 김형민은 미국 웨슬리언대학에서 교육학을 전공하고 미시간대학에서 석사학위를 받았다. 1938년 귀국해서 개성 송도고등보통학교 영어 교사가 되었는데, 1943년 수업 중 친미 사상을 고취했다는 이유로 체포되어 1년 반 정도 옥살이를 하고 1944년 10월에 출옥했다. 출옥 후 실업자로 지내던 그는 해방 후 석유장사를 시작했다. 영어 능력이 최고의 '담보'인 시절이었던 데다가 석유는 전부 미군에게 공급받아야 했으니 그로서는 적절한 선택이었다. 그러던 1946년 봄 어느 날, 그는 경성부청 앞에서 우연히 미국인 대학 동창을 만났다. 며칠 후 군정청은 그를 불러들여 덜컥 경성부윤 직책을 맡겼다. 그의 나이 38세 때였다.

김형민, '경성'을 '서울'로 고치다

김형민은 회고록에서 자기가 행정 경험이 없었기 때문에 미군정의 제의를 몇 차례 거절했다고 밝혔는데, 사실 당시 경성부윤이 행정적으로 책임질 일은 많지 않았다. 새로운 일은 대개 미군이 했고 과거부터 해오던 일은 '관행'이 했다. 새 '부윤'이 된 그가 가장 역점을 두고 추진한 사업은 일본인들이 제멋대로 붙여 놓은 지명地名을 바꾸는 일이었다. 그는 취임하자마자 경성京城을 '서울'로 고쳤다. 그가 서울이 '수도首都'를 뜻하는 순우리말 보통명사라는 사실을 모르지는 않았을 터이지만, 미국인들이 이왕 'Seoul'을 도시 이름으로 쓰고 있는 바에야 고유명사로 바뀌도 무방하다고 생각했던 듯하다. 물론 그가 회고록에서 밝힌 대로, '서울'로 개명하는 안을 그의 '독자적' 판단으로 밀어붙였다고만 보기는 어렵다. 서울은 한국인에게는 보통명사였지만 미국인에게는 고유명사였다. 부산釜山은 영어로도 Pusan이고 인천仁川은 영어로도 Inchon인데 경성만 Seoul인 것은 미군에게 다소 불편했을 것이다. 다만 '일본식 이름은 나쁘지만 미국식 이름은 좋다'는 생각에는, 그의 경력이 작용한 바 컸을 터이다.

경성부라는 이름을 그대로 둬서는 안 된다는 데에는 대다수 한국인들이 동의했다. 그런데 이름을 무엇으로 바꿀 것이냐를 두고는 의견이 모아지지 않았다. 멸망한 왕조의 수도 이름을 그대로 쓰는 것도 마뜩치 않았고 다른 이름을 짓는 것도 쉽지 않았다. 김형민은 미군의 뜻을 등에 업고 '서울시' 안案을 밀어붙였다. 보통명사를 고유명사로 써서는 안 된다거나 한자 표기가 안 되는 도시 이름은 유례가 없다는 등의 반대 의견은 간단히 묵살되었다. 1946년 8월 10일, 미 군정청은 전문 7장 58조의 〈서울시헌장〉을 공포했다. 제1장 제1조는 "경성부를 서울시라 칭하고 이를 특별자유시로 함"이었다. 이어 9월 18일에는 미군정 법령 제106호로 '서울특별시 설치'가 공포되어 9월 28일부터 시행되었다. 이로써 서울은 일본의 지방 도시 중 하나로 격하된 지 36년 만에 법률적으로 수도의 지위를 회복했다.

가로명제정위원회, 새 동명과 가로명을 고시하다

경성부윤에서 초대 서울특별시장으로 직함이 바뀐 김형민은 곧바로 역

CHARTER
OF THE CITY OF SEOUL

THE CITY AND ITS POWERS

Name and Boundaries of the City

SECTION 1. The City of Seoul is hereby constituted a municipal corporation to be known as SEOUL. The boundaries of the municipal corporation are the present limits of the City of Seoul consisting of the following eight districts: Choong Koo, Chong No Koo, Sur Tai Moon Koo, Tong Dai Moon Koo, Sung Tong Koo, Ma Po Koo, Yong San Koo, and Yung Doung Po Koo, and as such may be extended as provided by law.

Powers of the City

SECTION 2. The City of Seoul shall have perpetual succession; may appear, sue and defend in all courts and places in all matters and proceedings; may have and use a common seal and alter the same at pleasure; subject to the restrictions contained in this charter, may purchase, receive bequests, gifts and donations of all kinds of property in fee simple, or in trust for charitable and other purposes, and do all acts necessary to carry out the purposes of such gifts, bequests and donations, with power to manage, sell, lease or otherwise dispose of the same in accordance with the terms of the gift, bequest or trust.

All rights and titles to property, all rights and obligations under contracts or trusts, and all causes of action of any kind in any court or tribunal vested in the City of Seoul or in any officer or employee thereof in his official capacity, at the time this charter becomes effective, as well as all liabilities in contract or tort and causes of action involving the same insofar as they affect the city or any officer or employee thereof in his official capacity, which shall be outstanding at the time this charter becomes effective, shall continue without abatement or modification by reason of any provision hereof.

All public improvements or other proceedings legally authorized under the authority superseded by this charter shall be carried to completion under previously existing laws or under this charter. The powers or duties vested in city officers, boards or commissions by law superseded by this charter shall be exercised, continued and carried out by their successors or by other city officers, boards or commissions, consistent with the provisions of this charter.

All functions of the city, and the powers and duties of officers and employees charged with the performance thereof, as these shall have been apportioned among departments and offices, and institutions, utilities, bureaus or other subdivisions thereof, as existing at the time this charter shall go into effect, shall continue to be the functions of such departments and offices and the powers and duties of officers and employees assigned thereto, except as in or under authority of, this charter otherwise specifically provided.

〈서울시헌장〉

미 군정청은 1946년 8월 10일 〈서울시헌장〉을 공포했다.
제1장 제1조는 "경성부를 서울시라 칭하고 이를 특별자유시로 함"이었다.
뒤이어 '서울특별시 설치' 법령이 시행되면서 서울은 일본의 지방 도시 중 하나로 격하된 지
36년 만에 법률적으로 수도의 지위를 회복했다.

사학자들을 주축으로 가로명제정위원회를 만들었다. 위원회는 보름도 안 되는 짧은 기간 동안 서울의 지역명을 검토한 뒤 1946년 10월 1일 새 동명과 가로명을 고시했다. 러일전쟁 이후 서울의 일본인들은 자기들 거주지에 일본식 이름을 붙였다. 일본인 타운의 중심지는 근본 되는 땅이라는 뜻의 혼마치本町로, 임오군란 때 일본공사관이 있던 거리는 당시 일본 대리공사 다케조에 신이치로의 이름을 따 다케조에마치竹添町로, 일본 육군대장 하세가와 요시미치가 조선주차군 사령관이 되어 입성한 길은 하세가와마치長谷川町로 하는 식이었다. 그렇게 청계천을 경계로 북쪽은 동洞으로, 남쪽은 마치정町로 부르는 상황이 25년 정도 지속되다가 1936년 이후 모든 행정구역 명칭이 마치로 통일되었다.

가로명제정위원회는 일본식 마치를 동으로 바꾸고, 왜색倭色이 짙은 이름은 옛 지명을 회복시키거나 역사적 위인들의 이름과 시호를 따 새로 만들었다. 일본인의 근거지였던 혼마치는 임진왜란의 영웅 이순신의 시호를 따 충무로가 되었고, 중국인이 많이 살았던 고가네초黃金町는 살수대첩의 명장 을지문덕을 기리는 의미에서 을지로라고 했다. 이순신으로 일본을, 을지문덕으로 중국을 물리치겠다는 의미였다. 다케조에마치는 을사늑약 이후 최초로 순절殉節한 민영환의 시호를 따 충정로가 되었다.

세종로, 세종 같은 정치를 꿈꾸며 지은 이름

그런데 이때 한 가지 특이한 결정이 있었으니, 바로 광화문통을 세종로로 바꾼 일이다. 광화문통 아래 태평통은 일본인들이 인근에 중국 사신의 숙소인 태평관이 있었다 해서 붙인 것으로, 한국인의 '사대주의'를 조롱하려는 목적을 가진 이름이었다. 그 태평통은 그대로 두면서 광화문통을 굳이 세종로로 바꾼 것은 이 길이 나라의 중심이자 정치의 중심이었기 때문이다. 세종로의 원 이름은 육조거리였고, 개화기 외국인들은 영어로 Cabinet Street라고 썼다. '내각의 길' 이라는 뜻이다. 이 넓은 길 양편에 이호예병형공吏戶禮兵刑工의 육조六曹가 늘어서 맡은 바 정사政事를 담당했다. 일본이 육조거리 북쪽 끝, 경복궁을 가로막는 자리에 총독부 건물을 세운 것도 이 거리의 상징성을 이용하기 위해서였다. 조선총독부 청사가 이 자리로 옮겨온 이후 '광화문통'이라는 단어는 '정가政街'와 동의어였다. 해방 뒤 조선총독부는 중앙청中央廳으로 이름이 바뀌었지만 여전히 정치 행정의 중심이었다. 그랬기에 좋은 정치를 펼치라는 의미에서 세종의 묘호를 붙인 것이다.

중앙청 건물이 헐린 지 오래되었고, 정부 기능도 여러 곳으로 분산되었다. 그에 따라 거리 이름의 상징성은 많이 퇴색했고, 뒤늦게 어정쩡한 위치에 나앉은 세종대왕 동상이 거리 이름의 의미를 표상하는 즉물적 실체가 되었다. 이제 세종대로는 한국 정치의 유일한 중심이 아니다. 그럼에도 사람들이 이 거리를 국가 상징가로이자 정치의 중심으로 인식하는 것은, 이 거리의 현실적 기능 때문이 아니라 역사성 때문이다. 나 개인적으로는 도로에 둘러싸인 '광장'도, 그 광장 이름을 세종광장이라 하지 않고 생뚱맞게 일제 강점기 광화문통을 연상시키는 '광화문광장'이라 한 것도, 세종대왕 동상을 궁궐 밖 어정쩡한 곳에 세워놓은 것도, 그 탓에 이순신 장군이 세종대왕의 호위대장처럼 보이게 된

1936년의 광화문통

중앙분리대가 현재의 광화문광장 자리를 거의 그대로 점거하고 있다.

것도 다 마음에 들지 않지만, 그건 중요한 게 아니다. 정말 중요한 것은 대다수 한국인들의 의식 속에 자리 잡은 세종대왕의 이미지요, 세종대왕의 정치 철학이다.

"네 놈이 무엇이기에 감히 임금과 백성의 사이를 가로막느냐?"

세종은 온천溫泉 행차를 자주 했다. 어느 날, 온천에 갔다 돌아오는 길에 어가御駕 밖을 살피니 백성들이 보이지 않았다. 수행하던 그 지방 수령에게 연고를 물었더니, "어리석은 백성들이 임금의 이목을 어지럽힐까봐 길가에 나오지 못하게 했다"고 사뭇 자랑스럽게 대답했다. 세종은 불 같이 화를 냈다. "네 놈이 무엇이기에 감히 임금과 백성의 사이를 가로막느냐?" 이것이 바로 세종의 정치 철학이었다.

세종광장이면 어떻고 광화문광장이면 어떤가? 세종대왕 동상 자리가 어색하면 또 어떤가? 연고도 없던 덕수궁 한편에 있던 것보단 그래도 낫다. 한국인들이 기억하는 세종은 이런 사람이고, 한국인들이 바라는 정치는 이런 정치다. 세종로라는 이름에는 민심民心을 제대로 살피는 권력에 대한 기대가 담겼던 것이다. 사람들이 이 광장에 모이는 걸 방해하지 않는 것, 버스로 이 광장을 둘러싸 산성山城을 만드는 일이 없게 하는 것. 그것이 세종로라는 이름에 담긴 역사성을 배반하지 않는 길이다.

10월 7일 _ 종두규칙 공포

전염병 예방의 시대, 예방할 수 없는 것에 대한 공포

10月
7日

우리나라 최초의 근대적 예방접종 법령 〈종두규칙〉

1895년 10월 7일, 우리나라 최초의 근대적 예방접종 법령인 〈종두규칙〉이 내부령 제8호로 공포되었다. 접종 대상은 생후 7개월 이상, 만 1세 이하의 모든 소아와 두창천연두을 앓지 않은 성인이었다. 두창이 유행할 때에는 언제든 관리가 지정한 기일에 종두를 행하도록 했으며, 특히 군인이나 경찰이 되려는 자는 반드시 접종해야 했다. 접종 증명서를 위조하거나 고의로 종두를 기피하는 자에게는 벌금형 또는 구류형을 부과하도록 했다.

〈종두규칙〉이 강제 접종을 규정한 것은 당시 사람들 대다수가 두창을 예방할 수 있다고는 생각하지 않았기 때문이다. 역사상 가장 많은 인명을 앗아간 주범으로 알려진 두창은 치사율과 감염률 모두 매우 높았다. 우리나라의 경우 종두가 도입되고 위생시설이 어느 정도 정비된 1910~20년대에도 두창 환자의 치사율은 30퍼센트에 육박했다. 두창에 걸리면 몸에 콩알만 한 물집이 생겼다가 딱지가 앉는데, 물집에 고름이 잡히거나 피가 나기도 한다. 고름이 잡히는 두창의 경우에는 치사율이 30퍼센트, 물집에서 피가 나는 두창의 경우에는 치사율이 100퍼센트에 육박했다. 피부에서 딱지가 떨어진 자리에는 평생 지워지지 않는 흔적이 남았으니, 두창을 심하게 앓은 사람은 모두 곰보가 되었다. 다만 한 번 앓고 나면 영구 항체가 생겨 다시는 걸리지 않았는데, 이런 특성 때문에 두창은 소아병의 일종으로 취급되어 이 병을 앓지 않은 사람은 주변에 환자가 생기면 더 전전긍긍했다.

"호환 마마보다 무섭다"

우리나라 옛사람들 절대다수는 모든 역병疫病이 역귀疫鬼의 소행이라고 믿었는데, 두창 귀신은 더 특별하게 여겼다. 이 병 때문에 생명의 꽃을 채 피우지 못하고 스러지는 어린아이도 많았지만, 평생 두창을 앓지 않고 천수를 누리는 사람도 많았다. 일단 이 병에 걸린 사람은 죽거나 곰보가 되는 게 보통이었으나, '순하게' 앓아 얼굴에 아무런 흔적이 남지 않는 사람도 있었다. 그래서 두창을 담당하는 역귀疫鬼는 특별히 변덕스런 귀신이라고들 생각했다. 그 변덕스러움에서 권력의 생리를 연상했음인지, 이 병의 별칭은 임금에게 붙이는 극존칭인 '마마媽媽'였다.

"호환 마마보다 무섭다"는 말이 나올 정도로 마마는 무서운 귀신이었다. 권력에 저항하는 것이 '살신지화殺身之禍'를 자초하는 일이듯, 마마 귀신에 저항하는 것도 무모한 짓이었다. 먼저 마마 귀신이 찾아오지 않기를 빌고, 일단 찾아오면 환자를 가급적 '순하게' 대해 달라고 애원하는 수밖에 없었다. 환자가 죽을 고비를 넘기고 나면, 병을 앓기 시작한 지 13일째 되는 날 '너그럽게 대해주셔서 고맙다'는 뜻으로 '마마 배

송굿'을 했다. 생사람을 죽음 직전까지 몰아가놓고 유유히 물러나는 귀신에게 성대한 환송식을 베풀어주는 이런 정서는, 아무 죄 없이 압슬, 단근, 주리 등의 혹독한 고문을 받고서도 풀어준다는 '어명御命'을 받으면 감격의 눈물을 흘리며 "성은이 망극하옵니다"를 외쳐야 했던 시대에 정확히 대응했다. 그렇기에 '마마'와 통하는 무당은 임금의 최측근과 같은 권위를 누렸다. '남의 불행을 나의 행복'으로 삼는 직업은 언제나 있었다. 두창은 환자와 그 가족에게는 끔찍한 고통이자 불행이었으나, 무당들에게는 최고의 수입원이었다.

우두법, 두창을 굴복시키다

물론 모든 사람이 역병을 귀신의 소행으로 치부하지는 않았다. 또 귀신의 소행이라 하더라도 그를 물리치거나 속여 넘길 수 있는 길이 분명 있을 거라 믿는 사람도 있었다. 한 번 두창에 걸린 사람은 다시는 이 병에 걸리지 않았기 때문에, 사람들은 경험에 기반한 '합리적' 추론을 통해서든, 귀신을 속이려는 '비합리적' 동기에서든, 이 병을 '가볍게' 앓고 넘기는 길을 찾아내려 애썼고, 수많은 시행착오 끝에 결국 성공했다.

환자의 몸에서 물집이 가라앉은 딱지를 떼어내 가루로 만든 다음 코로 흡입하는 인두법人痘法이 처음 개발된 곳은 인도였다고 하는데, 이 방법은 중국 송나라를 거쳐 차츰 전 세계로 전파되었다. 인두법은 효과가 불확실한 데다가 안정성도 떨어져 치명적인 결과를 낳는 경우가 종종 있었으나, 사회 전체로 보자면 하지 않는 편보다는 훨씬 나았다. 인두법의 오랜 역사를 배경으로 하여 1796년 영국의 에드워드 제너가 우두법牛痘法을 발견했다. 우두법은 안정성과 효력 양면에서 역사상 인류가 발견한 최선의 전염병 예방책이라 할 만했다. 세계보건기구WHO가 1980년 두창 근절을 선언한 것은 전염병과 싸워온 인류 역사에서 이정표가 될 만한 사건이었다.

두창 퇴치에 놀라운 효과를 입증한 우두법은 곧 전 세계로 확산되어 19세기 초에는 동아시아 각국에도 소개되었다. 1828년 중국 베이징에서 우두법을 소개한 《신증종두기법상실新證種痘奇法祥悉》이 간행되었는데, 정약용은 이 책을 자신의 저서 《마과회통麻科會通》의 부록으로 실었다. 이것이 우리나라에 최초로 소개된 우두법이다. 이때부터 일부 지식인들 사이에 우두법에 관한 정보가 유통되었다. 19세기 중반경에는 평안, 황해, 강원도 등지에서 우두법이 시행되었다는 기록이 있다.

지석영의 우두 접종

1876년 개항 직후 수신사 일행으로 일본에 다녀온 박영선을 통해 우두법에 대해 알게 된 지석영은 1879년 부산의 일본 병원인 제생의원에 가서 우두법을 배우고 서울로 돌아오는 길에 처가에 들려 갓 걸음마를 뗀 어린 처남들에게 우두를 접종했다. 접종 부위의 피부가 부풀어 오른 것을 확인한 그는, 서울에 우두국을 내고 상업적 시술을 시작했다. 이 우두국의 '영업 성적'을 알 수는 없다. 하지만 그가 얼마 후 두묘痘苗두창에 걸린 소에서 뽑아낸 두창 백신 제조 기술을 배우기 위해 다시 도일渡日한 것이나

선글라스를 쓴 한성종두사 소장 박진성

뒤쪽에 송아지에서 혈청을 뽑아내는 사람들이 있다.

* 출처: 리하르트 분쉬, 김종대 옮김, 《고종의 독일인 의사 분쉬》, 학고재, 1999, 200쪽.

임오군란 때 무당들이 앞장서 우두국에 불을 지른 것을 보면, 적지 않은 사람들이 접종을 받았던 듯하다. 만약 당시 사람들이 우두법에 대해 전혀 몰랐다면, 지석영이 아무리 신묘한 기술을 배웠다고 해도 우두를 상업화할 생각을 하지는 못했을 것이다. 모든 '예방법'의 완전한 효과는 사람이 죽을 때에야 비로소 알 수 있기 때문이다.

지석영 개인 사업이었던 우두 접종은 임오군란 이후 일부 지방관들에 의해 '공적公的 사업'으로 확대되었다. 전주와 공주에 우두국이 설치되어 아이들에게 우두를 접종하는 한편, 사람을 뽑아 우두종법을 가르쳤다. 그런데 이 무렵 '관官이 하는 일'에는 대체로 심각한 부작용이 따랐다. 우두 기술을 배우려는 자들 중에는 관官을 배경으로 이득을 보려는 자가 많았다. 그들이 노린 '이득'은 우두 접종 비용이었다. 당시 가장 '개명한' 지역이던 서울에서조차 '우두가 마마 귀신을 성나게 할 것'이라는 무당의 선동이 통했으니, 지방에서는 더했다. 접종법을 제대로 배웠는지조차 의심스러운 우두 접종원이 나타나면, 아낙네들은 아이를 업고 산으로 도망치기 일쑤였다. '재수 없게' 걸리면 접종료만 내고 접종은 받지 않는 경우도 많았다. 우두 접종원들의 처지에서도 이렇게 '처리'하는 쪽이 편하고 유리했다. 그나마 1884년 갑신정변 이후 우두 접종에 열의를 보였던 개화 관료들이 모두 실각함으로써 1880년대의 우두 접종 사업은 별 실효를 거두지 못하고 끝났다.

전염병을 예방할 수 있다는 생각이 확산되다

1894년 갑오개혁 이후 개화의 바람이 세차게 불면서, 두창을 비롯한 전염병들을 '과학'의 힘으로 물리칠 수 있다는 생각도 확산되었다. 내무아문 산하에 새로 설치된 위생국은 공중위생과 방역 업무를 전담했다. 이는 역병疫病을 퇴치하는 데에는 귀신보다 '근대 의학'이 훨씬 강력하다는 사실을 정부가 공인한 것이기도 했다. 바야흐로 서양 근대 과학이 새로운 '신神', 그것도 아주 높은 신의 지위를 공인받게 된 것이다. 정부는 〈종두규칙〉 제정과 거의 동시에 〈검역규칙〉, 〈호열자콜레라예방규칙〉, 〈호열자병소독규칙〉 등의 위생 및 방역 규정을 공포했고, 갑오개화파 정권에 비해 보수적이었던 대한제국 정부도 1899년에는 다시 〈전염병예방규칙〉, 〈호열자예방규칙〉, 〈장질부사장티푸스예방규칙〉, 〈적리赤痢예방규칙〉, 〈발진질부사발진티푸스예방규칙〉, 〈두창예방규칙〉, 〈전염병소독규칙〉, 〈검역檢疫정선停船규칙〉 등을 잇달아 공포했다.

19세기 말에 이르러 전염병은 사람이 '예방'할 수 있는 것이라는 생각이 부동不動의 권위를 얻기는 했으나, 이를 귀신과 관련된 것으로 보는 태도가 아주 사라지지는 않았다. 1908년 대한의원 교관 유병필은 《황성신문》에 게재한 〈우두기념취지서〉에서 "지석영이 우두를 소개한 지 30년 사이에 우두가 전국에 널리 퍼져 대개 30세 이하 사람은 모두 두창을 면하여 인구가 전보다 많아졌을뿐더러 길가에 얼굴 얽은 자가 없다"고 주장했다. 그러나 사실은 20세기 중반까지도 얼굴 얽은 사람은 많았고, 1902년에는 영친왕도 두창에 걸렸다. 당시 황실은 영친왕의 두창이 '순하게' 지나가게 하기 위해 의학과 귀신의 힘을 두루 빌렸다. 고종은 백성들을 향해서는 '근대 의학의 승리'를 선언해놓고도 스스로는 그를 완전히 믿지 않았다. 당연히 고종만 이러지는 않았다.

멀어진 죽음, 죽음에 대한 공포는 오히려 커져

사실 두창을 제외한 다른 전염병에 대해서는 이후로도 반세기 넘게 과학이 완벽한 승리를 거두지는 못했다. 콜레라, 장티푸스, 말라리아, 뇌염 등이 수시로 유행하여 수많은 목숨들을 앗아갔다. 1910년에는 콜레라 사망자만 13,570명이었고, 1918년에는 전국에서 10만 명 이상이 스페인독감으로 사망한 것으로 추정된다. 1955년에는 뇌염 사망자만 761명이었으며, 1969년에도 콜레라 사망자가 125명이었다. 전염병 말고도 죽음으로 이끄는 요소들은 너무 많았으니 삶과 죽음은 무척 가까웠다. 그런 상황에서는 '노후老後'나 '먼 장래'라는 개념이 비현실적일 수밖에 없었다. 사람들이 일상에서 죽음을 멀리 밀어낼 수 있게 된 것은 최근 한 세대 동안의 생활환경 개선과 의학 발달 덕이다. 이제야 비로소 사람들은 안정적으로 미래를 설계할 수 있게 되었다.

그런데 삶과 죽음 사이의 거리가 멀어진 만큼 죽음에 대한 공포는 오히려 커졌다. 현대인에게 죽음은 흔한 일이 아니라 희귀한 일이자, 주로 방송 뉴스나 신문지면을 통해 접하는 비현실적인 일이다. 친척이나 아주 가까운 친구가 죽은 경우를 제외하면, 문상問喪도 기계적인 의례일 뿐이다. 현대인들은 죽음이 '나와 내 가족에게 언제든 닥칠 수 있는 일'이라는 사실을 알기는 하되, 체감體感하지는 못한다. 근래 신종플루니 조류독감이니 하는 새로운 역병들이 종종 발생하는데, 감염율이나 치사율은 100년 전의 두창, 콜레라, 장티푸스, 이질, 학질, 발진티푸스 등에 비하면 무시해도 좋을 정도다. 그럼에도 이런 질병들이 수많은 행사를 망치고 여행 계획을 변경시키며 사람들의 인사 풍속까지 바꾼다. 옛사람들에게는 병도 아니었을 전염병들을 요즘 사람들이 이토록 겁내게 된 것도 어찌 보면 그만큼 세상이 안전해진 덕분일 것이다.

十月十二日

10월 12일 _ 대한제국 선포

우리나라 국호 '대한민국'에 담긴 뜻

10月
12日

고종, 제국을 선포하다

2002년 한일월드컵 대회 때 온 국민을 하나로 묶은 구호는 "대~한민국, 짝짝짝 짝짝"이었다. 그 무렵부터 국가대표 스포츠 대항전을 중계하는 TV 화면 상단에도 우리나라의 공식 국호인 '대한민국'이 표시되기 시작했다. 그 전에는 주로 '한국'이라고만 썼다. 전쟁으로 폐허가 된 지 반세기 만에 선진국들과 어깨를 나란히 하게 된 데 대한 국민적 자부심이 국호에 대한 애정으로까지 확대된 것이리라. 그런데 정작 대한민국이 우리 국호가 된 연유와 의미를 제대로 아는 사람은 많지 않다.

1897년 10월 12일, 고종은 경운궁 대안문 정면에 새로 지은 원구단圜丘壇에 나아가 제국을 선포하고 천자天子의 자리에 올랐다. 이에 앞서 1897년 5월부터 고종의 내밀한 지시에 따른 것으로 짐작되는 황제 즉위 상소가 각지에서 잇달았다. 청일전쟁으로 동아시아 국제관계를 규율했던 중화체제가 붕괴한 뒤, 청淸의 제후국이자 속방屬邦이던 조선은 국제사회에서 자기 위치를 재정립해야 했다. 갑오개혁을 추진한 개화파 관료들은 이 문제를 '만국공법'으로 해결하려 했다. 그들은 형식상 '각국과 대등하게 교섭하는 관계'만 맺으면 된다고 생각했고, '천자가

현재의 웨스틴조선호텔 자리에 있던 원구단

고종은 독자적인 천하를 상징하는 원형 제단을 짓고
이곳에서 대한제국을 선포했다.
* 출처: 국립고궁박물관 편저, 《100년 전의 기억, 대한제국》,
국립고궁박물관·서울대학교 규장각한국학연구원 공동주최 특별전 도록, 2010, 56쪽.

지배하는 독립된 천하'라는 중세적 관념에는 큰 의미를 부여하지 않았다. 청에 대한 사대事大관계를 공식적으로 단절한 이후 개화파 관료들이 국가의 '위격位格'과 관련하여 한 일은, 조선이라는 국호 앞에 '대大'자를 붙이고, 국왕 전하를 '대군주 폐하'로 바꿔 부른 것뿐이었다.

제국 선포는 대외적 평등이 아닌 대내적 권위 위한 것

그러나 여전히 주자학적 화이론華夷論에 사로잡혀 있던 대다수 유교 지식인들의 생각은 달랐다. 그들에게 중심과 주변, 중화中華와 이적夷狄이 구분되지 않는 천하는 혼돈과 무질서일 뿐이었다. 일부 유생들은 조선이 지리적으로나 문화적으로나 '천하의 중심'을 자처할 자격이 없다고 보았으나, 병자호란 이후 청淸을 중화로 인정하지 않고 은밀히 또는 공개적으로 '조선중화의식'을 표출해온 또 다른 일부 유생들은 이 기회에 조선이 중화의 정통 계승자가 되어야 한다고 믿었다. 고종은 이들의 여론을 배경으로 천자天子가 되고자 했다. 고종도 자신의 공식 칭호가 대군주 폐하이든 황제 폐하이든 열국列國과의 관계에서는 아무런 차이가 없다는 점은 알았다. 중국의 천하관과 중국의 제국 표지조차 무시했던 서양 열강이, 조선의 국호나 그 주권자의 호칭 따위에 진지한 관심을 기울일 이유는 없었다. 심지어 중화체제에서 '호칭'이 어떤 의미를 갖는지 잘 알았던 일본도 이 문제를 심각하게 다루지 않았다.

고종이 제국 선포를 통해 얻고자 한 것은 대외적 평등 관계가 아니라 대내적 권위였다. 그에게는 갑오개혁으로 신분제의 질곡에서 해방된 백성들을 신민臣民으로 통합하여 일원적으로 지배하는 것이 권력 기반을 강화하는 일이었다. 그에게 제국 선포와 황제 즉위는 자기 '위에' 드리워진 또 다른 권력의 그림자를 걷어내고 모든 신민에게 유일하고도 절대적인 권력의 체현자體現者로 다가가는 일이었다. 그의 신민들 대다수는 아직 동양 중세적 천하에 살고 있었다. 고종은 자기가 천하의 유일한 주인이 된다면, 자기 신민들의 자부심도 덩달아 높아지리라 생각했다. 그는, 그리고 그의 '충성스런 신하들'은, 동양적 제국의 위상과 새 황조皇朝의 역사적 정통성을 두루 표상하는 이름을 찾느라 고심했고, 마침내 '한韓'으로 결정했다.

제국은 당연히 외자 이름을 가져야 한다

알다시피 중국의 역대 국호는 모두 외자다. 은殷, 주周, 진秦, 한漢, 당唐, 송宋, 원元, 명明, 청淸 등. 그런데 중국인들은 자기 주변 민족이나 국가의 이름은 모두 두 자로 썼다. 조선朝鮮, 돌궐突厥, 인도印度, 숙신肅愼, 거란契丹, 토번吐藩, 흉노匈奴, 부상扶桑 등. 석 자 이름인 고구려는 거의 유일한 예외였는데, 중국 사서史書들은 흔히 구려句麗로 썼다. 고대부터 왕래가 있던 유럽이나 아프리카 국가들의 이름도 애급埃及, 희랍希臘, 라마羅馬 등으로 썼다. 그들은 이렇게 글자 수로 천자天子의 나라와 제후국 또는 오랑캐의 나라를 구분했다. 중국인들은 또 근세에 서양 열강과 접촉하면서부터는 새로 알게 된 나라들의 이름을 대체로 세 글자에 맞췄다. 러시아는 노서아露西亞 또는 아라사俄羅斯, 잉글랜드는 영길리英

吉利, 아메리카합중국은 미리견米利堅, 프랑스는 불란서佛蘭西, 에스파냐는 서반아西班牙, 이탈리아는 이태리伊太利, 포르투갈은 포도아葡萄牙, 도이칠란트는 덕의지德意志, 헝가리는 흉아리匈牙利 등. 글자 수로 국가와 민족의 위격位格을 표시하던 그들의 관행으로 미뤄볼 때, 이는 아마도 머리카락이 노랗고 눈이 파란 사람들이 사는 땅을 '금수지역禽獸之域'금수들의 땅으로 취급한 처사였을 것이다.

중국인들의 이런 관행은 아편전쟁 이후 서양 열강의 잇따른 침략 앞에 여지없이 무릎을 꿇은 뒤에야 사라졌다. 중국은 서양 열강과 형식적으로는 '만국공법萬國公法'상의 대등 관계를 맺었고, 실질적으로는 불평등조약 체제 하에서 예속적인 지위를 감수해야 했다. 이런 처지에 서양 열강을 '금수' 취급하는 것은 오히려 자신의 자존심을 상하게 하는 일이었다. 이때부터 중국인들은 서양 각국을 미국美國, 영국英國, 덕국德國, 법국法國, 의국義國 등 '좋은 뜻'을 가진 한 글자 이름으로 쓰기 시작했다. 주자학적 화이론에서 벗어나지 못했던 당시 우리나라 사람들에게, 제국은 당연히 외자 이름을 가져야 했다.

'한韓', 외자이면서 새 '국가'의 역사적 정통성 표상하는 글자

외자이면서 새 '국가'의 역사적 정통성을 표상할 수 있는 글자가 바로 '한韓'이었다. 고종은 원로대신들을 모아 놓고 새 국호에 대한 의견을 밝혔다. "우리나라는 곧 삼한三韓의 땅인데, 국초國初에 천명天命을 받고 하나의 나라로 통합되었다. …… 또 매번 각국의 문자를 보면 조선이라

하지 않고 한韓이라 하였다. 이는 아마 미리 징표를 보이고 오늘이 있기를 기다린 것일 테니, 세상에 공표하지 않아도 세상이 모두 다 '대한'이라는 칭호를 알고 있을 것"이라 했다. 황제가 되려는 사람의 뜻이 이미 정해진 걸 알면서도 토를 다는 사람이라면, 애초에 '원로대신'이 될 수 없었다.

심순택은 중국 삼대三代 이후로 새 나라가 예전 국호를 답습한 사례가 없는데, 조선이 기자箕子 때의 이름을 그대로 쓴 것은 애초에 합당한 일이 아니었다며, 황제의 나라로서 한韓을 쓴 사례가 없으니 이번 성상의 분부는 "매우 지당하여 감히 보탤 말이 없다"고 맞장구쳤다. 그가 중국 춘추전국 시대에 '한韓'이 있었다는 사실이나, 삼한三韓이 이 땅의 옛 이름이었다는 사실을 몰랐을 리 없으니, 조선은 안 되지만 한은 지당하다는 주장은 말 그대로 억설臆說이었다.

조병세는 별 설득력은 없지만 고종의 생각을 정당화하는 데에는 조금 쓸모가 있는 근거 하나를 더 찾아냈다. "다른 나라 사람들이 조선을 한이라 부르는 것은 그 상서로운 조짐이 옛날부터 싹터서 바로 천명이 새로워진 오늘날을 기다렸던 것입니다. 또한 '한韓'자의 변이 '조朝'자의 변과 기이하게도 들어맞으니 우연이 아닙니다. 이것은 만년토록 태평시대를 열게 될 조짐입니다. 신은 흠앙하여 칭송하는 마음을 금할 수 없습니다." 자고로 윗사람에게 인정받을 만한 '덕목'을 갖추었다는 점에서 둘은 막상막하였다.

조선 후기의 '삼한 계승 의식'

그런데 한韓은 고종이 혼자 문득 생각해낸 국호가 아니었다. 주자학적 정통론에 입각하여 우리 역사를 체계화했던 조선 후기 지식인들은 기자조선의 정통을 삼한이 승계했다고 보았다. 그들은 단군, 기자, 위만의 '삼조선설三朝鮮說'을 수용하여 단군은 '창업'의 군주로, 기자는 '교화'의 군주로 각각 정통성을 인정하되, 쿠데타로 집권한 위만은 참월僭越한 자라 하여 정통에서 배제했다. 그들이 보기에 기자조선의 정통성을 이은 것은 위만조선이 아니라 기자조선의 마지막 왕이자 위만에게 왕위를 빼앗기고 남으로 내려와 삼한의 왕이 된 준왕準王이었다. '한'이라는 국호는 조선 후기 이래 지식인들의 이와 같은 일반적 역사 인식을 토대로 채택된 것이다.

조선이라는 국호를 깎아내리고 한이라는 이름을 추켜세운 심순택의 발언은 그저 국호를 바꾸려는 고종의 의지에 정당화 논거를 제시해주려는 가벼운 아부였을 뿐이다. 사실 당대 지식인들은 '조선'과 '한'이라는 이름 각각에 나름의 가치를 부여하고 있었다. 중국에서 요堯임금이 즉위한 때에 단군이 건국한 조선은 중국에 대한 우리 역사의 '독자성'과 '자주성'을 상징했다. 반면 은나라가 망한 뒤 동쪽 변방의 조선에 와 '중화'의 문물을 전수한 기자는 중국에 뒤지지 않는 우리 문화의 '보편성'과 '선진성'을 상징했다. 혹시 오해할 독자들이 있을지 몰라 덧붙이자면, '기자동래설箕子東來說'이 부정되고 기자를 '교화의 군주'로 떠받드는 태도가 불식된 것은, 현대 고고학이 청동기 문화의 권역을 명료하게 구분한 뒤의 일이었다.

'대한제국', '독립 문화국'을 향한 당대 권력의 의지 반영

공교롭게도 '한'이라는 국호는 당시 우리나라가 처한 국제정치적 상황에 묘하게 어울리는 면이 있었다. 제국주의 열강의 힘과 힘이 충돌하던 '위력의 시대'에, 지리적으로 열강에 포위된 상황에서 '힘'으로 자주와 독립을 지키기란 불가능에 가까웠다. 일말의 희망이 있었다면, 열강으로부터 '독립할 자격이 있는 문명국의 일원'으로 인정받는 것이었고, 이후 대한제국의 '근대화' 정책도 그 방향으로 펼쳐졌다.

정리하자면, 대한제국의 '대'는 대청제국, 대일본제국, 대영제국처럼 제국 앞에 관용적으로 붙이던 접사였고, '한'에는 세계 최고 수준의 보편 문화에 대한 지향성이 담겨 있었으며, '제국'은 단지 '국체國體'를 표시하는 용어였다. '대한제국'이라는 국호에는 '문화 독립국'을 향한 당대 권력의 의지가 담겨 있었던 셈이다.

'국호'의 의미는 알고 살아야

1919년 3·1운동으로 독립을 선언한 뒤 독립운동가들 사이에서 새로 건국할 나라의 국체와 국호를 둘러싸고 논란이 벌어졌다. 국체는 삼권분립의 원칙에 입각한 민주공화제로 결정되어 '민국'으로 했고, 국호는 '한'을 그대로 승계했다. 1948년 제헌헌법은 '기미 3·1운동으로 대한민국을 건립'했다고 하여 이때의 국호 승계를 헌법 전문에 명시했다. 3·1절을 국경일로 정한 것도 이 날에 건국절의 의미를 부여했기 때문이다.

대한민국은 국호뿐 아니라 국기도 대한제국의 것을 승계했고, 국가의 가사도 대한제국 때 만들어진 것 중 하나를 썼다.

오늘날 '조선'이라는 국호를 쓰는 북한이 '독자성'과 '자주성', 그리고 '무력武力'을 강조하는 반면, 남한은 '보편성'과 '개방성', 그리고 '선진성'을 강조한다. 조선 후기 지식인들이 '조선'과 '한' 각각에 담았던 역사적 의미가 이렇게 이어지는 것도 참 공교로운 일이다. 꽤 오래전, 모 역사 계간지에서 '평화통일'이 된다면 국호와 국가 상징물들을 어떻게 할 것인가에 대해 의견을 모은 적이 있다. 그런 작업이 과연 필요한 일이었는지, 앞으로 필요할 때가 있을지 지금으로서는 단언하기 어렵지만, 그래도 '국호'에 담긴 역사적 의미와 상징성은 알고들 살아야 하지 않을까 싶다. 혹여 외국인이 '대한민국'이 무슨 뜻이냐고 물으면 대답은 해줄 수 있어야 할 것 아닌가?

十月二十二日

10월 22일 _ 청산리대첩

청산리대첩의 주역 홍범도, 그에게도 이 땅에 설 자리 하나쯤은 마련해주어야

10月
22日

청산리대첩, "이전에도 없었고 앞으로도 없을 기적적인 전투"

1920년 10월 21일, 한국인 독립군 부대가 간도의 화룡현 삼도구 청산리에서 일본군 야마다 연대를 맞아 대승을 거뒀다. 이후 6일간 청산리 주변의 밀림지대에서 벌어진 10여 차례의 격전에서 독립군 연합부대는 연전연승했다. 이 일련의 승전이 '청산리대첩'이다. 특히 10월 22일 어랑촌에서 벌어진 전투는 가장 격렬하고 전과도 커서 임시정부가 발행한 《독립신문》은 "이전에도 없었고 앞으로도 없을 기적적인 전투"라고 기록했다.

청산리대첩은 한국 무장독립운동사에서 가장 밝은 빛을 발하는 군사적 성과였다. 간도 일대에서 활동하던 여러 독립군부대가 연합하여 일본군에 맞섰는데, 주력은 김좌진이 이끈 임시정부 소속의 북로군정서군과 홍범도가 지휘한 연합부대였다. 홍범도는 북로군정서군의 제1연대장이기도 했다. 일본군이 불법으로 간도를 침공한 것도 홍범도가 이끈 독립군부대를 공격하기 위해서였다.

홍범도, 사냥꾼들과 의병부대 조직

1868년 평양에서 가난한 농부의 아들로 태어난 홍범도는 9살 때 고아가 된 뒤 평안, 황해, 강원, 함경도 일대를 전전하며 머슴, 감영 나팔수, 제지소 노동자, 승려, 포수사냥꾼 등 여러 직업에 종사하다가 1895년 을미사변을 계기로 의병 대열에 합류했다. 몇 차례 전투를 치르면서 동지를 모두 잃은 홍범도는 함경도 북청에 정착하여 사냥과 농업으로 생계를 이어갔다. 그는 평안감영에 나팔수로 있으면서 사격술을 익혔는데, 사격 솜씨는 함경도 사냥꾼들 중에서도 발군이었다고 한다. 사격 솜씨뿐 아니라 통솔력도 남달랐던 듯, 그는 사냥꾼들의 조직인 포연대捕捐隊를 만들어 대장이 되었다.

1907년 8월 1일 대한제국 군대를 해산시킨 일제는 다음 달인 9월 3일 〈총포 및 화약류 취체법〉을 제정, 공포했다. 한국인이 소지한 '촌철寸鐵'마저 빼앗아 무장 저항의 가능성을 원천적으로 차단하려는 조치였다. 총포가 생계 수단인 사냥꾼들에게 이는 죽으라는 것이나 다름없었다. 그들에게는 총을 버리고 굶어죽거나 총을 들고 일본군에 맞서 싸우는 것 말고는 달리 선택할 길이 별로 없었다. 홍범도는 이 조치에 분격한 사냥꾼들과 함께 다시 의병부대를 조직했다.

농민들을 주력으로 한 다른 의병부대들은 변변히 싸워보지도 못하고 궤멸되었으나, 홍범도와 포수 출신 동료들은 뛰어난 전투력을 과시했다. 1907년 11월 25일 함경도 북청과 풍산을 가로지르는 후치령에서 일본 군경 30여 명을 살상한 것을 비롯해, 여러 차례 일본 군경을 공격하고 부일附日 관리官吏와 일진회원 등을 처단했다. 그러나 화승총으로 무장한 의병들이 러일전쟁을 치르면서 풍부한 경험을 쌓은 일본 정규군을 끝내 당해낼 수는 없었다.

소총과 탄약 구입 후 국내 진공 기회 노리다

홍범도는 1908년 겨울 러시아령 연해주로 망명하여 신식 무기를 구입하고 병력을 충원하여 1910년 봄부터 다시 국경을 넘나들며 일본군에 맞서 싸웠다. 하지만 역시 역부족이었다. 거의 모든 부대원을 잃고 다시 망명한 홍범도는 다른 망명지사志士들과 함께 활동하면서 러시아령에서 전개된 독립운동의 중심인물로 떠올랐다.

1910년에는 국내외 의병 조직의 통합을 목표로 유인석이 주도한 '13도 의군義軍' 조직에 참여했고, 뒤이어 연해주 독립운동가의 결집체인 성명회聲明會에도 가담했다. 1911년에는 권업회 조직을 주도하여 부회장이 되었으며, 다음 해에는 따로 노동회를 만들었다. 해외에서 독립전쟁을 준비하려면 '병농일치兵農一致' 또는 '직업활동과 군사훈련의 병행' 말고는 다른 길이 없다는 것은 당시 독립운동가들이 일반적으로 공유하던 생각이었다. 노동회의 목표는 회원들의 임금 일부를 모아 군자금으로 비축하는 데 있었다. 홍범도 등은 이렇게 모은 자금으로 소총과 탄약을 구입해두고 국내 진공進攻의 기회를 기다렸다.

만주와 연해주 독립운동 단체들, 사람과 돈을 얻다

3·1운동은 여러 면에서 독립운동에 새 활로를 열어주었다. 20세기 초 한국 지식인들의 의식은 우승열패優勝劣敗, 약육강식弱肉强食, 적자생존適者生存의 원리를 설파하는 사회진화론에 지배되고 있었다. 을사늑약 이후 이들은 세계의 열자劣者, 약자弱子, 패자敗者가 되지 않으려 '실력 양성운동'을 펼쳤으나 결국 망국亡國의 현실에 직면했다. 사회진화론에 지배되는 의식에서는 이미 망한 나라의 백성이 부강한 지배자에 맞서 싸우는 것은 무의미하고 무망無望한 일이었다. 일제 강점 이후 10년 가까이 한국인들의 의식을 무겁게 짓누른 것은 암울한 패배의식, 그것도 재기불능성 패배의식이었다.

그러나 1차 세계대전 이후 동물 세계의 원리를 인간 세계에 그대로 적용한 사회진화론을 반성하는 태도가 세계적으로 확산되었다. 가장 노골적인 경쟁인 전쟁은, 경쟁이 인류를 무한 진보케 하리라는 믿음을 근저에서 뒤흔들었다. 인류 발전의 원리는 동물 진화의 원리와 다르며, 달라야 한다는 '인도주의人道主義'가 새로운 시대사조가 되었고, 그 일환으로 민족자결주의가 제창되었다. 인도주의와 민족자결주의의 세례洗禮를 받음으로써, 많은 한국 지식인들이 패배의식에서 벗어났다. 기미독립선언서가 천명한 대로, 많은 사람들이 자기 눈앞에 '정의正義와 인도人道의 신천지新天地'가 펼쳐진다고 느꼈다.

3·1운동은 해외 독립운동 세력에게 '정신적 자산'뿐 아니라 '실물 자산'도 선사했다. 님 웨일스의 《아리랑》으로 유명해진 김산본명 장지락은 15살 때 3·1운동을 겪은 뒤 곧바로 독립운동을 하겠다고 중국으로 망명

했다. 세상에 알려지지 않은 수많은 '장지락들'이 있었다. 3·1운동 과정에서 가족과 친지를 잃은 젊은이와 어린이들, 정의와 인도人道의 의미를 새삼스레 깨달은 지식인들이 일부는 치 떨리는 복수심으로, 다른 일부는 피 끓는 민족의식과 정의감으로 망명길에 올랐다. 그들 중에는 '빈 손'으로 가지 않는 이들이 많았다. 가족과 친척에게 읍소하거나 여의치 않으면 그들을 상대로 '강도질'을 해서라도 '상당한 자금'을 만들어 지참했다.

신무기로 무장한 독립군

사람과 돈을 함께 얻은 만주와 연해주의 독립운동 단체들은 곧바로 군사 활동을 개시했다. 마침 '좋은 무기'를 구할 기회가 열렸다. 1차 세계대전 중 오스트리아-헝가리 제국에 속했던 체코군은 독일-오스트리아-오스만 터키 동맹군의 일원으로 러시아 전선에 투입되었다. 그러나 독립을 바라던 체코군은 러시아에 집단 투항하여 총구를 동맹군 쪽으로 돌렸다. 그런데 체코군에게는 공교롭게도, 마침 러시아혁명이 일어났다. 레닌 정부는 독일과 강화講和조약을 맺고 체코군의 군사 행동을 저지했다. 이에 분개한 체코군 일부는 러시아의 반혁명 세력과 연계하여 소비에트 정부에 대항하다가 전원 포로가 되었고, 다른 일부는 전선으로 가는 줄 알고 기차에 탔다가 시베리아에서 무장武裝 미아迷兒가 되었다.

1차 세계대전 종전 직후 영국, 프랑스, 미국, 일본 등 14개국은 체코군 포로를 구출한다는 핑계로 러시아혁명 분쇄 작전에 나섰는데, 이것

독립군의 청산리대첩 기념 촬영

1차 세계대전과 러시아 혁명 이후 백계白系 러시아군과 체코군에게서 우수한 무기를 구입할 수 있었던 것도 독립군 승리의 중요 요인이었다.
* 출처: 박도, 우당기념관 엮음, 《사진으로 엮은 한국독립운동사》, 눈빛, 2005.

이 이른바 시베리아 간섭전쟁이다. 하지만 핑계는 핑계일 뿐이다. 명분 없는 간섭전쟁에 대한 자국민의 비판을 억누르지도 못하고 러시아에 대한 서로 다른 야심을 조율하는 데에도 실패한 간섭국들은 어영부영하다가 하나둘 철수했다. 시베리아의 체코군은 스스로 여비를 마련해 귀국하는 수밖에 없었다. 그들이 팔려고 내놓은 무기는 한국 독립군이 꿈에도 바라던 것이었다. 게다가 당시 체코제 무기는 세계 최고 수준의 성능을 자랑했다.

청산리대첩의 서막 봉오동전투

새 사람과 새 무기를 받아들인 독립운동가들의 사기는 한껏 부풀었다. 홍범도는 연해주의 대한국민의회 군무부원 일부를 이끌고 간도에 와 새 사람들을 받아들인 뒤 대한독립군을 조직했다. 1919년 8월, 홍범도가 이끄는 대한독립군 부대가 두만강을 넘어 일본군 수비대를 공격했다. 일제의 한국 강점 이후 최초의 대규모 국내진공 작전이었다. 이 뒤로 여러 독립군부대들이 압록강과 두만강을 넘나들며 일본군을 괴롭혔다. 3·1운동의 여진餘震이 가라앉지 않은 상태에서 독립군부대의 국내 진공을 막지 못할 경우 민심을 '수습'하기 어려울 것이라 판단한 일제는 독립군부대를 끝까지 추격하여 '소멸'시키기로 작정했다.

1920년 6월, 일본군 1개 소대가 독립군부대의 뒤를 쫓아 두만강을 넘었다가 낭패를 보았다. 이에 분격한 일본군은 나남 주둔 사단 병력 중 1개 대대를 월강越江 추격대대로 삼아 불법으로 국경을 넘었다. 이에 앞서 홍범도의 대한독립군, 안무의 국민회군, 최진동의 군무도독부군은 일본군의 대대적인 공격에 대비해 서로 연합하여 대한북로군독부를 결성했다. 이 연합부대가 일본군 월강추격대대를 맞아 궤멸적 타격을 입힌 것이 봉오동전투다. 이로써 청산리대첩의 서막이 올랐다.

홍범도에게도 이 땅에 설 자리 마련해주어야

청산리대첩 이후 독립군 부대들은 소비에트 러시아의 권유에 따라 사유시로 이동하여 또 다른 전투를 준비했다. 그러나 이 과정에서 지휘권을 둘러싸고 내분이 생겨 서로 죽고 죽이는 참변이 일어났다. 이른바 '자유시 참변'이다. 배후에서 이 내분을 조장한 당사자이기도 한 소비에트군은 이를 빌미로 독립군부대의 무장을 해제했다. 홍범도는 이 사건 이후에도 연해주에 머물며 교민 사회에서 활동했으나 1937년 스탈린 정부에 의해 카자흐스탄으로 강제 이주당해 그곳에서 1943년 76세를 일기로 영면했다. 카자흐스탄에서도 홍범도는 교민 사회의 독보적 지도자였다. 한때는 그가 70이 넘은 노구老軀를 이끌고 독일군에 맞서 싸웠다는 전설이 떠돌기도 했다.

홍범도는 일제 강점기 무장독립운동사에서 김좌진에 뒤지지 않는 공적을 남긴 전쟁 영웅이다. 그런데 막상 우리나라에는 홍범도를 추모하거나 기억할 만한 장소가 없다. 그가 말년을 보낸 카자흐스탄에는 홍범도 거리가 있고 흉상도 세워져 한국인 관광객들의 기념 방문 장소가 됐지만, 이 땅에는 용산 전쟁기념관에 작은 흉상이 하나 서 있을 뿐이다.

그가 독립운동사에 남긴 공적에 비춰본다면 소홀한 대접이다. 독립운동가의 공적 평가에 균형을 잃은 사례가 이뿐이 아니요, 후손이 잘 되어야 조상도 빛을 본다지만, 그래도 너무 심하다는 생각이다. 어떤 인물의 동상을 세워 그를 '공공의 위인이나 영웅'으로 기리는 방식이 적절한가에 대해서는 다른 의견이 있겠지만, 이왕 다른 독립운동가들의 동상들을 세운 마당에야, 후손 없는 그에게도 이 땅에 설 자리 한 군데쯤은 마련해주어야 마땅하지 않을까?

10월 23일 _ 일본 덴노, 조선총독에게 〈교육칙어〉 하달

〈국민교육헌장〉으로 이어진 〈교육칙어〉의 군국주의 정신

10月
23日

일본 덴노, 〈교육칙어〉 하달하다

1911년 10월 23일, 일본 덴노[天皇]는 조선총독에게 〈교육칙어敎育勅語〉를 내려 새로 자기 신민臣民이 된 조선인들을 교육하는 근본 방침으로 삼게 했다.

> 나의 신민들은 마땅히 충효를 다해야 하고 모든 사람이 한 마음으로 대대로 아름다움을 이루어야 한다. 이는 우리 국체國體의 정화精華이며 교육의 연원은 바로 여기에 있다. 신민들은 부모에 효도하고 형제간에 우애하며 부부가 화목하고 친구는 서로 믿으며, 스스로 삼가 절도를 지키고 이웃을 널리 사랑해야 한다. 학문을 닦고 기예를 배우며 지능을 계발하고 덕을 이루어, 공익에 널리 이바지하고 국헌을 존중하며 국법을 준수해야 한다. 위급할 때에는 스스로 몸을 바쳐 천지간의 무궁한 황운皇運을 뒷받침해야 한다.

1890년에 일본 덴노[天皇]가 직접 신민들에게 분부하는 형식으로 제정된 〈교육칙어〉는 유교의 삼강오륜에 기대어 덴노에 대한 충성심을 고취하는 한편, 공익과 국가에 대한 의무를 강조하여 일본의 천황제 군국주의를 교육 면에서 뒷받침했다. 조선총독부는 학제나 교과 과정, 교과별 시수 등 모든 면에서 일본인과 조선인을 차별하는 교육 정책을 펴면서도, 일본인과 조선인 모두를 적자赤子로 대한다는 일본 덴노의 '일시동인一視同仁' 정신을 구현하는 것이 교육의 근본 목적이라고 강변했다. 조선인용이든 일본인용이든 모든 교과서에 빠짐없이 게재된 〈교육칙어〉가 그 상징이었다. 〈교육칙어〉 암송은 모든 학생들의 의무였다.

고종, 〈교육조서〉 반포하다

일본 〈교육칙어〉가 제정된 지 5년 뒤인 1895년 고종도 〈교육조서〉를 반포했다.

> 짐朕이 생각하건대 내 조종祖宗이 대업大業을 이루어 정통을 물려주신 지 이제 504년을 지났으니, 실로 내 열성조의 교화와 덕택이 인심에 깊이 스며들고 내 신민臣民이 그 충성과 사랑을 아끼지 않은 데에 말미암은 것이다. 짐이 한없이 큰 임금의 자리를 이어 받아 밤낮으로 공경하고 두려워하는 것은 오직 조종의 유훈遺訓을 잇는 일뿐이니, 너희 신민은 짐의 충정을 알지어다. 너희 신민들의 조상은 내 조종祖宗이 보살피고 기르신 착한 신민이니 너희 신민도 너희 조상의 충성과 사랑을 이어받은 이들로서 내가 보살피고 가르치는 착한 신민이라. 짐이 너희 신민들로 더불어 조종祖宗의 큰 기반을 지켜 억만년의 아름다운 운명을 지켜나가고자 한다. 아! 백성을 가르치지 않으면 국가를 공고히 하기 매우 어려우니 지금 세계의 형세를 살피건대 부강하고 독립하여 세계를 웅시雄視하는 나라들은 모두 그 인민의 지식이 개명開明하고, 그

지식이 개명함은 교육이 선미善美한 까닭인즉, 교육이 실로 국가를 보존하는 근본이라. 짐이 임금이자 스승의 자리에 있어 교육하는 책임을 스스로 떠맡았으니 교육에도 도道가 있는지라. 허명과 실용의 분별을 먼저 세워야 하니 책을 읽고 글을 익혀 옛사람이 남긴 찌꺼기만 주워 모으고 시세의 대국大局에 몽매한 자는 문장이 고금古今에 보기 어려울 정도라도 한낱 쓸모없는 서생書生일 뿐이라. 이제 짐이 교육하는 강령綱領을 제시하여 허명을 제거하고 실용을 숭상하노니, 첫째 '덕양德養'이다. 오륜五倫의 행실을 닦아 풍속의 기강을 문란하게 하지 않으며 교화의 기풍을 세워 인간 세상의 질서를 유지하고 사회의 행복을 증진하라. 둘째 '체양體養'이다. 동작에는 일정함이 있으니 부지런함을 주로 하고 안일을 탐내지 말며 고난을 피하지 말아서 근육을 튼튼히 하며 뼈를 건장하게 하여 건강하고 무병無病한 기쁨을 누려라. 셋째 지양智養이다. 사물의 이치를 연구하여 지식을 지극히 하고 도리를 궁구함에 본성을 다하라. 좋고 나쁨, 옳고 그름, 길고 짧음에 나와 남의 구별을 두지 말고 상세히 탐구하고 널리 통하여 자기 한몸만을 챙기지 말며 공중公衆의 이익을 도모하라. 이 세 가지가 교육하는 강령이니 짐이 정부에 명하여 학교를 널리 설치하고 인재를 양성함은 너희 신민臣民들의 학식으로 국가를 중흥하는 큰 공적을 이루기 위함이라. 너희 신민들은 충군애국忠君愛國하는 마음으로 너희의 덕德과 체體와 지智를 길러라. 왕실의 안전함도 너희 신민의 교육에 있고 국가의 부강함도 너희 신민의 교육에 있으니 너희 신민의 교육이 선미善美한 경지에 이르지 못하면 짐이 어찌 '짐의 다스림이 이루어졌다'고 할 수 있겠으며 짐의 정부가 어찌 감히 '그 책임을 다했다' 하리오. 너희 신민도 교육하는 도에 마음을 다하며 힘을 모아 아비가 이로써 그 자식에게 제안하고 형이 이로써 그 아우에게 권면하며 벗이 이로써 서로 돕는 도를 행하는 데에 분발해 마지않을 지어다. 국가가 개탄할 일을 막을 이는 너희 신민뿐이며, 국가가 모욕당하는 데에 맞설 이도 너희 신민뿐이고, 국가의 정치제도를 닦아나갈 이도 너희 신민뿐이니, 이는 모두 너희 신민의 당연한 직분이거니와 학식의 등급으로 그 공로와 효과가 갈릴 것이니 이들 일에 사소한 결함이라도 있거든 너희 신민들도 또한 말하되, '우리 교육이 밝지 않은 탓이라' 하여 위아래가 한마음이 되기를 힘쓰라. 너희 신민의 마음은 또한 짐의 마음이니 힘쓸지어다. 만약 이러할진대 짐이 조종祖宗의 덕을 드러내어 사방에 빛낼 지며, 너희 신민도 또한 너희 조상의 효성스런 자손이 될 것이니, 힘쓸지어다.

일본 〈교육칙어〉와 고종 〈교육조서〉의 차이

장황하지만 일본 〈교육칙어〉와 형평을 맞추기 위해 전문을 번역했다. 당장 두드러진 차이는 분량이다. 일본 〈교육칙어〉가 암송하기 어렵지 않을 정도의 분량으로 교과서 한 면에 싣기에 적합했던 데 반해, 고종의 〈교육조서〉는 일단 읽기에도 벅차다. 일본 것이 학생들에게 암송시키기 위한 것이었다면, 조선 것은 신민 일반에게 이해시키기 위한 것이었다. 이는 두 나라의 '통치 문화'나 '통치 언술言述'의 차이에 말미암은 것인 동시에 교과서에 익숙한 문화와 그렇지 않은 문화의 차이를 드러낸 것이라 할 수 있다.

내용상의 근본적 차이는, 일본 것이 국가와 공익公益을 전면에 내세우고 국가가 위급할 때 스스로 몸을 바치는 신민臣民의 도리를 강조한 반면, 조선 것은 국가와 왕실을 일정 정도 후퇴시키고 신민臣民 각자의

1910년대 보통학교 어린이들의 돗자리 짜기 실습

〈교육칙어〉는 학문과 기예를 함께 강조했지만,
한국인에 대해서는 단순 기능을 가르치는 데에만 역점을 두었다.
* 출처: 동아일보사, 《사진으로 보는 한국백년》 IV(6판), 1991, 835쪽.

덕체지德體智 양성을 앞세웠다는 점이다. 교육이 '천지간의 무궁한 황운皇運을 뒷받침'해야 한다는 생각과 '신민 각자의 덕체지德體智 양성이 결국 국가 부강과 왕실 안녕을 좌우할 것'이라는 생각 사이에는 중대한 차이가 있다. 일본의 〈칙어〉는 조선의 〈조서〉보다 훨씬 더 국가주의적이며 중세 회귀적이다. 근대 지향적 색채는 오히려 조선의 〈조서〉가 더 짙다. 일본의 〈칙어〉가 교육의 목표로 '국가에 헌신하는 국민 만들기'를 내세운 반면, 조선의 〈조서〉는 '이미 수백 년간 대대로 국가에 충성해온 신민 각자의 능력을 키우는 것'을 강조했다. 〈조서〉는 신민들에게 국가를 위해 몸을 바치라고 요구하지 않았다. 그보다는 국가가 교육받은 신민에게 의지하는 만큼, 국가에 신민을 잘 교육할 책무가 있음을 명시했다. 〈칙어〉가 명령조인 데 반해 〈조서〉는 설득조였다. 〈칙어〉가 신민의 책무만을 일방적으로 강조한 데 반해, 〈조서〉는 선미善美한 교육을 이루기 위해 군신君臣이 함께 힘써야 함을 밝혔다. 아마 이 점이 두 나라 '통치문화'와 '통치언술'의 근본적 차이였을 것이다.

고종의 〈교육조서〉는, 당시로서는 '선미善美'한 교육 철학을 담았음에도 불구하고 널리 알려지지 않았다. 근대 교육을 받은 학생이 적었을뿐더러, 조서 자체가 암송 대상이 아니었기 때문이다. 일제 강점기에 교육받은 사람들은 오직 〈교육칙어〉가 제시한 교육강령만을 암송하고 기억했다.

박정희, 〈국민교육헌장〉 제정·반포하다

해방된 지 20여 년 뒤인 1968년 12월 5일, 대통령 박정희 명의로 〈국민

교육헌장〉이 제정, 반포되었다.

> 우리는 민족중흥의 역사적 사명을 띠고 이 땅에 태어났다. 조상의 빛난 얼을 오늘에 되살려 안으로 자주독립의 자세를 확립하고 밖으로 인류 공영에 이바지할 때다. 이에 우리의 나아갈 바를 밝혀 교육의 지표로 삼는다. 성실한 마음과 튼튼한 몸으로 학문과 기술을 배우고 익히며 타고난 저마다의 소질을 개발하고 우리의 처지를 약진의 발판으로 삼아 창조의 힘과 개척의 정신을 기른다. 공익과 질서를 앞세우며 능률과 실질을 숭상하고 경애와 신의에 뿌리박은 상부상조의 전통을 이어받아 명랑하고 따뜻한 협동 정신을 북돋운다. 우리의 창의와 협력을 바탕으로 나라가 발전하며 나라의 융성이 나의 발전의 근본임을 깨달아 자유와 권리에 따르는 책임과 의무를 다하며 스스로 국가 건설에 참여하고 봉사하는 국민정신을 드높인다. 반공 민주 정신에 투철한 애국 애족이 우리의 삶의 길이며 자유세계의 이상을 실현하는 기반이다. 길이 후손에 물려줄 영광된 통일 조국의 앞날을 내다보며 신념과 긍지를 지닌 근면한 국민으로서 민족의 슬기를 모아 줄기찬 노력으로 새 역사를 창조하자.

'능률과 실질을 숭상'하라고 요구한 점에서 고종의 〈교육조서〉와 닮은 구석이 일부 있긴 하지만, 보다시피 '국가에 일방적으로 헌신하는 국민'을 만들기 위한 교육강령이라는 점에서 전체적으로는 일본 〈교육칙어〉와 닮은 점이 훨씬 많았다. 모든 아기는 태어나면서부터 '민족중흥의 역사적 사명'이라는 무거운 짐을 졌고, 모든 국민은 '공익과 질서'를 앞세우고 '나라의 융성이 나의 발전의 근본'임을 잊지 말아야 했다. 일본 〈교육칙어〉와 확실히 다른 점은 '반공 민주 정신에 투철한 애국

국민교육헌장 선포식

1968년 12월 5일, 박정희 대통령은 〈국민교육헌장〉을 제정, 반포했다.
〈국민교육헌장〉은 '국가에 일방적으로 헌신하는 국민' 을 만들기 위한 교육강령으로서
일제 강점기에 제정된 〈교육칙어〉와 닮은 점이 많았다.

애족이 우리의 삶의 길'이라고 함으로써, 반공주의와 국가주의를 일체화한 점이다. 〈국민교육헌장〉을 외는 일과 역사적 사명을 자각하는 일 사이에 어떤 긴밀한 관계가 있는지는 알 수 없으나, 이 헌장이 제정된 뒤 각급학교에서는 이를 외지 못했다는 이유로 벌 받는 학생들이 부지기수로 생겨났다.

민주적 교육강령이 필요한 때

〈교육칙어〉는 일본 군국주의와 함께, 〈국민교육헌장〉은 군사정권과 함께, 모두 공식적인 폐기 절차를 거치지 않은 채 슬그머니 교육 현장에서 사라졌다. 범세계적인 국가주의의 퇴조, 개성과 창의를 중시하는 교육사조의 확산, 민주주의의 진전 등에 따른 당연한 귀결이다. 그러나 덩달아 교육의 공적 목적에 대한 최소한의 사회적 합의도 사라져버린 듯하다.

교육 문제를 둘러싼 사회적 갈등이 해결될 조짐을 보이지 않는다. 공교육의 목적과 방향에 대한 합의 기반이 지금처럼 협소한 상황에서는 어떤 해법을 내놓아도 남의 다리 긁는 격일 뿐이다. 이제라도 폐기시켜버린 군국주의적·국가주의적 교육강령의 자리에 민주적이고 합리적인 새 교육강령을 채워넣기 위한 노력을 시작해야 하지 않을까?

十月二十七日

10월 27일 _ 장충단 설치

대한제국의 국립현충원 장충단, 털어내지 못한 오욕의 흔적

10月
27日

근대 국가의 성소, 전몰장병 위패 봉안소

국립서울현충원은 당선이 확정된 대통령 후보가 가장 먼저 찾는 곳이자, 공식적인 국빈 방문 일정에 빠지지 않는 곳이다. 대통령 선거 출마 여부를 둘러싸고 논란의 대상이 되어왔던 유력 정치인이 출마를 공식화하는 것도 대개 이곳이다. 나라를 위해 목숨을 던진 사람들의 유해나 위패를 안치한 장소는 모든 근대 국가의 대표적인 성역이다. 순국자는 나라를 위해 개인을 희생한다는 근대 국민국가의 이념을 실천한 사람들로서, 온 국민이 경모해야 할 대상으로 간주된다. 미국의 알링턴 국립묘지, 영국의 웨스트민스터 사원, 프랑스의 팡테옹 국립묘지 등이 모두 국가적 성소聖所다. 일본의 경우 전몰 군인들의 위패를 안치한 야스쿠니 신사가 이에 해당하는데, 일본 총리의 '공식 참배' 문제가 논란이 되는 것은 이것이 일본의 '정상국가화'와 관련된 상징적 행위이기 때문이다. 일본 우익 인사들은 일본이 '전범국가'의 멍에에서 벗어나기 위한 전제 중의 하나가 야스쿠니 신사를 '국가적 성소聖所'로 공인하는 것이라고 본다.

대한제국, 국가적 성소 장충단을 설치하다

우리나라에서 전몰장병의 위패를 봉안한 국가적 성소聖所가 처음 만들어진 것은 근대 국가의 형식을 갖추려는 노력이 본격화한 대한제국 때였다. 1900년 10월 27일, 남산 밑 예전 어영청 소속 군영이던 남소영南小營 터에 장충단이 설치되었다. 그 얼마 전 고종은 원수부에 명하여 갑오1894년 이후 왕을 위해 싸우다 죽은 장졸將卒들을 위한 제단祭壇을 마련하고 매년 봄과 가을에 제사 지내도록 했다. '갑오 이후'라고 에둘러 말했으나 그 시점에서 치제致祭 대상이 되는 장졸은 을미사변 때 희생된 사람들뿐이었다. 임진왜란 중에도 전망장졸들의 넋을 위로하고자 장수와 대신을 보내 제사 지내게 한 적이 있긴 했지만, 국가에 상설 제단祭壇을 만든 것은 이때가 처음이었다. 더구나 이때는 을미사변이 나고 5년이나 지난 뒤였다. 고종이 '새로운 것'에 상대적으로 개방적이기는 했으나, 중세 국가의 정치 관행에서 '최초'를 만드는 것은 심상한 일이 아니었다. 여기에는 무엇인가 특별한 계기가 있었을 것이다.

고종은 왜 장충단을 만들었을까

1896년에는 러시아에서 니콜라이 2세 대관식이, 이듬해인 1897년에는 영국에서 빅토리아 여왕 즉위 60주년 기념식이 열렸다. 고종은 이 두 국제 행사에 민영환을 특사로 파견했다. 민영환이 고종에게 받은 가장 중요한 비밀 임무는 러시아의 군사적 지원을 얻어내는 것이었으나, 결과는 성공적이지 못했다. 그 대신 민영환은 나름 호사스런 세계일주 여행을 하면서 '문명 각국'에 국가적 추모시설이 있다는 사실을 알았을 것이다. 고종의 장충단 설치 지시가 있었을 때, 민영환은 원수부 회계국장 겸 표훈원表勳院훈장 서훈 등을 책임진 관서로 현재의 보훈처에 해당한다 총재로서 해당 업무의 주무 장관이었다. 민영환의 세계일주 여행 직후 고종이 결정한 또 한 가지 일은 1902년으로 예정된 자신의 즉위 40년 겸 망육순望六旬 기념식을 '대규모 국제행사'로 치르는 것이었다. 열강의 특사들에게 대한제국이 당당한 근대 국가라는 사실을 확인시키기 위한 이 행사에 앞서 국가의 주요 시설들을 정비할 필요가 있었다. 국가적 추모시설 설치는 근대 국가의 외양外樣을 갖추는 일이기도 했다. 물론 일차적 목적은 신민臣民의 충성심을 고취하는 데 있었다. 그 의도는 장충단奬忠壇이라는 제단 이름에 노골적으로 표현되었다. 충성을 장려하는 제단.

장충단 공사가 끝난 직후, 정부는 을미사변 때 희생된 장졸의 가족들을 초청하여 엄숙한 제례를 거행했다. '전망장졸'의 유가족에게 제례를 알리고 참석을 부탁하는 광고는 당시 신문들에 여러 차례 게재되었다. 유가족들에게 개별적으로 통지할 만한 행정력이 없었던 것이 주요 이유였겠지만, '전망장졸'에 대한 황제의 지극한 마음을 다중多衆에게 알리려는 의도도 있었을 것이다.

치제致祭 대상을 확대하라

그로부터 반년 뒤인 이듬해 2월, 육군법원장 백성기가 상소를 올려 치

일제 강점기의 장충단공원

일제는 장충단이라는 이름을 바꾸는 대신, 그 이름에 깃든 항일의 의미를 모욕하려 했다.
* 출처: 최석로 해설, 《(옛 그림엽서로 본) 민족의 사진첩 IV. 개화기의 생활과 풍속》, 서문당, 2007, 181쪽.

제致祭 대상을 확대하자고 건의했다. 임오군란, 갑신정변, 을미사변 등 개항 이후 여러 차례 국가적 변란을 겪으며 '왕의 일'로 죽은 사람이 비단 장졸들만이 아닌데, 국가적 추모의 은전恩典을 그들에게만 한정하는 것은 도리가 아니라는 이유였다.

> 지난날 장충단을 특별히 만들어 제사를 지낸 뒤로 군사들이 이루 형언할 수 없이 감격하고 고무되었습니다. 그런데 위의 여러 신하들이 한 목숨 바쳐 순국殉國한 충렬忠烈은 실로 한때의 싸움에서 죽은 장수나 군사들보다 더한 점이 있는데 단지 군사가 아니라는 이유로 유독 제단에서 제사 지내는 대상에 끼지 못하였으니, 앞뒤가 바뀌었다고 할 만합니다(《고종실록》 41, 광무 5년 2월 16일).

고종은 이 건의를 즉각 받아들였다. 당시의 관행에서 왕이 신하의 건의를 '즉각' 받아들인다는 것은 대개 사전에 이야기가 끝난 사안이라는 것을 의미한다. 왕이 신하의 건의 없이 자기 뜻을 먼저 밝히는 것은 상당히 위험한 일이었다. 만일 일이 잘못되기라도 하면 그 책임은 고스란히 왕에게 돌아오게 마련이다. 그 책임에서 벗어나 '초월적 존재'로 군림하는 방법이 자기가 하고 싶은 말을 신하의 입을 통해 대신하게 하는 것이다. 고종이 장충단 설치 반년 만에 치제致祭 대상을 확대하기로 한 것은 이 시설이 자신에 대한 백성의 충성심을 고취하는 실질적 효과를 낳는다는 사실을 확인했기 때문일 것이다.

근대 국민국가의 국민을 만드는 기계

문신文臣으로서 남다른 충절을 보인 사람들의 위패는 종묘 안의 공신당에 배향하거나 따로 사액서원을 만들어 치제致祭하게 하는 것이 관행이었다. 문신文臣의 위패가 무장武將이나 졸병卒兵들의 위패와 나란히 놓이는 것은 문신들 자신이 원치 않은 일이었다. 그럼에도 장충단은 이들의 위패를 한곳에 모아 놓음으로써 문무文武를 가리지 않고 지위의 고하를 따지지 않는 이 땅 최초의 국가적 추모 위령시설이 되었다. 이로써 장충단은 '근대적 국민', 즉 국가에 대한 충성심으로 통합된 국민을 만드는 유력한 기계가 되었다.

대한제국의 장충단이 대한민국의 현충원이다. 장려하기 위해 현창하는 것이고, 현창함으로써 장려하는 것이다. 하지만 지금은 배호의 노래 〈안개 낀 장충단공원〉은 알아도 장충단이 대한제국의 국가적 성소로서 오늘날의 국립현충원에 해당한다는 사실은 모르는 사람이 허다하다. 지금의 장충단은 고작 장충체육관, 장충테니스장, 장충리틀야구장 등 각종 체육시설 이름 앞에 붙은 지명이나 수식어 정도로만 인지되고 있다. 일제 강점기에 이 장소의 의미와 맥락이 철저히 왜곡된 데다가 해방 후에도 그를 바로잡지 못했기 때문이다.

일제, 항일과 반일의 상징 장충단 옆에 공창公娼 설치

개항 이후 순국자들은 거의가 일본의 침략 때문에 죽은 사람들이었다.

충성심은 대개 적개심과 짝을 이룬다. 죽은 이들을 기리면서, 그들을 죽인 자들을 증오하는 것은 당연한 심리 현상이다. 그래서 장충단은 저절로 '항일抗日'과 '반일反日'의 상징이 되었다. 장충단을 남산 아래, 전 남소영 터에 설치한 것도 이곳이 남산 기슭에서 동쪽으로 뻗어가던 일본인 거류지를 가로막는 지점이었기 때문일 가능성이 높다.

일본인들이 이런 장충단을 곱게 볼 리 없었다. 러일전쟁 발발 직후 일본군이 서울을 점령하자, 일본 거류민단은 장충단 바로 서쪽에 거류민단 최초의 '공익시설'로 유곽遊廓, 즉 공창公娼을 설치했다. 그때까지 한국에는 비슷한 시설이 없었다. 임진왜란을 도발한 도요토미 히데요시豊臣秀吉가 창설한 유곽은 가장 일본적인 '문화시설'이었다. 지방 번주藩主들로 하여금 많은 사무라이들을 거느리고 수도를 오가게 한 산킨코타이참근교대參勤交代 정책, 장기간의 도제 수련에 따른 남성 노동자들의 만혼晩婚 등이 일본에 유곽 문화를 융성시킨 주요인이었다. 일본 개항 이후 서양인들은 유곽을 가장 일본적인 문화요소로 지목했다. 일본을 아는 서양인 남성들에게는 일본 유곽에서 하룻밤 노는 것이 로망이었다. 서양인들의 오리엔탈리즘적 시선을 의식한 메이지시대 일본 지식인들은 일본이 유곽으로 표상되는 것을 부끄럽게 여겼으며, 메이지 정부는 88올림픽 때 한국 정부가 보신탕집에 대해 취했던 조치를 유곽에 대해 취하기도 했다. 서양인들의 눈에 띄지 않는 곳으로 옮기라고. 유곽이 '문명적 기준에서' 부끄러운 시설이라는 사실을 잘 알고 있던 일본인들이, 그 시설을 한국의 국가적 성소 바로 옆에 공공연히 만들고서는 '거류민단 최초의 공익시설'이라고 자랑했다.

사실 그 무렵 서울의 일본 거류민들 기준에서는 유곽을 '공익시설'이라고 할 만도 했다. 러일전쟁 중 수많은 일본 군인들이 서울을 거쳐 만주로 이동했다. 일본인들에게 유곽은 죽을지도 모르는 길로 나서는 젊은 군인들의 불안한 정신을 위로하기 위한 '군사시설'이었다. 뒤이어 수많은 일본인 남성들이 한몫 잡기 위해 서울로 밀려들었다. 유곽은 이들의 통제하기 어려운 욕망으로부터 일본 거류민 여성들을 지키기 위한 '보호시설'이기도 했다. 일본인들은 서양인들 앞에는 차마 내놓기 부끄러운 이 시설을 한국인들 앞에는 당당히 드러내놓았고, 한국인들에게도 이 '문화시설'을 이용하라고 주문했다. 이로써 경건한 마음으로 엄숙히 자세를 가다듬어야 했던 장충단 앞은 '향락 문화'의 중심지로 바뀌었다. 이후 1948년 공창公娼이 공식 폐지될 때까지 내내, 장충단 옆 신마치신정新町 유곽은 식민지 성문화의 성소聖所였다.

장충단 옆에 유곽을 세운 일제는 1908년 허울뿐인 한국 정부로 하여금 제사 제도를 개정하게 하여 장충단 제사를 폐지했고, 1919년에는 장충단과 주변 일대를 공원으로 만들었다. 그러면서도 장충단이라는 이름과 부속시설 일부는 그대로 두었다. 또 1932년에는 장충단 제단 자리, 지금의 신라호텔 부지에 이토 히로부미의 이름을 따 박문사博文寺라는 절을 지어 올렸다. 대한제국의 국가적 성소이자 항일의 상징이었던 장소를 철저히 모욕하고 그 이미지를 전복顚覆한 것이다. 장충단의 현대적 이미지는 이 이후에 형성되었다.

국립묘지 안장 논란, 어떻게 해결할까

해방 후 신생 대한민국 정부는 장충단 옆의 공창을 폐지하는 한편 장충단공원 안에 전몰장병의 위패를 봉안하는 장충사를 두어 이 장소의 위상을 잠시 회복시켰다. 그러나 한국전쟁 중 기하급수적으로 늘어난 전몰장병의 위패를 장충사에 다 안치할 수는 없었다. 1955년 동작동에 국군묘지가 설치됨으로써 장충단은 공원으로 되돌아갔다. 국군묘지는 1965년 국립묘지로 바뀌었다가 2006년 국립서울현충원으로 다시 개칭되었다.

근래 전직 고위공직자나 군인들의 국립묘지 안장을 둘러싸고 논란이 끊이지 않고 있다. 전직 대통령의 묘에 분뇨를 뿌린 자도 있었고, 일본군 장교 출신을 안장해서는 안 된다는 여론도 있었다. 이런 분규가 생기는 것은 순국자와 유공자를 섞어 놓았기 때문이다. 공이 크건 작건 나라를 위해 싸우다 목숨을 잃은 사람들만을 한데 모으고, 천수를 누리고 간 사람은 다른 곳에 자리를 마련해주었다면 애초에 이런 분란은 생기지 않았을 것이다. 특히 왕이든 국민이 뽑은 대통령이든 국가수반에 대해서는 현부賢否를 따질 뿐 충역忠逆을 가릴 수는 없는 일이다. 아예 국가수반과 유공자 묘역을 따로 조성하고 기록관을 병설하여 현대판 종묘를 만드는 것도 생각해 볼직하다. 당대에는 경계가 될 것이요, 후대에는 또 하나의 세계문화유산을 남겨주는 일이 될 테니 말이다.

十一月四日

11월 4일 _ 훈민정음 반포 팔회갑 기념식 개최

'반글', '암클'에서 '한글'이 된 훈민정음, 지금 다시 '반글'이 된 건 아닌가

11月
4日

가갸날, 훈민정음 반포 기념일

1926년 11월 4일, 조선어연구회와 신민사新民社 사원들이 서울의 음식점 식도원에 모여 '훈민정음 반포 팔회갑480년 기념식'을 거행했다. 조선어연구회는 《독립신문》 교정원 시절부터 한글 연구에 몰두하여 한글 문법 체계를 세웠던 주시경의 제자뻘 되는 사람들이 1921년에 조직한 단체였고, 신민사는 1925년에 창간된 잡지 《신민》을 발행하던 출판사 겸 동호회였다. 이 잡지는 사회 문제를 다룬 논문들과 소설, 수필, 시 등의 문예물을 주로 실었는데, 당시는 한글 작품의 작가와 독자가 모두 급증하던 때라 한글에 대한 지식인층의 관심이 매우 높았다. 게다가 8회갑은 특별한 의미를 갖는 주년周年이었다. 아직은 100년 주기의 세기世紀보다는 60년 주기의 주갑周甲 또는 회갑回甲이 사람들에게 더 익숙하던 시절이었다.

기념식 참석자들은 이날 훈민정음 반포 기념식을 매년 거행하기로 하고 기념일의 이름을 '가갸날'로 정했다. 같은 표음문자인 알파벳의 예를 따라 '가갸거겨'의 가갸를 이름으로 정한 것이다. 당시에도 가갸거겨보다는 가나다라를 더 많이들 사용했을 터이나, 그 순으로 하면 일본 문자인 '가나かな'와 구별할 수 없는 게 문제였다. 결국 공식 국문國文

은 '가나', 식민지 원주민들이나 사용하는 병용倂用 문자는 '가갸'라고 하는 기묘한 이름의 서열 체계가 만들어졌다. 이들이 원한 것은 아니었겠으나, 문자 학습과 소통의 세계에서는 '가나'가 먼저, 그 다음이 '가갸'인 셈이 되었다. 하지만 가갸날 행사는 이 날로 끝이었다. 이듬해 조선어연구회가 기관지 《한글》을 창간하면서 '한글'을 훈민정음의 새 이름으로 정했기 때문이다. 물론 조선총독부는 '한글'이라는 이름을 인정하지 않았다. 한글의 공식 이름은 그냥 '조선문'이었다.

세종대왕이 창제한 것은 '한글'이 아닌 '훈민정음'

세종대왕이 한글을 창제했다는 말은 크리스토퍼 콜럼버스가 아메리카 대륙을 발견했다는 말처럼, 형식 논리로만 따지면 사실이 아니다. 콜럼버스는 긴 항해를 거쳐 도착한 땅이 인도인 줄 알았고, 그랬기에 그 땅에 사는 사람들을 '인디언'이라 불렀다. 콜럼버스가 새로 개척한 항로가 사실은 '신대륙'으로 가는 길이었다는 사실을 알아낸 사람은 아메리고 베스푸치였다고 한다. 그 때문에 대륙 이름은 아메리카, 그 대륙에 사는 사람은 '인디언'이라는 어울리지 않는 조합이 만들어졌다.

세종대왕이 창제한 것은 훈민정음訓民正音이다. 세종대왕 스스로도 새 글자가 뜻과 소리를 모두 표현할 수 있는 온전한 글자라고 생각하지 않았기에, 이름도 정자正字바른 글자가 아니라 정음正音바른 소리이라 했다. 세종은 '나랏말씀이 중국과 달라' 훈민정음을 만들었다고 밝혔지만, 나는 그와 더불어 '나랏말씀이 국중國中에 달랐던 것'에도 이유가 있었을 것이라 추측한다. 세종은 서울에서 출생한 조선 왕조 최초의 왕이었다. 그의 할아버지 이성계와 아버지 이방원은 모두 함경도에서 태어나 경기도 개성에서 벼슬살이를 했다. 그의 성장기에 언어적 영향을 미친 사람들은 대개 개성 출신들이었을 것이나, 그래도 그가 어느 지방 말투를 썼는지는 알 수 없다. 함경도 억양이 섞인 개성 말투였을지, 아니면 '순연한' 개성 말투였을지, 그것도 아니면 개성 말투와 거의 구분되지 않지만 그래도 조금은 다른 한양 말투였을지. 그가 왕이 되었을 때, 신하들의 출신지는 조선 팔도 전역에 두루 걸쳐 있었다. 방송매체 등을 통해 '표준어'가 각 지방의 향토어들을 지속적으로 억누르는 지금에도 경제經濟를 '겡제'로 발음하는 사람들이 있는데, 그 시절 어전회의에서 사용된 '말투들'이야 오죽했겠는가. 한자 발음의 표준을 만들어야 할 필요성을 가장 절실히 느낀 사람은 아마 세종 자신이었을 것이다.

오랜 세월 언문, 반글, 암클 신세

훈민정음은 만들어진 뒤 500년 가까운 기간 동안, 주로 한자의 음을 표기하고 토를 다는 용도로 사용되었다. 한자를 배우지 못한 사람들이야 '어쩔 수 없이' 훈민정음만으로 문자생활을 해야 했으나, 그럴 필요가 없던 사람들은 훈민정음을 온전한 문자로 취급하지 않았다. 앞뒤 맥락을 따지지 않으면 그 정확한 뜻을 알 수 없는 단어가 무수히 많은 언어를 쓰며 살았기에, 뜻은 표현하지 못하고 소리만 표현하는 글자를 온전한 문자로 취급하지 않는 태도도 나름의 정당성을 얻었다. 그래서 한글은 오랫동안 언문속된 글, 반글, 암클 등으로 불렸다.

훈민정음을 '반글'이라 한 것은, 이 '문자'가 아이들의 언어인 '반말'과 비슷한 점이 있었기 때문이다. 한국어를 배우는 외국인들이 가장 어렵게 느끼는 것이 대화 상대에 따른 어미의 활용법이다. 하긴 한국어밖에 모르는 한국인들이라고 다를 바도 없다. 복잡하던 존비법이 존댓말과 반말로 단순화한 지금에도 커피 전문점에 잠시만 앉아 있으면 "손님, 음료 나오셨습니다"나 "2천 5백 원이십니다", "빨대는 저쪽 테이블에 있으십니다"처럼 음료나 돈, 빨대에게 존경의 마음을 표현하는 이상한 말들을 귀에 못이 박힐 정도로 듣게 된다. 윗사람에게 말을 할 때 '시'나 '셨'을 어디에 붙여야 할지 정확히 몰라 생기는 현상이다. 옛날의 존비법은 지금보다 훨씬 복잡해서 상대의 존비尊卑 상하上下에 따라 기본적으로 다섯 가지 활용형을 가졌다. 존대尊待는 '하십시오', 상대上待는 '하시오', 평대平待는 '하오', 하대下待는 '하게', 비대卑待는 '해라'였다. 존대해야 할 사람과 하대해도 좋을 사람을 구분하지도 못하는 아이들에게 이 복잡한 존비법을 요구하는 것은 무리였다. 그래서 아이들에게는 어미의 활용을 고민하지 않아도 되는 언어, 즉 어미를 생략한 '반말'을 다 자랄 때까지 한시적으로 허용했다. '반말'은 어린아이의 말이요, 배우지 못한 자의 말이었다. 훈민정음을 '반글'이라 한 것도 같은 맥락에서였다. 어려운 한자를 아직 배우지 못했거나 배울 능력이 안 되는 자들이 쓰는 글이라는 뜻이다.

'암클'이란 말 그대로 '부녀자의 글'이라는 뜻이다. '아녀자兒女子'라는 말에서 알 수 있듯, '저 시절' 여자와 어린아이는 동격同格이었다. 저 시절의 '지식인 남성'들은 여성에게 반말을 허용하지 않는 것이 이런 태도와 모순이라는 사실을 깨달을 정신적 준비가 되어 있지 않았다. 다만

일제 강점기 학교 수업

학생은 모두 한국인이지만 교실 안의 글자는 한자와 가나뿐이었다.
일제 강점기 공교육에서 조선어 교육은 계속 축소되다가 끝내는 사라졌다.
* 출처: 동아일보사, 《사진으로 보는 한국백년》 IV(6판), 1991, 831쪽.

남자 아이들에게는 '반글' 시대를 졸업하고 온전한 문자 생활을 할 가능성이 열려 있었으나, 여성들에게는 그 가능성이 거의 없었기에 따로 '암클'이라는 말을 만들었던 것으로 보인다.

훈민정음, '한글'이 되다

한글은 1894년 조선 정부가 중국에 대한 사대관계를 공식 단절한 뒤에야 비로소 조선문 또는 국문이라는 새 이름을 얻었다. '음音'에서 '문文'으로 격상된 것이다. 그 직후인 1896년에 창간된 《독립신문》이 한자를 전면 배제하고 한글만으로 신문 지면을 채운 것도 훈민정음을 '온전한 문자'로 격상시키려는 의도에 따른 것이었다. 1907년에는 학부 소속의 정부기관으로 국문연구소가 설치되기도 했다. 그러나 나라가 망한 뒤 새로 국문의 지위를 차지한 것은 일본의 '가나'였다. 훈민정음은 다시 '가나'를 배울 능력이 없거나 아직 못 배운 '식민지 원주민'의 제한적 문자 생활을 위한 '반글'이 되었다.

일제의 한국 강점 뒤인 1913년, 주시경은 훈민정음에 '한글'이라는 이름을 붙였다. '큰 글', '온전한 글'이라는 뜻이다. '대한의 글'이라고 해석할 수도 있다. 이 이름에는 한국인들 스스로 훈민정음을 '반글'로 천대했던 역사에 대한 통렬한 반성의 정신이 서려 있으며, 일제 강점기 금기시되었던 대한제국에 대한 기억을 되살리려는 뜻도 담겨 있다. 이후 지방의 조선문 강습회 등에서 간간이 한글이라는 말이 사용되었지만, 이 이름은 1920년대 중반까지도 일반화하지 못했다. 제1회 훈민정음 반포 기념일이 '가갸날'이 된 것도 이런 사정 때문이었다. 한글이 온전한 국문國文의 지위를 확립한 것은 대한민국 정부 수립 후 공문서에 한글 전용 원칙이 확정된 뒤의 일이었다.

한글날의 공휴일 지정, 그런다고 한글의 위상이 높아질까?

2010년 자기 자리를 충무공에게 빼앗기고 덕수궁 한구석으로 밀려났던 세종대왕 동상이 세종로에 새로 섰다. 2013년에는 1991년 이래 사실상 아무 날도 아니었던 한글날이 공휴일로 재지정되었다. 세종로 주변이 한글 마루지로 조성되고 한글을 지키고 연구해온 사람들을 기념하는 조형물이 서는 등 내외국인들에게 한글의 우수성을 알리기 위한 사업들이 2010년 이후 활발하게 벌어졌다. 그러나 이런 일들을 벌이기 전에 먼저, 우리 스스로 영어 광풍에 휩쓸려 한글을 다시 '어린 백성들'이나 배우는 반글의 자리로 몰아내고 있지는 않은지 돌아볼 일이다. '어린쥐'를 '오렌지'로 발음하는 학생들이 문제가 아니다. 진짜 문제는 "그 옷 색깔이 참 이쁘세요"나 "그 가방 너무 멋있으세요" 같은 이상한 말들을 태연히 내뱉는 사람들과 그런 말을 들어야 존중받는 기분을 느끼는 사람들에게 있다. 그보다 더 큰 문제는 영어 문장 제대로 못 쓰면 무식쟁이 취급하면서도 도대체 무슨 말을 하려는 건지 알 수 없는 한글 문장에는 더 없이 관대한 언어생활 문화다.

11월 11일 _ 경무청, 채소 도매상 단속

물가 단속으로 민심 다독이려 한 '권력 주연 코미디'의 서글픈 역사

11月
11日

겨우살이, '겨울에 살아남는 것'

겨울은 모든 생명체에 위협적인 계절이다. 동물이든 식물이든 많은 생명체들이 겨울을 견디지 못하고 스러진다. 그렇지 않은 생명체들도 최소한의 생명 활동만 유지한 채 겨우 살아남는다. 대다수 식물은 잎을 떨어뜨린 채 맨가지로 겨울을 나며, 상대적으로 고등한 동물 중에도 겨우내 잠만 자는 것들이 드물지 않다. 겨울에 살아남는 것은 말 그대로 '겨우살이'다. '겨울'이라는 명사와 '겨우'라는 부사는 본래 같은 말에서 분화했을지도 모른다는 생각이다.

사람도 생명체이니 다를 바 없다. 겨우살이의 고통을 완화할 수 있는 기술적 토대를 만들기 전에는 적게 움직이고 적게 먹으면서 겨울을 날 수밖에 없었다. 겨울을 나기 위해서는 '저장' 기술과 용구를 발명해야 했으니, 페르낭 브로델이 말한바 '문명 벨트'가 '겨울'이 있는 지역에 국한한 것도 우연이 아니다. 겨울을 극복하기 위한 절박한 생활상의 요구는 물질에 대한 욕망 자체를 확대시켰고, 그 욕망의 확대가 문명 발전의 주요 동력이었음은 부정할 수 없다.

겨우살이 준비, 온 가족이 나서야 했던 절박한 일

사람의 겨우살이에는 땔거리와 먹거리가 필수적이었다. 겨울용 음식은 오래 묵혀도 상하지 않도록 말리거나 발효시켜 만들었다. 이런 음식에서 맛을 따지는 것은 사치였다. 역설적이지만 오늘날에는 이런 겨울용 음식의 특유한 맛과 향취가 각 민족의 음식문화를 대표하는 것으로 취급된다. 지금에야 김치도 한국을 대표하는 '세계화한' 음식으로 취급받지만, 불과 얼마 전까지만 해도 서양인들은 김치 냄새에서 '역겨움'을 느꼈다. 물론 한국인들도 처음 치즈와 버터를 접했을 때 꼭 이런 느낌을 받았다.

한국인들은 사철 내내 발효시킨 채소를 먹었기 때문에 겨울용 음식을 굳이 따로 만들지 않았다. 다만 겨울에는 한 번에 많이 담가두고 그 한 가지만을 지겹도록 먹었다. 하루하루 맛이 조금씩 달라지는 것이 그나마 위안이 되었을 따름이다. 초겨울에 김치를 많이 담가 저장하는 일을 '침장'이라 했는데, 이 말이 '진장'이 되었다가 다시 '김장'으로 바뀌었다. 침채沈菜가 짐채로, 다시 김치로 변한 것과 같은 맥락이다.

평범한 사람들에게는 겨울을 버텨내는 일이 힘겨웠을 뿐 아니라 겨울맞이 준비도 어려웠다. 한 세대 전만 해도 주부들은 광에 연탄을 가득 쌓아 두고 마당 한 귀퉁이에 큰 독을 묻어 김치를 가득 쟁여 넣은 뒤에야 한시름을 놓았다. 광에 연탄을 채우는 일이나 김장독을 묻기 위해 마당을 파는 일에는 애, 어른이 따로 없었다. 겨우살이 준비는 온 가족이 동원되어야 하는 절박한 일이었다.

장사꾼에 의지해야 하는 도시의 겨우살이

주변에 땔거리를 구할 산이 없고 채소를 얻을 밭이 없는 도시에서는, 겨우살이를 위한 물자를 모두 장사꾼들에게 의존할 수밖에 없었다. 초겨울은 땔감장수와 김장거리장수들의 대목이었다. 자동차가 없던 시절의 서울에서는, 초겨울이면 도시의 모든 빈터가 겨우살이용 물자로 뒤덮이곤 했다. 남대문과 동대문으로는 새벽부터 저물녘까지 땔나무와 채소를 실은 우마차가 줄을 이어 드나들었다. 우마차를 끌고 다닐 수 있는 사람은 그나마 번듯한 상인이었다. 배추장수, 무장수와 땔감장수의 주력은 서울 근교 농민들이었다. 이들은 지게 한 가득 땔거리나 채소를 싣고 휘청거리는 다리를 지게 작대기로 버티며 걸어 들어왔다.

반세기 전까지 서울에서는 "마포 사람은 얼굴이 검고 왕십리 사람은 목덜미가 검다"는 말이 통용됐다. 마포는 어물과 젓갈류의 집산지였고 왕십리는 서울 근교의 대표적인 채소 재배지였는데, 이들 지역 주민들은 거개가 장사꾼을 겸했다. 이들은 아침 해가 뜰 무렵 도성 안에 들어왔기 때문에 서쪽에서 오는 사람은 해를 마주 보고, 동쪽에서 오는 사람은 해를 등져야 했다. 햇살을 많이 받는 부위가 검게 그을리는 것은 자연스런 현상이었다. 그래서 도성 안 사람들은 장사꾼의 얼굴만 보고도 어디에서 온 사람인지 알 수 있었다고 한다. 초겨울에는 이런 장사꾼들이 도성 안 행인의 반을 넘었다. 서울 주부들은 왕십리 농사꾼들에게 채소를 사고 마포 장사꾼들에게 새우젓을 사서는 서로 섞고 버무려 김치를 만들었다.

1903년의 김장 물가 단속

1903년 11월 11일, 본격적인 김장철을 맞아 서울 시내에서 갑자기 채소가 자취를 감추었다. 경무청에서 채소 도매상들을 모조리 잡아간 탓이었다. 몇 해 전부터 심상치 않게 오르던 물가가 이 해에는 유독 심하게 뛰었다. 정부는 물가 폭등의 주범으로 채소 도매상들을 지목했다. 그들이 김장거리를 미리 매점해두고는 수요가 폭증하는 김장철에 출하량을 조절하는 방법으로 폭리를 취하고 있다는 것이었다. 채소 도매상들이 잡혀갔다는 소문이 돌자, 고작 배추 몇 포기, 무 몇 단을 지게에 싣고 도성 안으로 들어오던 근교 농민들도 발길을 끊었다. 채소 값이 떨어지기는커녕 채소를 구하려야 구할 수 없는 사태가 벌어졌다.

그런데 사실 이 해의 살인적인 물가 폭등은 정부와 황실이 수년간 악화惡貨인 백동화를 남발한 결과였다. 1894년 개화파 정부는 갑오개혁의 일환으로 〈신식화폐발행장정〉을 제정하고 새 화폐를 발행하기 시작했다. 은을 본위 화폐로 하는 근대적 화폐제도를 수립하는 것이 이 장정의 목적이었다. 하지만 '편익'이 목적의 자리를 옮겨버리는 것은 흔한 일이다. 이 장정은 5냥 은화를 본위화폐로 하고, 보조화폐로 1냥 은화, 2전 5푼 백동화, 5푼 적동화, 1푼 황동화를 발행하도록 했다. 그런데 1900년까지 본위화폐인 5냥 은화는 전혀 주조하지 않았고, 1냥 은화와 1푼 황동화도 거의 만들지 않았다. 오직 2전 5푼짜리 백동화만 무수히 주조했다. 더구나 화폐 주조권을 민간에 팔기까지 했기 때문에 악화 남발은 정부의 통제 범위를 멀찍이 벗어났다. 또 당시 기술 수준에서는 금속 화폐에 다른 자의 모방을 허락하지 않는 '배타적인 정교함'을 담을 수 없었다. 적당한 기술과 도구만 있으면 누구라도 백동화를 위조할 수 있었다. 백동화의 실질 가치는 엽전과 거의 같았으나 액면 가치는 그 다섯 배를 넘었으니 백동화 주조권을 매입하거나 그를 위조하는 것은 엄청나게 수지맞는 장사였다.

하지만 누군가 엄청난 이득을 얻으면, 다른 누군가는 엄청난 손해를 보게 마련이다. 그게 세상 이치다. 백동화를 찍어내던 전환국典圜局은 황실 재산 관리 기구인 내장원 직속이었으며, 백동화 주조권의 판매도 내장원 소관이었다. 황실은 백동화 남발로 큰 이득을 얻었으나, 그 부작용은 나라 전체를 뒤흔들었다. 정부와 황실은 백동화의 액면 가치를 고수하려 들었지만 시장은 그를 무시했다. 관리와 군병, 그밖에 나랏일 하는 '아랫것'들은 백동화의 액면가대로 급료를 받았고 관부官府와 황실에 납품하던 상인들도 액면가로 지급받았지만, 배추장수나 무장수는 그 액면가를 인정하지 않았다. 그들은 2전 5푼짜리 백동화를 1푼짜리 상평통보와 똑같이 취급했다. '돈 가치가 떨어진다'와 '물가가 오른다'는 같은 말이다.

'나랏님'이 백성의 원망을 돌리는 방법

김장철을 앞두고 돈이 모자라서 또는 돈을 가지고도 채소를 구할 수 없게 된 부녀자들은 발만 동동 굴렀다. 당장 겨울 날 일이 아득하니 '나랏님'을 원망하지 않을 도리가 없었다. 어쨌거나 물가 폭등은 '하늘이 무

종로 네거리 보신각 앞의 임시 채소시장

김장철에는 서울 전역이 채소 시장이 되었다.
일제 강점기 조선총독부는 위생상의 이유로 노천 채소 시장을 금지했지만,
김장철에는 일시적으로 제한을 풀어주었다.
* 출처: 최석로 해설, 《(사진으로 본 조선시대) 민족의 사진첩 II. 민족의 뿌리—그때를 아십니까?》, 서문당, 1998, 169쪽.

심한' 탓은 아니었다. 당시 사람들은 '통화 인플레이션' 같은 경제학 개념은 몰랐으나, 이 사태가 '나랏님'이 너무 욕심을 부린 탓이라는 것은 직감으로 알았다. 경무청에서 채소 도매상들을 체포한 것은 '나랏님'에게 향하는 '정당한 원망'의 방향을 돌리기 위해서였다. 범죄자가 혐의를 벗기 위해 남에게 누명을 씌우는 것은 흔한 일이다. 증거를 조작하고 사람들의 관심을 다른 곳으로 돌릴 수 있는 힘과 수단을 지닌 권력이 이런 유혹에서 벗어나기란 쉽지 않다. 또 이런 부정한 시도의 성공률은 언제나 꽤 높은 편이다. 하지만 죄도 죄 나름이다. 애먼 장사꾼들 잡아다 닦달한다고 해서 물가가 떨어질 리 만무했다. 물론 정부와 황실이 그 사실을 모를 만큼 어리석지는 않았다. 물가 단속 퍼포먼스의 진정한 목적은 다른 데 있었다. 백성들에게 '나랏님'이 그들의 어려움을 잘 알고 있고, 이 문제를 해결하기 위해 나름대로 노력하고 있다는 인상을 심어주는 것.

정부가 하는 짓이 백성들에게 보여주기 위한 연극에 불과하다는 것을 아는 사람은 알았지만, 모르는 사람도 많았다. 무식한 백성은 언제나 부패한 권력의 가장 좋은 동반자였다. 잡혀갔던 장사꾼들은 곧 풀려났고 물가는 전과 다름없이 살인적이었지만, 나랏님에 대한 원망은 조금 누그러들었다. 아예 없는 것보다는 비싸더라도 있는 편이 나았다.

1903년의 김장 물가 단속은 의도가 뻔히 들여다보이는 한 편의 소극笑劇이었다. 하지만 그런 연극이 필요했던 것은 백성들의 겨우살이 근심을 덜어주는 것이 왕정의 기본 중 하나였기 때문이다. 인생사에 고난거리가 한둘이 아니지만, 추위와 배고픔은 그 '고난들'의 대표 격이다. 겨울철 추위와 배고픔으로 고통 받는 백성들을 돌볼 의지도 능력도 없는 권력이 그런 백성들을 순종적인 상태로 묶어둘 수 없다는 사실은, 굳이 역사를 배우지 않아도 알 수 있는 일이다. 백성의 삶이 위태로우면 권력의 기반이 흔들린다는 것은 모든 권력이 본능적으로 아는 바였다.

물가 폭등에 악덕 상인 탓하는 정부, 100년 지나도 그대로

공중위생을 해친다는 이유로 노상에서 장작이나 채소를 파는 행위를 금지했던 일제 강점기 조선총독부조차 김장철에는 시장 단속을 중단했다. 해방 후 역대 정부도 김장철 물가 관리에 부심했다. 초겨울 연탄값과 배추값은 '월동越冬 비용'의 기준이었다. 한 세대 전만 해도 연탄 생산과 채소 출하를 독려하는 일이 정부의 핵심적인 '월동 대책'이었다.

그러나 이제 김장은 사라져가는 풍속이다. 김치냉장고가 김장독을 유물로 만들어버렸고 공장 김치가 김장 김치의 자리를 빼앗았다. 신문과 방송들은 여전히 설과 추석 차례상 차림에 드는 평균 비용과 4인 가족 기준 평균 김장 비용 따위를 때맞춰 보도하고 있지만, 이건 그저 관행일 뿐이다. 요즘 그런 보도에 관심을 기울이는 사람은 별로 없다. 그럼에도 평소에는 손 놓고 있다가 명절이나 김장철을 앞두고서야 갑작스럽게 농산물 유통구조의 문제점을 지적하고 악덕 상인들에게 책임을 전가하는 정부의 태도는 여전하다. 시장경제의 발달 정도가 지금보다 한참 뒤처져 있던 100여 년 전에도, 물가 폭등의 주범은 상인이 아니라 정부였다. 명절이나 김장철을 앞두고 몇몇 품목을 지목해서 행정력으로 물가를 억누르려는 코미디 같은 짓도, 이제 그만둘 때가 되었다.

十一月十七日

11월 17일 _ 우정총국 개국, 우편사무 개시

우편사무 개시와 지번 부여, 모든 것을 숫자화하는 시대를 열다

11月
17日

우편 사무가 시작되다

1884년 11월 17일, 한성漢城 우정총국郵政總局과 인천仁川 우정분국郵政分局이 각각 문을 열고 서울과 인천 사이에 우편 사무를 개시했다. 우표는 일본 대장성大藏省 인쇄국에 의뢰해서 미리 만들어두었고, 우편인郵便印은 우정국 개국 직전에 도안을 확정했다. 발행된 우표는 5문, 10문, 25문, 50문, 100문짜리의 5종이었는데, 앞의 2종은 실제 우편 업무에 사용되었으나 뒤의 3종은 우정총국이 폐지된 뒤에 일본에서 도착한 관계로 사용되지 못했다. 이때는 화폐 단위가 '문文'이었기 때문에 이 우표를 '문위우표文位郵票'라고 한다. 우표만 사서 붙이면 우정국에서 원하는 곳까지 배달해준다는 소식을 들은 인천 사람들이 쌀가마니나 굴비두름을 들고 우정국에 가서는 서울 어느 댁에 보내달라고 떼를 썼다는 우스개가 전하나 사실 여부는 알 수 없다.

당연히 우편배달부도 두었지만, 어떤 사람들이 그 일을 맡았는지는 확실히 알 수 없다. 공문서를 전달하는 일이 본래 파발꾼들의 일이었으니, 이들 중에서 충원했을 가능성이 높다. 그런데 현재 남아 있는 조선시대 편지들을 보면, 봉투 글씨를 예서나 해서로 단정히 쓴 것들은 아주 드물다. 대개는 초서체로 마구 흘려 쓰거나 행서체로 썼다. 한자를 어지간히 배웠다는 사람들도 제대로 읽지 못하는 경우가 많은데, 당시 대체로 '까막눈'이었을 파발꾼들이 봉투 겉봉의 글씨를 보고 수신자受信者를 찾아다녔을 것 같지는 않다. 그들에게는 다행하게도, 우편 사무 개시 직후였기 때문에 우편물은 그리 많지 않거나 거의 없었다. 과거 파발꾼들이 하던 방식 그대로, 글씨를 아는 우정국 주사主事가 봉투를 건네주면서 "어느 동네, 어느 대감 댁에 전해드리고 오게"라 하면 그대로 따르는 것으로 족했다. 우편물이 계속 늘어나 한 번 행보에 수십 통을 배달할 정도까지 되었다면 우편배달부들도 글을 배워야 했을 것이나, 행인지 불행인지 다른 곳도 아닌 우정총국에서 갑신정변이 일어나 우편업무는 시작된 지 보름 남짓 만에 중단되었다.

재개된 우편업무, 빠르게 대중화

우편업무가 재개된 것은 그로부터 10여 년이 지난 1895년 6월, 개화파가 다시 정권을 잡은 지 1년이 지났을 때의 일이었다. 사안의 중요성으로 보나 과거의 경험으로 보나 우편업무 재개야말로 서둘러야 할 개혁 사업이었을 것이나, 오히려 후순위로 밀려 이른바 '을미개혁'의 일환으로 이루어진 것이다. 우표 발행 등 사전 준비가 필요했던 것이 주된 이유였겠지만, 당시 개화파 관리들이 우편사무와 갑신정변 사이의 상관성에 부담을 느꼈을 가능성도 배제할 수 없다. 그런데 이때쯤에는, 주로 서울 사람들에 국한되기는 했지만 서양에서 들어온 근대 문물에 대한 두려움과 거부감도 많이 약해졌고, 서양 것이라면 뭐든 속히 받아들여야 한다고 생각하는 사람들도 적지 않았다. 단발령에 대한 격렬한 반발을 제외하면, 갑오 을미년간의 개혁 조치 일반에 대한 저항은 극히 미미했다. 게다가 우편사무가 중단된 동안에도 전보電報 업무는 계속되었다. 지방에 우체국은 없었으나, 전보용 전선을 연결하기 위한 기둥들은 이미 주요 간선도로를 따라 길게 늘어서 있었다. 이런 기둥을 전봇대 또는 전신주電信柱라 했는데, 이 명칭은 축전祝電이나 조전弔電 같은 의례용을 제외하곤 전보가 사실상 용도 폐기된 오늘날에도 그대로 사용되고 있다. 실체가 완전히 바뀌었음에도 명칭은 그대로 남아 명실名實이 불부不符해진 것들이 더러 있는데, 전봇대는 그 대표 격이라 해도 좋다.

정보를 원하는 곳까지 전달하는 수단이라는 점에서 우편과 전보 사이에 본질적인 차이는 없다. 우편물은 전보보다 시간이 많이 걸린다는 단점은 있으나, 대신 훨씬 싼값에 더 많은 정보를, 때로는 작은 물건까지도 보낼 수 있다는 장점이 있었다. 이 장점이, 일부 특수한 직업과 계층의 사람들에게 국한되어 있던 근대적 통신 수단의 이용을 대중화하는 강력한 힘이었다. 우편업무는 재개되자마자 빠른 속도로 대중화했는데, 여기에는 《독립신문》 등 근대적 신문의 발간이 기여한 바 컸다. 당시 신문사들은 지금처럼 전국 각지에 지국을 두고 직접 신문을 배포할 수 없었기 때문에 정부의 우편제도를 이용해야 했다. 1895년에 우편 업무가 재개되지 않았다면, 전국적 배포망을 가진 근대적 신문은 출현할 수 없었을 것이다. 나라에 무슨 일이 있는지 궁금해도 쉬 알 도리가 없던 시골 지식인들에게 우편배달부는 그 궁금증을 풀 수 있게 해주는 반가운 손님이었고, 신新문물을 직접 전파하는 '근대의 메신저'였다.

1900년경의 체전부

고깔 모양의 벙거지를 쓰고 왼손에는 장죽을,
오른손에는 우산을 든 채 우편 행낭을 어깨에 맸다. 온화하고 당당한 자세에서 '글을 아는 사람'의 풍모가 엿보인다.
* 출처: 최석로 해설, 《(사진으로 본 조선시대) 민족의 사진첩 II. 민족의 뿌리—그때를 아십니까?》, 서문당, 1998, 17쪽.

'근대의 메신저' 체전부, 험한 길과 강도 때문에 고생하다

우편 업무 재개 직후 신문이 발간되고 일반 우편물도 급증했기 때문에, 이때의 우편배달부는 갑신정변 직전의 우편배달부와는 달라야 했다. 글을 읽을 줄 모르고서는 여러 개의 우편물을 착오 없이 전달할 수 없었다. 당시 우편배달부의 공식 명칭은 체전부遞傳夫였는데, 공식 모자가 벙거지였기 때문에 흔히 '벙거지꾼'으로 불렸다. 지금도 산간벽지에 우편물을 배달하는 일은 중노동에 속하는데, 오토바이도 자전거도 없던 그 시절 체전부의 일은 지금보다 훨씬 위험하고 힘들고 까다로웠다. 사나운 날씨에 험한 고갯길을 넘는 것은 차라리 편한 일이었다. 당시에는 체전부가 직접 우표를 팔았기 때문에 값나가는 소포뿐 아니라 현금도 휴대했다. 허술한 치안 상황에서 강도들이 이 '움직이는 현금'을 못 본 체 해줄 리는 만무했다. 체전부가 호젓한 산길에서 강도를 만나 우편물과 현금을 빼앗기고 몸마저 상하는 일은 일상 다반사였다.

> 팔월 십육칠일 간 원산우체사에서 우체물을 가지고 한성우체사로 오다가 평강군 이목정에서 비도匪徒를 만나 체전부 이시영은 죽고 우체물 여섯 통과 함흥 우체물 두 통과 경성 우체물 한 통을 뺏기고 체전부 한 사람은 비도를 쳐서 거꾸러뜨리고 도망해 왔다더라(《독립신문》 1896년 9월 10일).

이런 기사들은 차고 넘친다. 다만 체전부가 강도에게 당했다는 보도 모두를 곧이곧대로 믿기는 어렵다. 간혹 우표 판 돈을 투전판에서 다 잃어놓고는 강도당했다고 거짓 신고하는 일도 있었다. 조운선漕運船 선부船夫들이 조세곡을 미리 빼돌린 뒤 일부러 배를 침몰시키고 조난당했다고 신고하는 것은 조선시대의 고전적 수법이었다. 그렇기는 해도, 강도 핑계가 흔했다는 것은 그만큼 강도가 많았다는 뜻이다.

주소 지정, 한결 수월해진 우편물 배달

험한 길과 강도 외에 체전부를 괴롭힌 것은 찾기 어려운 '주소'였다. 1885년 4월에 통리아문이 제중원을 설립하면서 내건 방문榜文의 주소 표기는 "북부 재동 외아문 북쪽 두 번째 집"이었고, 30년 뒤인 1905년 진명야학교도 학생 모집 광고를 내면서 주소를 "황토현 기념비 동쪽 세 번째 집"으로 표기했다. 국립병원과 학교의 주소 표기가 이 지경이었으니, "화동 대추나무 집 건너편 최주사 댁"이라 쓰인 봉투를 들고 이 사람 저 사람에게 물어 가며 골목을 누비는 일이 얼마나 곤혹스러웠을지는 쉬 짐작할 수 있다. 큰 나무든 정부관서든 집 부근의 랜드마크가 될 만한 것을 찾았다 해도, 고만고만한 집들이 밀집해 있는 좁은 골목에서 어느 집이 '그 집'인지 알아내기도 어려웠다. 당장 문패 없는 집이 많았다. 정부는 호적 누락, 조세 탈루, 정체 은닉 등의 불순한 의도를 가진 사람들이 문패를 달지 않는 것이라 보고 단속하려 했으나, 가난해서 문패를 못 만든다는 항변을 묵살하기도 어려웠다.

전국의 토지가 고유 번호지번를 갖게 된 것은 토지조사사업이 끝난 1918년 이후의 일이었다. 이때를 전후하여 주소 표기도 숫자로 통일되어 우편물 배달이 한결 쉬워졌다. 지번은 토지의 매매, 양도, 분할, 저

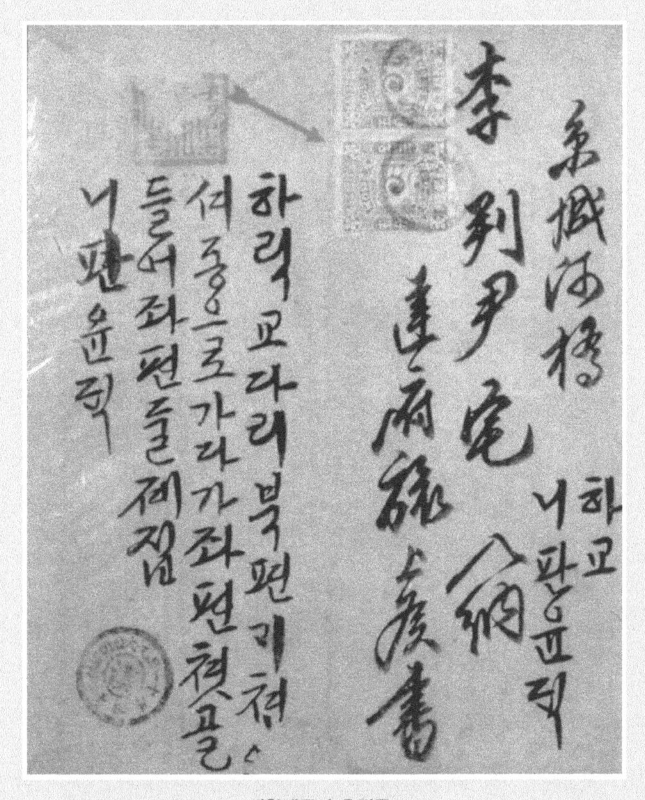

대한제국기 우편물

대한제국기 우편물을 배달하던 체전부는 험한 길과 강도, 주소 체계의 불비不備 때문에 괴로움을 겪었다.
통일된 주소 표기가 없어 이 사람 저 사람에게 물어가며 골목을 누빌 수밖에 없었다.
대한제국기 이판윤 댁에 보내는 위의 편지 역시 주소는
"하릭교 다리 북편 개천에서 동으로 가다가 좌편 첫 골 들어 좌편 둘째 집 이판윤댁"으로 되어 있다.
주소 표기 통일은 토지조사사업이 끝난 1918년 이후에 이루어졌다.
* 출처: 국립고궁박물관 편저, 《100년 전의 기억, 대한제국》,
국립고궁박물관·서울대학교 규장각한국학연구원 공동주최 특별전 도록, 2010, 95쪽.

당 등의 소유권과 점유권 변동을 관리하는 데에도 무척 유용했다. 이제 사람들은 집주인이든 세입자든, 자기 집이 자기 동네 몇 번째 필지에 들어서 있는지 알아야 했고, 우편배달부도 길가의 큰 건물이나 특징적인 나무를 찾아 두리번거리는 대신 지도를 찬찬히 살펴야 했다. 같은 무렵, 극소수 부잣집들이 갖기 시작한 전화번호도 점차 늘어났다. 이런 집에 사는 사람들은 주소와 전화번호의 두 가지를 외고 있어야 했다.

토지에 이어 사람에도 고유 번호, 권력의 통제 수단

전국의 모든 토지에 번호가 붙은 지 50년 뒤인 1968년에는 주민등록증 발급이 시작되어 사람에게도 고유 번호가 붙었다. 사람에게 식별 번호를 붙이는 일은 그 전에도 있었으나, 대상은 학생, 군인, 죄수 등 집단생활을 하는 사람들이었다. 그들은 소속 집단에서 이탈하는 동시에 이 번호와 이별하는 사람들이었다. 또 이 번호는 타인과 중복될 수 있었고, 자기 의지와는 무관하게 타인에게 계승, 양도되었다. 시인 이원록은 자기 죄수 번호 264를 필명으로 썼지만, 죄수 번호 264는 그 말고도 여럿 있었다. 반면 주민등록번호는 출생부터 사망까지, 그러니까 일생과 내세에까지 사람에게 붙어 떨어지지 않는 숫자이며, 타인에게 양도, 계승되지도 않는다. 아주 드물게 일어나는 행정 착오가 아니라면, 타인과 공유할 수도 없다.

물론 어떤 번호든 그 '개인'을 위한 것은 아니다. 그것은 권력이 개인을 자신이 의도하는 방향으로 통제하기 위한 수단일 뿐이다. '개인'들은 자신을 통제하려는 권력의 요구에 순응하거나 승인할 뿐이다. 그런데 자기가 숫자의 조합으로 용해되는 상황을 용인한 사람들은, 저도 모르는 사이에 타인을 숫자의 조합으로 파악하는 습관을 들인다. 이렇게 해서 사회 전체가, 사람들 모두가, 나아가 세상을 구성하는 모든 물건들이 숫자의 조합으로 치환되고 인지되며 통제된다. 이진법의 원리로 작동하는 컴퓨터는 토지와 사람은 물론, 세상만물에 고유 식별 번호를 붙여 통제하려는 정치권력과 자본권력의 욕망을 실현해주었다.

현대는 모든 것이 숫자화한 시대다. 요즘 유출 문제로 시끄러운 사이버상의 개인 정보도 사실은 '숫자의 조합'에 불과하다. 사람의 개성이 주민등록번호, 신용카드 번호, 휴대전화 번호, 신체 치수 등의 숫자로 완벽하게 용해되어버린 셈이다.

"호리호리한 몸매에 손발이 재고 웃을 때 보조개가 예쁘며 상냥한 재동 은행나무집 맞은 편 김씨댁 둘째 딸"에게 편지 부치는 시절로 돌아갈 수야 없지만, 그래도 "○○아파트 1201-1201호에 사는 신체 사이즈 165/50, 33-26-34의 800123-2345678에게 010-2345-6789로 연락"하는 세상은 너무 삭막하다.

11월 27일 _ 대한제국, 정동 부근에 고층건물 신축 금지

고층화를 향한 욕망, 뒷수습은 어찌할까

11月
27日

'정동 부근에 새로 2층 건물을 짓지 않도록 해주십시오'

"근래 서울 각지에 외국인이 소유한 건물들 중 구름에 닿을 듯한 것이 많습니다. 건물은 본래 각자 편한 대로 짓는 것이라 우리와는 큰 관계가 없으나 다만 정동 한 곳만은 만백성이 삼가고 우러르는 황궁과 가까운 곳이니 나라의 체모에 관련이 있습니다. …… 귀 영사께서는 귀국 신사紳士와 상인들에게 두루 알려 정동 경계 안 및 부근에 새로 2층 건물을 짓지 않도록 해주십시오."

1901년 11월 27일, 대한제국 외부대신 임시서리 민종묵이 각국 공사관에 보낸 조회문照會文이다. 이 무렵 정동과 서소문 일대에는 이미 러시아와 영국·프랑스·독일·이탈리아공사관, 손탁호텔과 팔레호텔, 스테이션호텔 등의 2층 건물이 즐비했다. 그럼에도 새삼스럽게 이런 공문을 보낸 것은 이 해에 공사를 시작한 경운궁 석조전을 돋보이게 하려는 의도에서였던 듯하다. 석조전은 당시 서울에서 가장 높은 3층의 '고층건물'로 설계되었다. 석조전 건축 계획은 이미 1898년에 서 있었는데, 이때 공사를 서두른 이유는 1902년 가을로 예정된 '황제 어극御極 40년 망육순望六旬 칭경 기념 예식' 때문이었다. 대한제국 황실과 정부는 가장 '높은' 건물이 궁궐 안에 있어야만 서울을 방문할 외국 사절들에게, 그리고 지방에서 올라올 신민臣民들에게 당당한 '나라의 체모體貌'를 보여줄 수 있으리라고 판단했다.

동양 중세적 '대충주의'와 서양 근대적 '엄밀주의'의 충돌

조회문을 받은 각국 공사들은 자기들끼리 회의를 거친 뒤에, 그들로서는 '합당한' 이유를 붙여 불복의 뜻을 밝혔다. 첫째, '정동 경계 안 및 부근'이라고 했는데, 그 경계가 구체적으로 어느 '선線'인지 불명확하다. 궁궐 소재지의 정확한 위치와 도면, 고층건물을 신축하면 안 되는 지역의 정확한 면적을 알려달라. 둘째, 낮은 2층 건물은 안 되고 높은 단층 건물은 되는 것인가. 높이가 문제라면 층수를 제한할 것이 아니라 높이 기준을 정확히 제시해야 하는 것 아닌가. 그 높이 기준을 알려달라.

직관적 판단에 따라 일을 처리하는 동양 중세적 '대충주의'와 명료한 기준, 정확한 계산을 요구하는 서양 근대적 '엄밀주의'가 충돌한 셈이다. 아마 한국인들이 이런 반응을 보였다면, 관리들은 '궁궐 가까이에 높은 건물' 짓지 말라면 '대충' 알아서 안 지으면 될 것이지 무슨 잔소리가 그리 많으냐고 호통 쳤을 것이다. 하지만 상대는 서양인이었으니, '궁궐 가까운 곳'의 정확한 경계와 범위, '높은 건물'의 정확한 높이를 알려달라는 그들의 '합리적' 요구에 따르지 않을 도리가 없었다. 또 그때의 대한제국 정부는 그런 요구에 응할 수 있는 충분한 기술적 자원을 가지고 있었다. 문제는 궁궐의 경계 자체가 '대충'인 데 있었다.

사가에서 궁궐이 된 경운궁, 날이 갈수록 쇠락

당시 대한제국의 정궁正宮이던 경운궁은 애초에 궁궐이 아니라 사가私家였다. 당대의 세도가 한명회를 장인으로 둔 덕에 형인 월산대군을 제치고 왕위에 오른 성종成宗은, 미안한 마음에서였는지 형에게 장안 최대 규모의 커다란 집을 지어 주었다. 이 집은 이후 월산대군의 후손들이 대대로 지켜왔으나, 그가 죽은 지 100여 년 만에 왕실 소유가 되어 버렸다. 임진왜란 때 왜군倭軍이 서울에 접근하자 황급히 의주로 피란했던 선조宣祖는, 명군明軍이 참전하여 왜군을 한강 이남으로 밀어낸 뒤 서울로 돌아왔다. 그런데 와 보니 경복궁, 창덕궁, 창경궁이 모두 불타 버린 상태였다. 부득이 장안에서 가장 큰 집이었던 이 집을 임시 궁궐, 즉 행궁行宮으로 사용했는데, 아무리 장안에서 제일 큰 집이라 해도 궁궐로 쓰기에는 옹색함을 면할 수 없었다. 나라의 체모를 세우기 위해서는 하루 속히 불타버린 궁궐들을 중건重建해야 했으나, 전쟁을 치르느라 국고國庫가 텅 빈 상태에서는 그것도 여의치 않았다. 선조는 행궁 주변 집 여러 채를 사들여 궐역闕域을 확장함으로써 그럭저럭 조정朝廷을 유지하는 데 그칠 수밖에 없었다. 그는 조선 역사상 처음으로 즉위 40년을 맞은 군주이자 처음으로 서울을 버리고 도망간 군주였다. 그는 왜적倭賊에게도, 명나라 장수들에게도, 심지어 자기 신민臣民들에게도 굴욕을 겪었다. 그가 이름만 궁이 된 사가私家에서 말년을 보내다 죽은 것은, 그 스스로 어떻게 생각했든, 그의 굴욕적인 왕 노릇을 상징적으로 보여주는 일이었다.

선조의 뒤를 이어 이 행궁에서 즉위한 광해군은 창덕궁을 중건重建하여 그리로 이어移御한 뒤, 행궁行宮에 경운궁慶運宮이라는 이름을 붙였다. 이로써 행궁行宮은 정식 궁궐宮闕의 자격을 얻었지만, 이름만 격格이 높아졌을 뿐 실질은 오히려 다시 사가私家처럼 되었다. 광해군은 이 궁宮에 인목대비를 유폐시켰다. 최고 권력자의 미움을 받아 언제 죽을지 모르는 사람은 주변도 쓸쓸한 법이다. 광해군은 행궁 시절에 만들었던 궐내闕內 각사各司들을 다 허물게 했다.

능양군을 옹립하고 광해군을 몰아낸 서인들은 인목대비가 유폐되어 있던 경운궁으로 달려가 새 왕의 즉위식을 치렀다. 대비大妃의 승인으로 반정反正의 정통성을 확보하기 위해서였다. 경운궁이 궁궐답게 쓰인 것은 이것이 마지막이었다. 그 뒤에도 임진왜란을 기념하기 위해 왕이 한두 차례 찾은 적이 있었으나, 경운궁은 왕실과 정부의 무관심 속에서 날이 갈수록 퇴락해갔다. 그러는 사이에 경운궁 궐역闕域 여기저기에 민가民家들이 들어섰다. 개중에는 선조 광해군 연간 경운궁 궐역闕域을 확장할 때 자기 조상의 집이 수용되었던 사람들도 있었고, 그 땅과는 아무 연고도 없는 사람도 있었다.

고종, 경운궁을 새 정궁으로 삼다

개항 무렵의 경운궁은 경계조차 불분명한 이름뿐인 궁궐이었다. 게다가 1882년 조미수호통상조약을 체결한 뒤, 조선 정부는 경운궁 주변을 서양인 거주지로 내주었다. 경운궁 땅을 잘라내서 주기도 했고, 권역 안에 있던 민가 주인에게 집을 팔도록 하기도 했다. 그래서 권역 안에

1900년경의 경운궁 대안문(현 덕수궁 대한문) 주변

왼편 앞에 팔레호텔이, 뒤쪽으로 자국 국기를 내건 영국공사관과 러시아공사관 건물이 보인다.
경운궁의 규모가 훨씬 컸지만, 러시아공사관과 영국공사관 '밑' 에 있었다.
* 출처: 국립고궁박물관 편저, 《100년 전의 기억, 대한제국》,
국립고궁박물관·서울대학교 규장각한국학연구원 공동주최 특별전 도록, 2010, 54쪽.

미국공사관, 영국공사관, 성공회 성당, 미국 장로교 선교사 저택 등이 들어섰다. 덕수궁 지도를 보면, 이들 외국 시설이 경운궁의 원래 권역을 어떻게 갉아먹었는지 쉬 알 수 있다.

1896년 러시아공사관으로 처소를 옮긴 고종은 경운궁을 새 정궁正宮으로 삼기로 결정했다. 이에 따라 대대적인 경운궁 수리공사가 시작되었는데, 전각殿閣을 새로 짓는 일은 돈으로 해결하면 되었으나 담장을 쌓는 일이 문제였다. 당시의 경운궁은 경계도 불분명했을뿐더러 대조선국, 나아가 대한제국의 정궁正宮으로 쓰기에는 권역이 너무 좁았다. 궁궐은 왕과 그 가족의 사생활 공간과 정무 처리 공간으로 구성된다. 궐내에 있어야 할 각사各司야 부득이 주변 건물을 이용한다 쳐도 경운궁에는 궁궐이 갖추어야 할 기본 전각들을 다 들여놓을 자리가 없었다. 국가 의례를 치르는 의전 공간인 정전正殿, 왕의 정무 처리 공간인 편전便殿, 왕의 침소인 침전寢殿, 왕후의 처소인 중전中殿, 대비의 처소인 자전慈殿, 세자의 처소인 동궁東宮, 역대 왕의 어진을 모시는 선원전璿源殿 등이 필수였으나, 그 부지를 다 마련하기란 불가능했다. 경운궁을 정궁으로 쓰기로 한 이상 권역을 넓혀야 했다. 대한제국 정부는 예전에 외국인에게 팔았던 땅, 외국 공사관 부지로 내주었던 땅을 환수하기 위해 교섭에 나섰으나, 독일공사관을 매입하는 데 성공한 것 말고는 별반 성과가 없었다.

일제, 경운궁을 덕수궁으로

대한제국 외부外部가 각국 공사관에 '고층건물 신축 자제' 요청 공문을 보낸 것은 이렇듯 실제로나 고종의 생각 속에서나 경운궁 경계가 확정되지 않은 때였다. 그런 상태에서 '정확한 경계'를 알려달라는 요구를 받았으니, 즉시 답하지 못하는 게 당연했다. 고종의 의향과는 다른 형태로나마 경운궁의 경계가 그럭저럭 '확정'된 것은 1902년이었다. 각국 사절들에게 할 말이 생긴 정부는 다시 이 문제를 꺼내들었다.

대한제국 외부外部 관리는 각국 외교관을 초청하여 다시 협조를 구했다. 이 자리에서 각국 외교관들은 고층건물을 지으면 안 되는 권역이 경운궁 담장에서 몇 미터까지인지 물었다. 외부 관리는 2킬로미터까지이며, 경운궁뿐 아니라 경복궁과 창덕궁, 경희궁 주변에 대해서도 마찬가지라고 답했다. 서울 주재 이탈리아 총영사 까를로 로제티의 회고에 따르면, 각국 외교관들이 그렇다면 황성 안에 고층건물을 지을 수 있는 땅이 하나도 없게 되는 것 아닌가라고 항의하자, 외부 관리는 득의한 표정으로 "우리가 원하는 것이 바로 그것"이라고 답했다고 한다.

당연히 각국 외교관들은 이 요청을 받아들이지 않았고, 대한제국 정부는 500미터 이내로 양보했다. 이 안을 기준으로 다시 지루하고 단속적인 절충이 진행되었으나 결론이 나기 전에 러일전쟁이 일어났다. 서울 공간을 설계하고 개조할 권리를 강탈한 일본은 대한제국 황궁의 권위 따위는 거들떠보지 않았다. 일본인들은 고종을 황위皇位에서 강제로 끌어내린 이후 경운궁의 이름을 '퇴위한 임금의 거처'라는 뜻의 보통명사였던 덕수궁德壽宮으로 바꾸게 했고, 고종이 서거한 뒤에는 궁궐 땅

여기저기를 잘라 팔아치웠다. 1933년에는 아예 덕수궁을 공원으로 만들어 일반에 개방했다.

고층건물의 시대, 사람들의 마음을 흩어놓다

인류가 "신은 하늘에 산다"는 보편적 믿음을 갖게 된 이래, '높다'와 '신성하다'는 같은 뜻이었다. 어떤 종교든, 기도할 때는 두 손을 모아 하늘을 향하고 몸은 땅바닥 쪽으로 최대한 낮춘다. '높은 분'이라는 말은 키 큰 사람이 아니라 '나보다 하늘에 가까이 있는 분'을 뜻한다. 예전에 오바마 미국 대통령이 일왕 아키히토에게 허리 숙여 인사한 일이 논란거리가 된 적이 있는데, '허리 숙이는 것'은 '키를 낮추는 것'으로서 상대의 신체를 '높이는' 의미를 지닌다. 높고 낮음의 관계는 건물 사이에서도 표현되어야 했다. 조선시대에도 궁궐보다 높거나 궁궐보다 높은 곳에 있어 궁궐을 내려다보는 건축물은 지을 수 없었다. 만약 대한제국이 일본에게 망하지 않았더라면 경복궁, 창덕궁, 창경궁, 경운궁, 경희궁의 '5대 궁궐'이 모여 있는 서울 도심의 스카이라인과 경관景觀은 지금과 전혀 달랐을 것이다.

산에 건물을 짓거나 건축물로 산을 가로막는 것도 우리나라 사람들의 오랜 금기였다. '산소山所'라는 말이 의미하듯, 산은 죽은 사람들이 사는 땅으로서 신성한 곳으로 취급되었다. 속세를 등진 승려들이나 세상에서 용납받지 못한 도둑과 화전민이 아니고서는 산에 집을 짓지 않았다. 그러나 서울에 들어온 서양인들은 건축물에 대한 한국인의 금기를 거리낌 없이 묵살했다. 서양인들은 궁궐을 내려다보는 높은 곳에 궁궐 전각보다 높은 건물을 지었고, 이런 건물들은 새로운 신성神性을 상징했다. 프랑스 가톨릭선교회가 명동성당이나 중림동 약현성당을 지금 자리에 지금 모습으로 지은 것은 조선의 세속 권력에 대한 기독교 신성 권력의 우위優位를 드러내기 위해서였다. 이렇게 궁궐을 무시하고 산의 '신성성'을 얕보는 건축물이 흔해지자, 한국인들도 불가피해서든 의도적으로든 그 뒤를 따랐다.

우리나라 애국가는 "동해물과 백두산이"로 시작한다. 산의 '정기'나 '기상'이 들어가지 않는 교가校歌도 거의 없다. 대중가요 중에도 산과 고향을 연계시키는 노래가 적지 않다. 전 국토의 70퍼센트가 산인 땅에서 살아야 했기 때문인지 우리나라 사람들은 산 능선이 만드는 경관景觀을 함께 보아야 마음을 합칠 수 있다고 믿었다. 한국인에게 산은 '나'를 '우리'로 만드는 자연 요소였다. 그런데 최근 50년 사이에 산에 대한 전통적 금기가 완전히 깨졌다. 요즘 사람들은 조금이라도 더 높은 곳에, 한 층이라도 더 높은 건물을 짓지 못해 안달이다. 요즘 사람들이 자기가 사는 땅에 정을 붙이지 못하고 이웃과 마음을 나누지 못하는 것은, 고층건물들로 인해 산을 함께 보지 못하게 된 때문인지도 모르겠다. 그보다 당장 걱정스러운 것은 지금 짓는 30층짜리 아파트와 초고층 건물들을 재건축할 때는 도대체 몇 층짜리 집들을 지을 것이며, 그 과정에서 나올 건축 폐기물들은 또 어떻게 처리할 것인가 하는 점이다.

12월 3일 _ 조청국경회담 결렬

동북아 영토분쟁, 냉철한 역사인식으로 대처해야

12月
3日

국경 확정 위한 조청 회담 결렬되다

1885년 12월 3일, 국경 획정을 위한 조선과 청 사이의 회담이 20여 일간의 격론 끝에 결렬되었다. 회담 중 양국 대표단은 함께 백두산에 올라 정계비를 살펴보고 천지天池에서 발원한 여러 물줄기들을 탐사하여 정계비에 씌어 있는 토문강土門江이 두만강이 아니라 송화강의 지류라는 사실을 확인했다. 조선의 토문감계사土門勘界使 이중하는 정계비에 씌어 있는 문구대로 토문강을 경계로 삼자고 했고, 청국 대표인 더위덕옥德玉는 두만강이 경계라는 주장을 굽히지 않았다.

이때는 임오군란을 계기로 청병淸兵이 서울에 주둔한 지 3년째, 위안스카이원세개袁世凱가 청병淸兵을 동원하여 갑신정변을 진압한 지 1년째 되던 해였다. 위안스카이는 그 공로로 주차조선총리교섭통상사의駐箚朝鮮總理交涉通商事宜가 되어 조선의 내정과 외교를 마음대로 주무르며 명분뿐이던 종주국-속방屬邦 관계를 실질적 관계로 바꾸려 하고 있었다. 당시 서울에 있던 서양 외교관들은 위안스카이를 공공연히 총독governor-general이라 불렀고, 그 스스로도 감국監國나라를 감독하는 자으로 자처했다. 이처럼 정치·외교적으로 청淸의 강력한 간섭 아래에 있었음에도, 조선 정부는 단 한 치의 땅도 양보하려 들지 않았다. 이 한 가지 사례만 놓고 보더라도, 고종과 당대 정부 관료들을 '외세의 눈치만 살핀 비겁자'로 매도하는 것은 지나치다고 할 수 있다.

조선과 청 사이 국경 문제, 왜 언제 시작되었나

조선과 청淸 사이 국경 문제의 기원은 이로부터 170여 년 전인 1712년으로 거슬러 올라간다. 이 해 청은 갑작스럽게 사신을 보내어 국경을 명확히 획정하자고 요구했다. 이보다 66년 전인 1636년의 병자호란으로 조선은 청과 주종관계를 맺은 상태였다. 게다가 이때의 청은 그야말로 욱일승천旭日昇天의 기세로 팽창하고 있었으니, 청이 제 마음대로 국경을 긋고 통보하면 조선 조정으로서는 좋든 싫든 받아들일 수밖에 없는 실정이었다. 그럼에도 불구하고 청이 새삼 양국의 합의 하에 국경 문제를 매듭짓자고 통보한 데에는 러시아와 합의하여 국경을 획정한 1689년의 네르친스크조약이 영향을 미쳤던 것 같다.

앞에서도 언급했지만, 이 이전까지는 국경선에 대한 태도도 동양 중세적 '대충주의'에 지배받고 있었다. 국경선은 땅 위에 정확히 표시된 것이 아니라 변경 지대 사람들과 부정확한 지도나마 볼 수 있는 사람들의 심상心象 안에 모호하게 그려진 것이었다. 이편 성과 저편 성 사이는 전이지대 또는 완충지대였고, 변경 사람들은 그 지대 어디쯤이 국경선일 것이라고 '대충' 짐작하고 알아서 처신했다. 게다가 청을 세운 만주족은 중원中原을 정복한 후 자기들 고향을 비우고 그 땅을 봉금지封禁地로 설정했다. 이에 따라 양국 변방 지대 사람들의 심상지리imagined geographies에서 국경은 더 모호해졌다. 아마도 청은 네르친스크조약을 체결한 뒤 그동안 문제 삼지 않았던 것이 문제라는 사실을 새삼 인식하고 모호성을 명료성으로 전환하려 했을 것이다.

'서쪽은 압록강, 동쪽은 토문강을 양국의 경계로 한다'

1712년 초, 국경 획정의 임무를 맡은 청나라 오라총관烏喇摠管 목극등穆克登이 수하들을 거느리고 의주에 도착했다. 조선 정부는 한성부 우윤右尹 박권을 접반사로 임명하여 목극등을 접대하고 그의 '일'을 돕도록 했다. 현지 안내는 철산부사 허량에게 맡겼다. 의주에서 합류한 일행은 압록강 상류쪽으로 백두산 정상을 향해 걸어가며 주변을 살폈다. 목극등은 천리경千里鏡을 들고 여기 저기 살피며 압록강 부근에 군대를 배치하고 있는지, 가까운 마을은 어디인지 등 이것저것 물어보았다. 박권은 청나라가 책문柵門 밖을 비워둔 것과 마찬가지로 조선도 압록강 가까운 지대는 비워두었다고 답했다. 목극등은 또 압록강과 두만강이 경계라는 문서 증거가 있느냐고 물었다. 박권은 옛날부터 그렇게 알고들 살아왔는데 문서가 왜 필요하겠느냐고 답했다. 목극등이 대동한 청나라 화원畵員은 그들과 함께 걸으며 지도 위에 이것저것 그려넣었다. 그렇게 백두산 기슭에 도착한 뒤 산길이 험해지자 박권은 일행에서 빠지고 안내역을 맡은 허량과 그 수하들만이 목극등과 동행했다.

정상 가까이에 이르자 물길이 잠시 끊어졌지만 그들은 계속 올라갔다. 백두산 서쪽부, 압록강 상류쪽은 국경을 정하는 데 어려움이 없었다. 문제는 천지天池 가까운 곳에 도착한 뒤에 생겼다. 목극등 일행은 산 둘레를 빙 돌아 이번에는 동쪽 물길을 따라 하산했다. 그런데 이번에도 도중에 물길이 끊겼다. 물이 땅 밑으로 잠류潛流하는 구간을 만난 것이다. 한참을 걸어 내려와 다시 물길을 만났다. 목극등은 그 물줄기가 토문강이 되었다가 두만강으로 흘러들어갈 것이라고 판단했다. 허량도 그 판단에 반대하지 않았다. 더 이상 탐사하는 게 무의미하다고 생각했는지 아니면 단지 피곤한 탓이었는지, 목극등은 바로 하산하기로 결정했다. 하산하기 전에 허량에게 물길이 잠류潛流하는 구간에 토축土築을 쌓고 목책木柵을 세워라, 물길이 발원하는 곳에 비석을 세우고 '서쪽은 압록강, 동쪽은 토문강을 양국의 경계로 한다'는 글을 새겨 넣으라고 지시했다.

토문강이 두만강인가

목극등이 돌아간 뒤 후속 조치는 허량의 몫이었다. 그는 토축과 목책 설치를 위한 인력과 자재를 준비하는 한편, 물길을 따라 걸어가 보았다. 그런데 웬걸, 물은 두만강이 아니라 송화강으로 흘러드는 것이 아닌가? 그는 아직 의주에 있던 목극등에게 달려가 사실을 밝히고 토축을 쌓고 목책을 세울 선을 다시 지정해달라고 요청했다. 하지만 험한 길을 되짚어가기 귀찮았기 때문인지 아니면 조선의 하급 관리 말에 따르는 건 체면이 손상되는 일이라고 느꼈기 때문인지, 목극등은 쓸데없는 고집을 부렸다. 허량은 목극등이 다시 찾아올 것도 아니고 그와 박권 사이에 합의한 선이 두만강이니, 토축을 남쪽으로 내려 쌓아도 별일 없을 것이라고 마음대로 판단했다. 그는 목극등이 지정한 물줄기 남쪽의 다른 물줄기를 찾아내 그 발원지와 정계비 사이의 90리 구간에 토축을 쌓게 했다. 그런데 다 쌓고 나서 확인해보니 이 물줄기 역시 송화강으로 흘러드는 것이었다. 후환이 두려웠던 허량은 '목극등이 지시한 선이 잘못됐다고 판단하여 그 남쪽에 토축을 쌓고 다시 물길을 따라가 보았더니 역시 야인野人의 땅이었다'며 조정에 사실대로 보고했다. 조정에서는 허량을 체포하여 심문한 뒤에 그의 잘못만은 아니라고 판단하여 용서했다. 다만 청에 바로 보고할 것이냐를 둘러싸곤 심각한 논란이 벌어졌다. 이 중차대한 문제를 그냥 넘겼다가 어떤 질책을 받을지 모른다고 우려한 사람이 있었는가 하면, 그냥 놔두는 편이 낫다고 주장한 사람도 있었다.

> 저들이 이미 경계境界를 정하고 돌아간 뒤 이러한 잘못이 있음을 우리 쪽에서 먼저 말하여 저들을 견책譴責 받게 하는 것은 도리에 맞지 않는 점이 있을 듯합니다. …… 목극등이 견책 받는 것은 그렇다 쳐도, 만일 저들이 다른 사신을 보내 다시 조사한다면 목극등처럼 순하고 편하게 처리해줄지 보장하기 어려운 데다가, 경계를 정하면서 도리어 우리 땅을 줄여버릴 우려가 있으니 이는 큰 문제입니다. 먼저 관찰사와 절제사로 하여금 그 고장 사람 중에서 사정을 잘 아는 사람을 가려 보내 살피게 하고 그 결과에 따라 상의하여 처리함이 합당할 듯합니다(영의정 이유).

숙종은 이 건의를 받아들여 상세히 조사하고 청 조정에 알리는 일은 상황을 보아 처리하기로 했다. 하지만 다시 조사해도 결과는 마찬가지였다. 다음해 공교롭게도 그 목극등이 칙사勅使로 서울에 왔다. 조선 조정은 그에게 정계定界가 잘못되었다는 사실을 알렸으나 목극등은 못 들은 체했다. 본국에 알려졌다가는 목이 달아날 일이었으니 그럴 만도 했다. 조선 조정으로서도 칙사가 문제 삼지 않겠다는데 이미 유리하게 정해진 경계를 굳이 다시 정하자고 요구할 이유가 없었다. 숙종 대의 국경 문제는 이렇게 일단락되었다. 그 뒤 150여 년의 시간이 흐르면서 백두산 정계비는 사람들의 기억 속에서 사라졌고, 정계비 아래에 쌓았던 토축도 무너졌다. 이 일에 관한 기억을 되살려낸 것이 바로 1885년의 국경회담이었으나, 기억이라는 게 언제나 그렇듯 모든 일들을 속속들이 되살려내지는 못했다. 숙종 대의 일을 알고도 모른 척한 것인지 정말 몰랐던 것인지, 조선 대표 이중하는 정계비에 씌어 있는 토문강이라는 글자에 매달렸고, 예상치 못한 증거 앞에서 반박할 말을 찾기 어려웠던 청국 대표 더위덕옥德玉는 비석에 새겨진 토문강이 두만강이라고 우기는 수밖에 없었다.

국경회담, 또 다시 결렬

국경회담은 2년 뒤인 1887년에 또 한 차례 열렸다. 조선 정부도 이때쯤에는 숙종 대에 백두산 정계비를 세우는 과정에서 벌어진 일들의 자초지종을 파악했던 듯하다. 이번에도 조선 대표가 된 이중하는 2년 전의 주장을 철회하고 두만강의 최북단 지류인 홍토수를 국경선으로 삼자고 제안했다. 반면 청측은 최남단 지류인 홍단수 안을 제시했다. 그런데 홍단수는 백두산 정계비보다 훨씬 남쪽에서 흐르는 하천이었으므로 조선 정부는 이 안을 도저히 수용할 수 없었다. 청측도 이를 모르지는 않았다. 다만 '대국大國'이자 '상국上國'이라는 우월한 지위를 이용하여 일단 찔러보고, 그 다음에 아량을 베푸는 것처럼 조금 양보할 심산이었던 듯하다. 예상대로 이중하 등이 완강히 거부하자, 그들은 홍단수 북쪽의 석을수 안으로 후퇴했다. 하지만 이중하는 한 발짝도 물러설 수 없다고 맞섰고, 이 상태에서 회담은 또 결렬되었다.

그로부터 7년 후 청일전쟁이 일어났고, 조선 정부는 청나라에 대해 완전 독립을 선언했다. 이로써 전통적인 대청對淸 사대외교가 단절되어 한동안 공식적인 교섭이 없다가 대한제국 선포 후인 1899년에야 '한청통상조약'이 체결되었다. 이 조약은 조선/대한제국이 외국과 맺은 최초의 '평등조약'이었으나, 앞서 두 차례의 국경회담이 모두 결렬되었기 때문에 조약문에는 국경을 명시하지 못했다.

간도를 대한제국 영토로 편입하려 하다

이듬해인 1900년, 청나라에서 외세의 침투에 저항하는 의화단 운동이 일어나자 8국 연합군이 북경을 점령했다. 서태후는 서안西安으로 도주했고, 중앙정부의 지방 통제력은 사실상 붕괴했다. 부패한 청조淸朝 지배 하에서 굶주리던 농민들 일부가 비적匪賊무장 강도단이 되어 다른 농민들을 약탈했다. 비적의 노략질에 시달리면서도 달리 기댈 데가 없었던 간도 한인韓人들은 대한제국 정부에 군대를 파견해서라도 자기들을 보호해달라고 구원을 요청했다. 일부는 한 걸음 더 나아가 간도는 본래 조선의 고토故土이니 이 틈에 수복하는 것이 좋겠다고 제안하기도 했다.

1901년 2월, 대한제국 정부는 일단 함경북도와 간도 사이에 경무서를 설치하고, 8월에는 이범윤을 북간도 시찰원으로 파견하여 현지 상황을 조사하고 적절한 대응책을 강구하게 했다. 간도가 사실상 무정부 상태임을 확인한 이범윤은 상당히 파격적인 내용의 보고서를 작성했다. 첫째, 내외에 간도가 대한제국의 영토임을 선포하라. 둘째, 간도 거주민을 보호하기 위해 시급히 진위대鎭衛隊대한제국의 지방군를 파견하라. 이범윤의 보고서를 신중하되 긍정적으로 검토한 정부는 한 해가 지나서야 후속 조치를 취했다. 1903년 8월 11일, 정부는 이범윤을 북간도관리로 임명하여 간도에 상주하게 했다. 정부로부터 지위를 공인받은 이범윤은 간도를 대한제국의 실질적인 영토로 편입하기 위한 행정 업무를 개시했다. 그는 간도 내 한인들의 호구를 면밀히 조사하여 조세租稅를 부과하는 한편, 사포대私砲隊라는 민병대를 조직하여 군사력까지 갖추었다. 이로써 고구려가 멸망한 이후 1,200여 년 만에 처음으로 압록강과 두만강 이북 땅이 '한민족'의 행정 관할권 안에 들어왔다.

아무것도 결정하지 않기로 결정하다

그런데 아무리 지방 통제력을 잃었다 해도 청조淸朝 정부가 이를 그냥 두고 볼 리는 만무했다. 이범윤이 간도에서 행정 사무를 개시한 직후, 청

1910년경 간도 용정 거리

한국인의 간도 이주는 1860년대부터 시작되었다.
간도 이주자가 계속 늘어나자 엄형嚴刑으로 일관하던 정부도 묵인할 수밖에 없었다.
1900년 이후 중국인 비적들의 교민 습격이 빈발하자, 교민 보호를 위해 관리와 경찰 병력을 파견하기까지 했다.
* 출처: 최석로 해설, 《(사진으로 본 조선시대) 민족의 사진첩 II. 민족의 뿌리—그때를 아십니까?》, 서문당, 1998, 27쪽.

정부는 주한 청국 공사를 통해 대한제국 정부에 항의의 뜻을 전달하고 관리를 철수시키라고 요구했다. 하지만 대한제국 정부는 이미 종이호랑이 신세로 전락한 청 정부의 요구에 즉각 응대하지 않고 그냥 뭉갰다.

1904년 2월 러일전쟁이 일어나고 넉 달 뒤, 일본군이 압록강 일대에서 러시아군을 패퇴시키고 국경을 넘어 북진한 다음 달인 6월에야 대한제국 정부는 청국과 다시 국경 협상에 나섰다. 이때는 대한제국 정부 역시 한일의정서로 인해 영토권에 심각한 제약을 받던 때였으니 간도 땅이 문제가 아니었다. 청 정부도 사정은 같았다. 자기 땅에 남의 나라 군대가 들어와 싸우는 판국에 작은 간도 땅 가지고 시시콜콜 따지는 건 멋쩍기 짝이 없는 일이었다. 일단 외교적 분쟁 상태를 종결시키는 것이 우선이라는 생각이 양측 모두를 지배했고, 회담은 아무 것도 결정하지 않기로 결정하는 것으로 끝났다. 이때 체결된 세칭 '한청변계선후장정韓淸邊界善後章程'의 내용은 "양국의 경계는 백두산 정계비가 증명하는 것이지만, 먼저 관원을 파견하여 실상을 조사한 이후에야 확정할 수 있다. 그 이전에는 종전처럼 토문강을 사이에 두고 각지를 지키며 몰래 넘어가지 않도록 한다"는 것이었다.

청일 양국 정부 간도협약 타결

러일전쟁 중 한국에 군대를 상주시킨 일본은 그 무력을 발판으로 1905년 한국의 외교권을 전면 박탈했다. 한국의 영토와 한국민의 생명·재산을 보호하는 임무는 일본군 수중에 들어갔다. 1906년 10월, 껍데기만 남은 대한제국 정부는 통감 이토 히로부미에게 간도에 거주하는 한국인의 생명과 재산을 보호해달라고 요청했고, 그는 간도를 '덤'으로 확보할 요량으로 이 요청을 수락했다. 1907년 8월 통감부는 룽징용정龍井에 간도 파출소를 설치하는 한편, 간도의 가상 경계선을 설정하고 청국 정부에 만약 간도의 행정에 간섭한다면 무력으로 대응하겠다고 선포했다. 이때부터 1909년까지, 일본이 제작한 한국 지도에는 간도가 빠짐없이 한국 영토로 표시되었다.

1909년 초가을, 청일 양국 정부는 간도 문제를 포함한 현안懸案의 일괄 타결을 모색했다. 일본은 조그만 간도 땅을 차지하는 것보다는 만주 전역으로 세력을 확장할 수 있는 다른 이권利權을 얻는 게 낫다고 판단했고, 청淸은 철도 부설권 등의 이권은 일본이 아니더라도 누군가에게 넘길 수밖에 없는 상황이니 간도 땅만이라도 찾아야겠다고 생각했던 듯하다. 서로 접점을 찾은 양측은 1909년 9월 4일, 간도에 관한 협정, 이른바 '간도협약'을 체결하여 국경을 확정했다. 국경선은 1880년대 이래 청측이 일관되게 주장해온 석을수로 정해졌다.

중국과 북한의 경계선, 홍토수로 결정되다

1949년 중국 대륙 전체에 대한 지배권을 장악한 중국공산당은 중화인민공화국을 선포하는 동시에 과거 일본 및 제諸 외국과 맺은 일체의 조약이 무효임을 선언했다. '간도협약'도 이때 당연히 무효가 된 셈이고, 한국과 중국 사이의 국경 문제는 다시 협의해야 할 대상이 되었다. 한국전쟁, 중국인들이 '항미원조전쟁抗米援朝戰爭' 미국에 저항하고 조선을 지원한 전쟁이라 부른 전쟁이 끝난 지 10년쯤 뒤, 조선민주주의인민공화국 정부와 중화인민공화국 정부 사이에 '조중변계조약朝中邊界條約'이 체결되었다. '간도협약'은 이미 무효였기 때문에 논의는 원점, 즉 대한제국 시대의 쟁점에서 출발했다. 조약 체결의 경위를 밝힌 중국 측 문서에 따르면, 이때 중국 총리 저우언라이주은래周恩來는 조선이 전쟁의 참화에서 갓 벗어났으니, 선물이라 생각하고 우리가 양보하는 것이 좋겠다고 말했다 한다. 결국 중국과 북한의 국경선은 1887년 대한제국 정부가 주장했던 홍토수로 결정되었다. 북한이 중국의 원조를 받은 대가로 백두산 주변 땅을 팔아먹었다고 주장하는 사람들이 일부 있으나, 사실은 정반대다. 현재 북한과 중국 사이의 국경선은 일제 강점기 조선과 중국 사이의 국경선보다 더 북쪽에 그어져 있다.

지금도 '간도협약'을 무효화하고 간도를 되찾아야 한다고 주장하는 사람이 많다. 하지만 이는 애당초 말이 안 되는 주장이다. 간도협약은 이미 무효다. 을사늑약이 무효이기 때문에 무효이고, 중국 정부가 일제와 맺은 조약을 모두 무효화했기에 무효이며, 지금의 북-중 국경선이 간도협약으로 그어진 선이 아니기 때문에 무효다. 지금 간도 영유권을 주장하는 것은 1887년의 한청 국경회담 이전, 고구려 시대로 되돌아가자는 것인데, 이탈리아인들이 고대 로마 제국의 영토를 되찾자고 나서고 몽골인들이 칭기즈칸 시대의 권역을 회복하겠다고 나선다면 세계가 어떻게 되겠는가?

역사를 보는 눈은 냉철해야

최근 '조중변계조약' 체결을 전후한 시기 중국 지도자들의 발언이 담긴 중국 문서가 공개된 바 있다. 1958년 11월, 마오쩌둥모택동毛澤東은 베이징을 방문한 김일성에게 "당신들 선조는 당신들의 영토가 요하遼河를 경계로 한다고 말했으며, 당신들은 현재 당신들이 압록강 변까지 밀려서 쫓겨왔다고 생각한다. 당신들이 역사를 기술할 때 이것을 써넣어야 한다"고 말했다. 그는 조약 체결 2년 뒤인 1964년 10월 베이징을 방문한 북한 최고인민회의 상임위원장 최용건에게도 "당신들의 경계는 요하 동쪽, 요동遼東인데, 봉건주의가 조선 사람들을 압록강 변으로 내몬 것이다"라고 말했다. 같은 맥락에서 저우언라이는 1963년 6월 28일 베이징을 찾은 북한의 조선과학원 대표단원들에게 "역사는 왜곡할 수 없다. 두만강, 압록강 서쪽은 역사 이래 중국 땅이었으며 심지어 예로부터 조선은 중국의 속국이었다고 하는 것은 터무니없는 말이다"라고 밝혔다.

역사는 역사대로 간직하고 현실은 현실대로 인정하는 것이 역사와 현실에 대한 올바른 태도다. 자기에게 유리한 일만 기억하는 것은, 정신 건강에는 도움이 될지는 모르지만 흔히 인간관계를 파탄으로 이끈다. 어느 누가 저 편한 대로 기억하고 행동하는 사람을 곁에 두려 하겠는가? 국제관계에서도 마찬가지다. 동북공정과 독도 문제에 올바로 대처하기 위해서라도, 역사를 보는 눈은 냉철해야 한다.

十二月 十日

12월 10일 _ 안창남의 '고국 방문 대비행'

여의도 상공을 비행한 안창남, 한국인에게 3차원의 시야를 선물하다

12月
10日

안창남의 비행기 〈금강호〉, 여의도 상공을 날다

1922년 12월 10일, 한강 여의도에 5만여 명의 인파人波가 몰려들었다. 도쿄 오쿠리小栗비행학교를 졸업하고 한국인 최초로 비행사 자격증을 딴 안창남의 '고국 방문 대비행大飛行'을 구경하려는 사람들이었다. 이 행사를 주관한 동아일보사는 몇 달 전부터 사고社告, 사설社說, 기사 등을 통해 안창남 환영 열기를 고조시켰다. 당일 서울과 인근의 각급학교는 아예 수업을 중단하고 학생들을 행사장에 내보냈으며, 조선총독부 철도국은 노량진역까지 '비행열차'를 편성하여 할인 요금으로 운행했다. 경성전기주식회사도 전차 운행 횟수를 늘려 관중 동원에 협조했다. 이왕직 양악부의 후신인 경성악대京城樂隊의 주악이 울려 퍼지는 가운데 여의도 간이비행장을 이륙한 〈금강호〉는 서울과 인천 상공을 각각 15분씩 선회한 뒤 무사히 착륙했다. 〈금강호〉는 몇 덩어리로 분해된 채 일본 요코하마에서 배로 인천항에, 다시 열차로 노량진에 도착한 뒤 여의도에 있는 일본 육군 항공대 비행장 격납고에서 재조립된 비행기로, 〈금강호〉라는 이름은 동사일보사가 주도하여 조직한 '안창남군 고국방문 후원회'에서 붙였다.

경성부민들이 하늘을 나는 비행기를 본 것이 이때가 처음은 아니었다. 9년 전인 1913년 용산 연병장에서 일본 해군 중위 나라하라 산지奈良原三次가 '비행술'을 선보였을 때에도 수만 명의 경성부민들이 몰려가 구경했다. 구경꾼 중에는 당시 미동 공립보통학교 생도이던 14살의 안창남도 있었다. 당시는 말 그대로 '시범'에 불과해서 나라하라의 비행기 오토리호鳳號는 이륙 직후 바로 착륙했지만, 사람도 기계를 이용하면 하늘을 날 수 있다는 사실을 확인시켜주기에는 충분했다. 비행기가 공중에 떴다 내리는 장면을 직접 목도目睹한 어린 안창남은 그때부터 비행사의 꿈을 키웠다.

'새처럼 하늘을 날고 싶다'

'새처럼 하늘을 날고 싶다'는 것은 인류가 품어온 가장 오래된 소망 중 하나였다. 사람들은 호랑이의 이빨, 물고기의 아가미, 들소의 뿔 같은 것은 전혀 부러워하지 않았으나 오직 새의 날개만은 부러워했다. 중세 유럽인들은 날카로운 이빨, 뾰족한 뿔, 단단한 꼬리 등 동물적 기표記標를 모두 악마의 상징으로 쓰면서도 새의 날개만은 천사의 상징으로 썼다.

하늘을 날고자 하는 소망에는 여러 가지 상징적이거나 현실적인 욕구가 내포되어 있었다. 날개는 무엇보다도 하늘에 있는 신에게 더 가까이 다가갈 수 있게 해주는 도구, 즉 해탈과 구원의 수단이었다. 옛사람들은 '날개만 있다면' 고된 노동의 현장이자 일상적인 억압과 수탈이 자행되는 공간인 지상地上에서 영원한 행복과 안식의 공간인 천상天上으로 올라갈 수 있을 것이라 믿었다. 천상이 아니라 그저 '아주 먼 곳'

에 이르기만을 꿈꾸는 것조차도, 탈출 욕구의 소산이었다. 그래서 날개는 억압이 상존하는 현실에 상대되는 해방의 표상이자 이상理想의 표상이었다.

날개의 군사적 가치, 신화에 담기다

사람들은 또 하늘을 날 수 있게 해주는 날개가 엄청난 군사적 효용을 제공하리라고 믿었다. 아무리 높은 성벽도 날개 달린 군사들에게는 무용지물일 것이었다. 멀게는 그리스 신화 속의 영웅 벨레로폰이 탔던 페가수스로부터 가까이는 대한민국 서울 아차산과 관련한 용마산 아기장수 설화까지 전 세계 어느 곳에나 하늘을 나는 말에 관한 신화나 설화가 있는 것도 이 때문이다. 주제에서 멀찍이 벗어나는 얘기이긴 하나, 용마산 아기장수 설화를 모르는 독자가 있을까봐 조금 덧붙인다.

먼 옛날 지금의 아차산 용마봉이 있는 마을에 살던 젊은 부부가 사내아이를 낳았다. 기쁜 마음도 잠시, 아이의 몸을 살펴보니 양쪽 겨드랑이 사이에 작은 날개 같은 것이 달려 있는 게 아닌가? 당시 그 나라이런 종류의 설화에서 고구려인지 백제인지는 중요하지 않다 사람들은 날개 달린 아이가 태어나면 임금을 죽이고 나라를 뒤엎을 것이라고 믿었다. 젊은 부부는 아이에게 날개가 있다는 사실이 알려지면 마을 사람들이 해코지할까 두려워 옷으로 꽁꽁 싸매고 방 안에 가둬놓다시피 하며 조심스레 키웠다. 하지만 아이는 천하장사였다. 걸을 수 있게 되자 바로 날기 시작했으니, 사람들 눈에 띌 수밖에 없었다. 마을 사람들은 자기 마을에서 날개 달린 아이가 태어났다는 사실을 조정에서 알면, 반드시 모든 주민을 몰살시킬 것이라 여겼다. 그들은 피눈물을 흘리며 간청하는 아이 부모의 애원을 묵살한 채 힘을 합쳐 아이를 죽였다. 얼마 뒤 하늘에서 용마龍馬가 마을로 날아 내려왔다. 자기 주인이 될 아기장수를 찾아온 용마는 아무리 기다려도 주인이 나타나지 않자 그 자리에 엎드려 산이 되었다. 이 산이 용마산이다. 언젠가 겨드랑이에 날개 달린 아기장수가 다시 태어난다면, 산이 된 용마도 깨어날 것이다. 뭐 이런 얘기다.

인간의 오랜 꿈 비행기, 상상 이상의 결과 불러와

인류의 문명사文明史는 상상 속의 물체를 현실로 옮겨놓기 위해 분투노력한 역사다. 옛사람들도 날개 달린 사람이 태어날 수 있으리라고는 믿지 않았을 것이나, 날개 달린 말 비슷한 것은 만들 수 있으리라 믿었다. 수많은 사람들이 비행기 제작에 도전했고, 개중에는 레오나르도 다 빈치처럼 '날 수 있을 것 같은' 기계를 설계한 사람도 있었다. 우리나라에서도 병인양요 직후 한동안 군사용 비행물체 제작 붐이 일었다. 조선 군대가 프랑스 군대의 함포와 소총 앞에서 낭패를 겪는 사태를 목도한 대원군은, 양이洋夷를 물리칠 수 있는 무기를 만드는 자에게 큰 상을 내리고 벼슬을 주겠다고 공포했다. 이 소식을 듣고 팔자 고칠 욕심에 눈 먼 사람들이 너도나도 개인용 비행 물체를 개발하겠다고 나선 탓에 전국의 학과 두루미들이 대량 학살당하는 봉변을 겪었다는 이야기가 전한다.

그토록 오랜 세월, 그토록 많은 사람들이, 그토록 다양한 방법으로 매달렸던 비행기 제작의 꿈이 실현된 것은 1906년 미국의 라이트 형제에 의해서였다. 그런데 상상이 현실이 될 때에는, 흔히 '상상 그 이상의 것'이 따라오기 마련이다. 비행기는 당장 군사용으로 상상을 뛰어넘는 능력을 발휘했다. 군용 비행기의 효용은 포탄의 정확도를 높이고 적의 성벽城壁을 무력화하는 데 머물지 않았다. 그것은 전방과 후방의 경계를 없애버렸으며, 군인과 민간인의 경계도 흐릿하게 만들었다. 전방과 후방, 군인과 민간인을 가리지 않고 한 나라의 자원과 역량을 총동원하는 '총력전'이라는 새로운 전쟁 방식을 만들어낸 최대의 '공로자'는 바로 비행기였다. 하지만 전쟁 양상의 변화는 오히려 작은 문제였다. 비행기는 사람을 신神에게 데려다주지는 못했으나, 대신 사람에게 신의 눈에 가까운 '새[鳥]'의 눈을 선사했다.

비행기, 인간에게 새의 눈을 선사하다

중국 명나라 말기 홍응명洪應明의 어록을 모은 《채근담菜根譚》에는 '등고사인심광登高使人心曠 임류사인의원臨流使人意遠'이라는 글귀가 있다. 줄여서 '등고심광登高心曠 임류의원臨流意遠'이라고도 하는 이 글귀의 뜻은 '사람이 높은 곳에 오르면 그 마음이 넓어지고, 사람이 물가에 서면 그 뜻이 먼 곳에 이른다'이다. 높은 산에 올라 땅을 굽어보면 사방에 거칠 것이 없어 시야가 확 트이니 마음도 덩달아 넓어지는 것이요, 강가에 서서 흘러가는 물에 시선을 맞추면 마음도 저절로 그 물길 닿는 먼 곳에까지 이르는 것이다. 비행기는 사람에게 높은 산보다 더 높은 곳에서

추락한 비행기에서 포즈를 취하는 안창남

안창남은 1923년 오쿠리비행학교의 의뢰로 일본 정치가 호시 토오루星亨를 추모하는 인쇄물을 공중 살포하던 중 도쿄 인근에 추락했다. 추락한 뒤에도 카메라 앞에서 당당한 포즈를 취했던 그는 1925년 중국으로 망명하여 독립운동을 벌이다가 1930년 비행기 추락 사고로 사망했다.
* 출처: 《역사사진》(일본) 1923년 8월호.

내려다볼 수 있는 시야視野를 제공했으니, 이로써 인류는 이제껏 가져보지 못했던 '넓은 마음'을 가질 수 있게 된 셈이다.

그뿐 아니다. 비행기에서 내려다보는 시선은 말 그대로 '조감鳥瞰'이다. 높은 산에서는 한 곳에 가만히 서서 또는 아주 천천히 움직이면서 내려다볼 수 있을 뿐이지만, 비행기에서는 새보다 빠른 속도로 움직이면서 내려다봐야 한다. 비행기에 탄 사람의 시야에서는 먼 곳과 가까운 곳이 금세 뒤바뀌고 옆과 뒤의 구분이 무의미해진다. 고정 불변의 상징이던 거대한 산조차 움직이는 작은 물체가 된다. 비행기와 상대성이론이 같은 시기에 '발명'된 것은 헤겔이 말한 대로 역사가 '이성理性의 간계'에 의해 움직인다는 것을 보여주는 사례라 해도 좋지 않을까? 한 가지 더. 피카소의 친구였으나 그의 입체 그림을 잘 이해하지 못했던 거트루드 스타인이 처음 비행기에 타서 땅을 내려다보고 내뱉은 첫마디는 "피카소다!"였다고 한다. 인류가 '다차원'과 '다각도'라는 어려운 개념을 직관적으로 받아들일 수 있게 된 데에는 비행기가 기여한 바 컸다.

"떴다 보아라 안창남 비행기"

'고국 방문 대비행'을 성공적으로 마친 안창남은 하늘에서 고향 땅을 내려다본 소감을 〈공중에서 본 경성과 인천〉으로 정리하여 잡지 《개벽》에 기고했다.

비행장에서 1,100미터 이상을 높직이 뜨니까 벌써 경성은 들여다 보였습니다. 뒤미처 제일 먼저 눈에 뜨이는 것은 남대문이었습니다. …… 독립문 위에 떴을 때 서대문 감옥에서도 자기네 머리 위에 뜬 것으로 보였을 것이지마는, 갇혀 있는 형제의 몇 사람이나 거기까지 찾아간 내 뜻과 내 몸을 보아 주었을는지…….

남대문과 독립문, 서대문형무소에 갇혀 있는 형제의 유비類比는 '조선인' 누구에게나 명백했다. 하늘에서, 그는 서로 떨어져 있는 장소들을 하나로 묶어 보았고, 그것들로 '감옥 같은 삼천리에서 신음하는 형제들'을 형상화할 수 있었다.

안창남의 비행 이후 세간에는 "떴다 보아라 안창남 비행기 내려다보니 엄복동의 자전거"라는 노랫말이 유행했다. 제국주의의 식민지 통치 체제는 일상적인 민족 차별의 체제이기도 하다. 일제 강점기에 한국인은 지위 고하를 막론하고 거의 매일같이 '자존심의 손상'을 겪었다. 안창남은 '일본인에 뒤지지 않는 조선인'의 대표 격으로서 손상된 민족적 자존심을 한순간이나마 회복시켜주었기에, 곧바로 '민족의 영웅'이 되었다. '함께 차별받는 민족'이라는 이름이, 평상시 길거리에서 만났더라면 서로 외면했을 사람들에게 '교감'의 통로를 만들어주었다. 오늘날 김연아나 손연재, 기성용 같은 스포츠 스타들은 한국인들이 '민족'의 이름으로 소통할 기회를 만들어준다는 점에서 안창남의 후예인 셈이다.

인류, 삼차원의 시야를 얻다

안창남의 비행이 한국인들에게 선물한 것은 이뿐만이 아니었다. 그가 〈금강호〉에서 땅으로 뿌린 전단에는 "비행기의 발명, 항공기의 발달은 이제 인류의 생활을 근본적으로 변화케 하고 있습니다"라는 내용이 적혀 있었다. 하늘을 날고 싶다는 인류의 오랜 소망을 실현한 것, 심상지리 공간을 확대하고 지역 간 이동 시간을 단축한 것 등이 '근본적 변화'의 핵심 내용이겠으나, 더 깊이 보자면 인간이 '새의 눈'을 얻었다는 사실도 간과해서는 안 될 것이다.

'공중에서 빠른 속도로 이동하며 땅을 내려다보는 관점'을 새로 얻음으로써 인류는 비로소 3차원의 시야를 확보할 수 있었다. 안창남이 한국인들에게 선사한 최고의 선물은 바로 이런 시야였다고 해도 좋을 것이다. 평지에 마주 서면 '대립'이지만 하늘에서 내려다보면 '조감'이다. 그러나 비행기가 일상화한 오늘날에도 2차원 공간에서 대립하는 것밖에 모르는 사람들이 너무나 많다.

十二月十七日

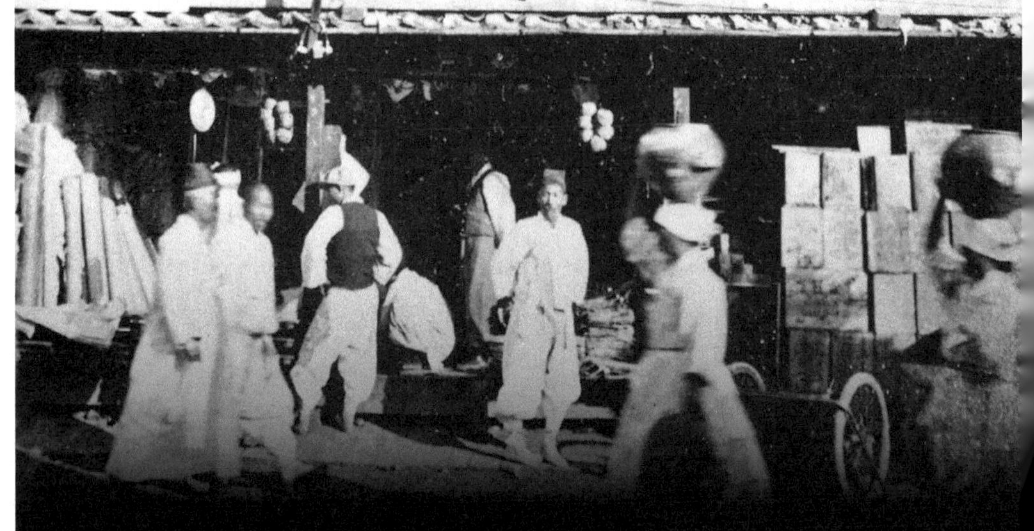

12월 17일 _ 지전 상인들, 조선지주식회사 설립

명분 없는 이득 경계했던 옛 상도, 지금 우리 기업문화에 절실히 필요한 것

12月
17日

시전, 징수 물자가 남거나 모자라는 문제를 해결

도시都市라는 말에서 알 수 있듯, 시장市場은 도시의 기본 구성 요소다. 전근대 사회는 대체로 자급자족적인 농촌 사회를 한 축으로 하고, 인간 생활에 필수적인 물자를 거의 생산하지 못하는 도시를 다른 한 축으로 했다. 농촌은 도시 없이도 유지될 수 있었으나 도시는 주변의 광대한 농촌에 의지해서만 존립할 수 있었다. 농촌과 도시의 관계가 비대칭적이었던 만큼, 둘 사이의 교환도 비대칭적이며 비등가적非等價的이었다. 도시에 근거를 둔 권력은 농촌으로부터 조세租稅와 공물貢物 등의 명목으로 현물現物을 징수했다. 도시 안의 창고에 저장된 현물은 권력자들을 비롯한 도시 주민의 생활 물자로 사용되었으며, 그중 일부는 다른 도시 또는 다른 국가를 상대로 하는 교역에 투입되었다. 즉 근대 이전 물자 교환은 도시와 농촌 사이의 교역, 정확히는 도시의 농촌 수탈을 기본으로 하고, 여기에 도시와 도시 또는 국가와 국가 사이의 무역이 추가되는 구조였다. 물론 도시 내부 그리고 농촌 내부의 교환도 있었으나 이는 부차적이었다.

조선시대 서울의 물자 유통 구조도 이 기본 틀에서 벗어나지 않았다. 당대 세계의 일반적 상황에 비추어 조숙한 중앙집권화를 이룬 조선 왕조는 전국에 지방관을 파견하여 조세 및 공물 징수 체제를 정비했다. 농민들에게는 토지세인 조세와 지역 특산물인 공물, 그리고 노동력을 국가에 제공할 의무가 부과되었다. 지방관들은 자기 관할 지역에서 징수한 조세와 공물을 중앙정부에 보냈고, 중앙정부는 이를 왕실과 관부官府에 우선 분배했다. 그런데 전근대 사회의 물자 생산은 주로 변덕스런 자연 조건에 규정되었던 데다가, 국가도 수입과 지출을 정확히 예측할 만한 시스템을 갖추지 못했기 때문에, 이렇게 징수한 물자가 남거나 모자라는 현상은 상시적常時的이었다. 이런 문제를 해결하기 위한 기구로 설치된 것이 시전市廛이었다. 조세와 공물의 부족분을 관부와 왕실에 추가 공급하고, 잉여분을 도성민에게 판매하는 것이 그 책무였다. 조선 전기의 상품은 대부분 국가가 농민들로부터 징수한 현물과 사행使行 등을 통해 외국에서 수입된 물건들이었기 때문에, 상업 활동 자체가 국가적 사업이었다.

종로와 남대문로 일대, 서울의 시전가가 되다

상업 활동이 이루어지는 장소도 물자의 유통 경로와 방식에 따라 정해지기 마련이다. 유교적 이상도시理想都市의 조영 원리를 담은 《주례周禮》 〈고공기考工記〉는 '전조후시前朝後市'라 하여 시장을 궁궐 뒷문 밖에 두도록 했다. 궁궐을 거쳐 나온 물자를 시장을 통해 도성민에게 분배하는 고대적 물자 유통 방식에서는, 궁궐 뒷문 밖이 바로 시장이어야 했다. 고대 유럽 도시들에서 신전 앞 광장이 시장이었던 것도 같은 이치다.

조선 왕조가 처음 시전을 설치한 곳이 어디인지는 확실치 않으나, 서울의 공간을 설계한 정도전이 《주례》의 원칙을 가급적 준수하려 했던 점에 비추어보면, 경복궁 뒤쪽에 있었을 가능성이 높다. 그러나 이곳은 도성 내 북서쪽에 치우쳐 있어 도성민의 일상생활 공간과는 거리가 멀었다. 서울의 공간 구조가 배산임수背山臨水라는 풍수적 원칙과 제왕남면帝王南面이라는 유교적 원칙을 절충한 것이었기 때문에, 전조후시前朝後市에 따라 시장을 배치하면 아무래도 도성민의 생활공간 가까운 곳에 시전을 둘 수 없었다. 이 문제는 개경에서 즉위한 뒤 한양으로 재천도한 태종에 의해 해결되었다. 그는 《주례》의 원칙을 무시하고 도시 한복판에 공랑公廊을 지어 그중 대다수를 시전 건물로 삼고자 했다. 이에 육조거리지금의 세종로가 끝나는 지점에서 동쪽으로 종묘 동구까지, 그리고 종고루가 놓인 네거리에서 남대문까지 모두 1,360간間이 넘는 공랑 지대가 형성되었다. 이로써 종로와 남대문로 일대는 거대한 연쇄상가가 되었다. 이 거리가 조선 시대 서울의 시전가市廛街였다.

"각전의 난전 모듯"

그로부터 200년이 채 안 되어 임진왜란과 정유재란, 정묘호란과 병자호란이 거듭 일어났다. 50년도 안 되는 짧은 기간 동안에 한반도 전역을 여러 차례 휩쓴 전화戰禍는 당장 인구를 격감시켰고 토지를 황폐화시켰다. 중세 국가에서 인구와 토지는 바로 '국력國力' 자체였다. 국력이 소진消盡된 상태에서 설상가상으로 청나라는 조선 정부에 징벌적

'조공朝貢'을 요구했다. 가뜩이나 황폐해진 농촌으로부터 엄청난 조공 물량을 다 조달하기는 불가능했다. 정부는 궁여지책으로 부담을 시전 상인들에게 떠넘겼다. 막무가내로 떠넘겼다가는 시전 상인들이 다 도망갈 판이었으니, 반대급부가 있어야 했다. 그 반대급부가 도성 안에서는 시전 상인, 즉 시안市案에 등록된 사람만 장사할 수 있게 하는 '금난전권禁亂廛權'이었다.

왕조 정부가 보장한 이 권리에 따라 시전 상인들은 자기 도중都中조선시대의 조합. 중세 유럽의 길드와 유사한 조직에 가입하지 않고 장사하는 난상亂商을 적발하면 무수히 난타한 뒤에 그가 소지한 상품을 '속공屬公'이라는 명목으로 빼앗았다. 이게 국역國役 부담에 따른 손해를 벌충하기 위한 가장 효과적인 방법이었기 때문에, 단속은 "각전의 난전 모듯"이라는 속담까지 생겨날 정도로 철저하고 맹렬했다.

일단 이런 제도가 만들어지면 부담은 지지 않으면서 이권은 챙기려는 힘 있는 모리배들이 준동하기 마련이다. 궁방, 아문, 세도가를 배후에 둔 자들이 별별 물종의 독점권을 얻어내서는 힘없는 장사꾼들을 괴롭혔다. 도성 안에서는 나무 한 단, 계란 한 줄, 모자 하나, 담배 한 잎까지도 시목전柴木廛이니 치계전雉鷄廛이니 이엄전耳掩廛이니 절초전切草廛이니 하는 것들의 허락 없이는 사고팔 수 없었다. 물론 허락을 얻기 위해서는 돈을 내야 했다. 오직 난상亂商을 적발하여 그가 소지한 상품을 빼앗거나 분세分稅라는 명목의 거래세를 징수하는 데에만 열을 올리는 시전도 많았다.

육의전, 서울 상계를 지배하다

사정이 이렇다 보니 성 밖에서 들어오는 장사꾼들은 헐값으로 시전에 물건을 넘겨야 했고, 도성민들은 그 물건을 비싼 값에 사야 했다. 시전 상인들과 그 배후의 힘 있는 자들을 빼면 도성민과 근교 농민 모두 극심한 피해를 입었다. 금난전권으로 인한 폐단이 심각한 사회 문제로 번지자, 1791년 정조는 국역을 많이 부담하는 몇 개의 시전을 제외하고 나머지 시전들의 금난전권을 전면 폐지했다. 이것이 '신해통공辛亥通共'이다. 이때 '금난전권'을 계속 보장받은 육의전은 중국산 비단을 취급한 선전縇廛, 무명을 취급한 면포전綿布廛, 국산 명주를 취급한 면주전綿紬廛, 모시를 취급한 저포전苧布廛, 종이를 취급한 지전紙廛, 어물을 취급한 내외어물전內外魚物廛이었다. 육의전 중 가장 많은 국역을 부담한 선전은 '우뚝 서 있는 전廛'이라는 의미로 와전되어 입전立廛이라고도 했고, 면포전은 흰 광목과 은銀을 함께 취급했기 때문에 백목전白木廛 또는 은목전銀木廛이라고도 했다.

육의전은 이후 100년 가까이 서울 상계商界를 지배했다. 종로 네거리 지금의 삼성타워 자리에 있던 선전縇廛이 육의전 도가都家였는데, 백목전, 면주전, 지전 등 육의전에 속하는 다른 시전들도 그 주변에 모여 있었다. 육의전이 모여 있는 일대를 운종가雲從街라 했으니, '사람들이 구름처럼 몰려드는 거리'라는 뜻이었다. 이곳이 바로 조선 말기 서울의 도심이자 대표적 번화가繁華街였다.

쇠락의 길로 접어든 육의전

그런데 1882년 조선과 청나라 사이에 통상장정조청상민수륙무역장정朝淸商民水陸貿易章程이 체결되자 육의전은 급속히 쇠락의 길로 접어들었다. 장정에 따라 청나라 상인들은 서울 아무 곳에서나 자유롭게 점포를 내고 장사할 권리를 얻었고, 이 권리는 1885년부터 일본과 그밖의 다른 나라 상인들에게도 허용되었다. 외국 상인들이 취급한 물종은 대개 비단, 면포, 면사, 종이 등 육의전이 독점해온 것들이었기 때문에 육의전 상인들의 관점에서 이는 명백한 난전亂廛이었다. 게다가 육의전 상인들은 국가에 대해 각종 부담을 지고 있었으나 외국 상인은 아무런 부담을 지지 않았다. 서울 개시 직후에는 육의전 상인들이 외국 상인에게 상품을 구입하는 조선인의 뒤를 쫓아가 강제로 '분세'를 징수하기도 했지만, 외국 공영사公領使들은 이런 관행을 묵과하지 않았다.

자기가 망해가고 있다는 걸 알면서도 가만히 있을 사람은 없다. 1890년 서울 시전 상인들은 외국 상인을 성 밖으로 쫓아내달라며 상전商廛 문을 닫아걸고 장사를 중단하는 철시撤市 투쟁을 벌였다. 하지만 정부는 조약을 바꿀 힘이 없었다. 이후에도 시전 상인들은 여러 차례 시위를 벌였으나 종로 상권의 쇠락 추세를 되돌리지는 못했다. 더구나 1894년 갑오개혁 때에는 근대적 자유시장경제 체제를 도입하기 위한 '규제 철폐'의 일환으로 육의전의 금난전권이 전면 폐지되었다. 사실 오늘날 신자유주의 경제 정책의 '신新'은 새로워서 신新이 아니라 예전에 이미 했던 것이라 신新이다. 이때의 '신新'은 '예전과 똑같지는 않다' 정도의 뜻을 지닌 접두어일 뿐이다. 그럼에도 육의전이 당장 망하지는 않았다.

대한제국 정부와 황실은 육의전과 관행적인 거래 관계를 계속 유지했고, 그에 기대어 육의전 상인들은 변변치는 않으나 '특권 상인'의 지위를 유지할 수 있었다.

일제, 육의전에 결정적 타격 가하다

육의전에 결정적 타격을 가한 것은 러일전쟁 이후 한국의 재정·금융 제도 전반을 개혁한다는 명목으로 진행된 일본의 경제 이권 탈취였다. 한국의 내정을 장악한 통감부는 우선 관용官用 물자 조달을 일본 상인들에게 맡겼다. 육의전 상인들에게는 정부와 황실이 가장 '큰손'이었는데, 이를 속절없이 빼앗긴 셈이다. 게다가 이른바 재정개혁으로 인해 국가의 조세 자금을 상업 자금으로 활용할 수 있는 길이 막혔으며, 화폐개혁으로 인해 모아놓은 화폐의 가치가 폭락했다. 선전縇廛, 면포전, 지전紙廛 등 육의전에 속한 시전들은 개문실업開門失業 상태가 되었고, 각 시전 도중都中에 소속되어 있던 상인들은 작은 소매상을 차리거나 아예 다른 막일을 찾아야 했다. 소속 상인들이 뿔뿔이 흩어진 상황에서 각전 도중都中은 남은 사람들에 의해 조합으로 개편되었으며, 도중의 공유 재산이던 도가都家들은 조합원들의 뜻에 따라 처분되었다. 백목전 도가는 대한천일은행 사옥이 되었고, 청포전 도가는 사립 유신학교에 매각되었다.

일본이 한국을 강점한 뒤 그나마 육의전의 잔명殘命을 유지시켜주었던 서울의 도시 상업 구조는 완전히 바뀌었다. 황실과 벌열 가문 등 서울 안에서 육의전 상인들과 다양한 관계로 얽혀 있던 권력 집단이 몰락

했고, 그들 중 상당수는 낙향하거나 망명하여 아예 서울에서 자취를 감추었다. 그 대신 총독부 관리들, 조선은행이나 동양척식회사의 임원들, 군인들 등 일본 상인들과 친밀한 관계에 있는 새로운 도시 지배집단이 등장했다. 새로운 지배집단과 '선천적인' 친분관계를 맺은 일본인 자본가들은 각종 관급공사官給工事와 관청 용달을 독점했으며, 무역업, 도소매업 등 대규모 유통업 분야에서도 압도적인 우위를 점했다. 게다가 '조선인 고객'들도 동포同胞 상인들에게 충성스럽지 않았다. 그들 중 그나마 여유 있는 자들은 남촌南村 일본인 상점가를 기웃거렸다. 옛 육의전 상인들의 처지에서는 시장市場은 줄어들었는데 경쟁은 오히려 치열해졌다. 벼슬 꿈을 접어야 했던 옛 양반과 그 자제들이 만만하게 접근할 수 있었던 새 직업은 장사뿐이었다. 기존의 장사꾼들에게는 이런 동업자가 반가울 리 없었다.

육의전의 '자기 혁신', 주식회사 설립

손바닥만 한 조선인 시장을 두고 제 살 깎아먹기 식 경쟁을 벌여야 했으니, 장사꾼들이 망해가는 속도는 빨라지기만 했다. 하지만 상황이 아무리 나빠도 앉아서 굶어 죽기만을 기다릴 수는 없었다. 그들은 새 권력의 끄트머리라도 잡고 매달리거나 외부의 강요에 응하는 형태로나마 '자기 혁신'의 길을 찾아야 했다. 상인 공동체이던 도중都中을 근대적 외양을 띤 주식회사로 개편하는 것은 그들이 선택할 수 있었던 자기 혁신 방안 중 하나였다. 하지만 그 일이 그리 녹록하지는 않았다. 일제는

1910년대 말의 지전

육의전 상인들은 대개 망했지만 건물은 남았다.
조선지주식회사 설립 당시 이 건물 가액은 2만 원 정도였는데,
당시 서울 일반 주택지의 기와집 한 채 값이 300원 남짓이었다.
* 출처: 동아일보사, 《사진으로 보는 한국백년》, 동아일보사, 1978.

1911년 〈조선회사령〉을 공포하여 조선인들의 회사 설립에 엄격한 제한을 가했다. 도중을 회사로 개편하고 싶어도 일제 당국의 동의와 허가 없이는 불가능했다. 회사 허가를 받기 위해서는 일제 권력자들과 가까운 귀족, 모리배들의 협력이 절실했다. 그래서 〈조선회사령〉이 시행되던 1910년대에 육의전 도중을 모태로 설립된 회사들은 대부분 이런 자들이 사장을 맡았다.

1916년 7월에는 먼저 옛 선전縇廛입전立廛 도중都中을 모태로 대창무역주식회사가 설립되었다. 이것이 이승만 정권 시기 한국 재벌의 선두주자로 꼽히던 태창그룹의 출발인데, 설립 당시의 대표는 이완용의 생질甥姪로서 총독부 당국의 두터운 신임을 얻고 있던 청년 실업가 한상룡이었다. 이 회사가 백낙승, 백낙중, 백낙원, 백낙삼 등 백씨 일가의 가족 기업으로 변모한 것은 1920년대 이후의 일이었다.

대창무역주식회사 설립 이듬해인 1917년 12월 17일에는 옛 지전紙廛 상인들이 도중의 공유 재산 3만여 원을 기반으로 조선지주식회사朝鮮紙株式會社를 설립했다. 회사의 발기인은 조중응, 오긍묵, 위홍석, 박홍일, 이희춘, 백형수, 주성근, 예종석, 문효순이었는데, 이들 중 조중응은 갑오 개화파 내각에서 외무아문 참의로 있다가 아관파천 이후 망명, 러일전쟁 후 귀국하여 통감부 촉탁, 법부대신, 농상공부 대신 등을 역임하고 일제로부터 자작 작위를 받은 대표적 친일 모리배였다. 통감부가 실권을 장악한 대한제국 정부에서 농상공부 대신 임명장을 받자 너무 좋아 덩실덩실 춤을 추었다고 해서 항간의 조롱거리가 되기도 했던 인물로서, '종이 장수'와는 아무런 연고도 없었다. 예종석은 유곡도幽谷道 찰방察訪이라는 미관말직에 있다가 러일전쟁 이후 일본군을 배경으로 온

갖 패악질을 일삼던 송병준에게 접근하여 그의 대리인 격으로 각종 특권 기업 설립에 분주했던 자였다. 이 역시 종이 장수와는 무관했다. 나머지 발기인들은 모두 옛 지전紙廛 상인들이었는데, 이들이 조중응과 예종석을 대표 격으로 내세운 것은 총독부의 허가를 받기 위한 부득이한 선택이었다.

'명분과 이익' 함께 추구하는 상도 고수하겠다

조선지주식회사 설립 한 해 전, 그러니까 대창무역주식회사가 설립되던 그해 초, 《매일신보》는 〈상계商界의 금석今昔〉이라는 연재 기사를 통해 과거에 영화榮華를 누렸던 옛 육의전 도중들이 당시 어떤 지경에 처해 있었는지를 소상히 알렸다. 조금 길지만, 지전紙廛 도중에 관한 기사를 아래에 전재轉載한다. 단 독자의 이해를 돕기 위해 일부 문장은 현대 어법에 맞게 고쳤다.

지계紙契에 곤고困苦 겪던 지전紙廛의 옛 그림자

지전紙廛이 탄식을 하여 왈, 자네육의전의 수전首廛이던 선전縇廛을 말함 같은 사람들이 세상의 변천됨을 탄식하며 세월이 전과 같지 아니함을 슬퍼하면 다른 사람은 어찌하겠나. 자네로 말하면 비단에 대한 전권은 잃었을지라도 여전히 그 전 기지基地에서 그 전과 같이 지내지 아니하나. 또 들은즉 자네 집안에서 영업하는 열한 사람의 자본금을 합하면 이백만 원 이상이나 된다 하니 나는 전일보다 과히 못할 줄로 생각할 수 없네. 우리 지전으로 말하면 지전 도가都家라는 것은 여전히 있고 또 도중 인원도 삼백여 명이 되며 또 도중 인원 중에서 환난이 있으면 서로 구제하는 풍속 같은 것도 여전히 남아 있으며 또 재정으로 말할지라도 아직 남에게 부채한 일도 없고 많지는 못하나 몇 백 원의 남은 재산도 있네. 그렇지만은 진정한 옛날 모양은 다시 볼 수가 없이 되었으니 이 일을 어찌하나. 이왕에 들어 있던 집은 다른 상인에게 세를 주고 도가는 광교 아래의 조그마한 집으로 옮기었으니 이왕 시대의 모양이 어디 있나. 지금으로 말하면 남아 있는 것은 다만 재하전在下廛분점에 해당뿐이요 원 육주비전에 드는 내 집은 없어진 모양일세. 또 상품으로 말하여도 이왕에는 우리 조선 소산의 장지, 백지, 창호지, 삼척지, 태지, 죽청지, 간지, 유지 등속과 청국 지물의 몇 가지만 매매하던 것인데 지금은 찢어지기 쉽고 오래가지 못하는 양지洋紙가 거의 반수를 차지하였으니 이도 다시 옛날 모양을 볼 수 없는 것이 아닌가. 탄식을 하면 나 같은 사람이 할 것일세. 또 옛날로 말할지라도 우리 지전이 자네 선전縇廛만큼 크다 하기 어려웠으나 나라에 진배進排하는 것으로 말하면 우리 같이 많은 사람이 없었네. 이왕에는 그렇지도 아니하였지마는 중간에 영남嶺南 지계紙契지계란 지전과 별도로 왕실과 정부에 종이를 조달하던 공인계貢人契를 말한다이니 호남湖南 지계紙契이니 무슨 지계紙契이니 하는 여러 지계에서 하던 일을 맡아 가지고 그 여러 지계에서 각기 진배하던 것을 다 우리 지전에서 진배하며 또 그 지계에서 진 부채負債까지 맡아 대신 물어줄 때에 나의 마음이 어떠하였겠나. 나라 일에 힘을 쓰지 아니하는 것이 아니라 원래 힘에 겨운 것이야 어찌하겠나? 그때 소위 진배라는 것이 자네들도 다 겪어본 것과 같이 말은 대금을 호조戶曹에서 지급해주는 것이지마는 소위 관官 지정이라는 것이 시가市價의 십분지일十分之一이 되거나 말거나 하는 것이니 이利 먹자는 장사에 그리하고 셈이 되겠나. 그 대신으로 나라에서 우리 전廛에 대하여는 모든 잡역雜役을 면제해주셔서 묘사전궁廟社殿宮의 도배 역사役事 같은 것은 아니하였고 다만 임금께서 이어移御하실 때다른 궁궐로 옮길 때를 말함 도배꾼을 풀며 또 나라에 불행히 국상國喪이 나면 상여꾼은 풀었지마는 기타의 모든 잡역은 상관이 없었네. 그렇지만은 아무리 쳐도 자네 선전만큼은 잘 지내지 못하였는데 또 변천되는 지금을 당하여도 자네는 여전한데 나는 원 큰 집이 없어져 버렸으니 어찌 기막힌 일이 아니겠나(《매일신보》 1916년 2월 26일).

지전 상인들이 조선지주식회사를 설립한 것은 바로 이처럼 '원 큰 집' 조차 없어진 '기막힌' 처지에서 어떻게든 벗어나보려는 안간힘이었다. 그런데 이 회사는 창립선언문에서 "…… 20세기 상업 경쟁이 가장 맹렬한 시기를 당하여 국리國利와 민복民福을 증진코자 할진대. …… 위로 조상의 공적을 보존하고 아래로 후예의 복리를 증진하는 동시에 안으로 국산을 늘리고 밖으로 수출에 힘써 명분과 이익을 함께 보존하는 아름다움을 도모하고자 한다……"라 하여 회사 설립 취지로 '국리민복'과 '명리구존名利俱存'을 내세웠다. 1960년대 경제개발계획 이후 익숙해진 수출입국론輸出立國論이야 그렇다 쳐도, '명분과 이익'을 함께 추구하는 상도商道를 고수하겠다고 한 것은 기억할 만하다. 명분이야 어찌되었든 이익만 챙기면 그만이라는 부도덕한 기업문화를 경제 성장의 결과라고만은 할 수 없다. 지금 우리 기업문화에서 절실히 필요한 것은, 망해가는 상황에서도 명분名分 없는 이득을 경계했던 옛 상도商道에서 배우는 일일 것이다.

十二月 二十四

12월 24일 _ 셔우드 홀, 크리스마스실 발행

유병장수有病長壽 시대, 질병과 오래 동거하면서도 불행해지지 않을 방법 찾아야

12月
24日

초기 산업화 시대의 대표적 전염병 폐결핵

폐결핵은 초기 산업화 시대의 대표적인 전염병이었다. 결핵균은 공장 굴뚝들에서 뿜어 나오는 매캐한 연기로 뒤덮인 거리, 실 가루와 먼지가 풀풀 날리는 작업장, 통풍도 제대로 되지 않는 집을 굶주린 채 오가던 사람들의 폐 속으로 아주 쉽게 침투했다. 공장주들은 부리던 노동자가 폐결핵에 걸렸다고 판단되면, 더 거들떠보지도 않고 바로 해고했다. 그들은 그렇게 하는 것이 '아직' 폐결핵에 걸리지 않은 다른 노동자들을 보호하는 길이라고 믿었다. 직장을 잃은 노동자들은 어쩔 수 없이 고향으로 돌아갔고, 그곳에서 다시 주변 사람들에게 결핵균을 퍼뜨렸다.

영어로 consumption, 한의학에서 소모증消耗症이라 부른 이 병은 문자 그대로 사람의 체력을 계속 소모시키면서 죽음으로 몰아갔다. 환자들에게는 창백, 무기력, 야윔, 쇠약 등의 이미지가 따라붙었다. 치사율은 무척 높았지만 살 가망이 아예 없는 것은 아니었기에, 환자들은 죽음에 순응하는 길과 삶의 의지를 불태우는 길 사이에서 오락가락했다. 이런 정신적 배회는 때로 예술혼으로 승화하기도 했다.

> 스물세 살이오—3월이요—각혈이다. 여섯 달 잘 기른 수염을 하루 면도칼로 다듬어 코 밑에 다만 나비만큼 남겨 가지고 약 한 제 지어들고 B라는 신개지新開地 한적한 온천으로 갔다. 게서 나는 죽어도 좋았다. 그러나 이내 아직 기를 펴지 못한 청춘이 약탕관을 붙들고 늘어져서는 날 살리라고 보채는 것은 어찌하는 수가 없다. 여관 한등寒燈 아래 밤이면 나는 늘 억울해했다(이상, 《봉별기》, 1936).

같은 무렵, 이상의 친구 김유정도 폐결핵에 걸렸다. 《봉별기》를 쓴 그해 가을, 이상은 방 안에 포장을 치고 촛불 아래에서 글을 쓰고 있던 김유정을 찾아가 말을 건넸다. "각혈이 여전하십니까?" "예, 그저 그날이 그날 같습니다." "치질은 여전하십니까?" "예, 그저 그날이 그날 같습니다." 이런 그저 그런 대화가 오간 뒤에 이상은 김유정에게 귓속말로 "유정! 유정만 싫다지 않다면 ……" 하며 넌지시 함께 세상을 하직하자고 제의했다. 그러나 김유정은 앞섶을 풀어헤치고 앙상하게 뼈가 드러난 가슴을 보여주면서 "이것 좀 보십시오. 명일明日의 희망이 이글이글 끓습니다"라며 단호히 거절했다. 하지만 '명일의 희망이 끓는 가슴'을 가졌던 김유정은 '죽어도 좋았던' 이상보다 18일 먼저 세상을 떠났다.

식민지 조선, 폐결핵의 땅

1920~30년대 식민지 조선은 폐결핵의 땅이었다. 일본 열도와 만주를 포함한 일본 제국 판도 전체에서 폐결핵 환자 비중이 가장 높은 지역이

바로 조선이었다. 1936년 조선총독부는 조선에 40만 명의 폐결핵 환자가 있고 매년 4만 명이 이 병으로 죽는다고 추산했다. 그럼에도 조선총독부가 내놓은 폐결핵 예방 대책은 공공장소에 가래침 뱉을 타구唾具를 비치하고 환자들을 격리하도록 '지시'하는 정도에 머물렀다.

결핵균은 묘하게도 주로 청장년층을 공격했다. 당시에는 이렇다 할 폐결핵 예방약이나 치료약이 없었기 때문에, 치료법은 늑막의 공동으로 공기를 들여보내는 인공기흉요법 정도뿐이었다. 환자의 치료 가능성은 거의 전적으로 맑은 공기와 충분한 휴식, 풍족한 식사에 달려 있었다. 하지만 척박한 식민지의 생활환경에서, 결핵에 걸린 젊은이들이 공기 좋은 곳에서, 잘 먹으면서, 일 안 하고 푹 쉬기란 불가능했다. 물론 이런 '조건'을 제공해주는 공익시설을 만들면 됐지만, 그런 시설을 만드는 데에는 돈이 너무 많이 들었다.

셔우드 홀, 폐결핵 퇴치 위해 크리스마스실 발행하다

1928년, 미국인 선교사 셔우드 홀Sherwood Hall(1893~1991)이 황해도 해주에 우리나라 최초의 결핵환자 전문요양시설인 '결핵환자의 위생학교'를 세웠다. 셔우드 홀의 부모는 모두 의료 선교사였던 윌리엄 홀William Hall(1860~1894)과 로제타 홀Rosetta Sherwood Hall(1865~1951)로서, 이들은 1892년 서울에서 결혼해 이듬해 셔우드를 낳았다. 이들 부부는 셔우드가 태어난 직후 평양으로 임지를 옮겼는데, 그 후 1년도 채 안 되어 윌리엄은 발진티푸스로 죽었고 로제타 혼자 셔우드를 키웠다.

로제타가 서울 보구여관保救女館에서 의료 선교 활동을 할 때 조수 노릇을 한 이가 박에스더본명은 김점동이나 미국식으로 남편 성을 따라 개명했다였다. 그는 1898년 미국으로 유학하여 볼티모어 여자 의과대학에 입학, 1900년에 졸업하고 조선인 최초의 여의사가 되었는데, 유학 전에도, 그리고 귀국 뒤에도, 로제타와 함께 일하며 셔우드를 조카나 동생처럼 돌봐주다가 1910년 폐결핵으로 죽었다. 셔우드가 조선에서 폐결핵을 퇴치하는 일에 일생을 바치기로 결심한 데에는 이모 같고 누이 같던 박에스더의 죽음이 결정적인 영향을 미쳤다고 한다.

'결핵 환자의 위생학교'에 들어가면 살아날 희망이 있다는 소문이 돌자 전국에서 환자들이 몰려들었다. 셔우드 홀은 이 시설의 이름을 해주 구세요양원으로 바꾸고 본격적인 폐결핵환자 전문요양기관으로 운영하기로 했다. 하지만 돈이 문제였다. 선교본부에서 보내오는 돈으로는 입원을 원하는 환자들을 다 수용할 수 없었다. 그는 1904년 덴마크에서 폐결핵 퇴치 자금 마련을 위해 처음 발행된 이래 전 세계로 확산된 크리스마스실에 주목했다. 1932년 크리스마스를 앞두고 셔우드 홀은 크리스마스실 발행을 위한 준비에 착수했다. 그가 생각하기에, 크리스마스실의 도안은 조선인들에게 폐결핵이라는 무서운 병마를 퇴치할 수 있다는 확신을 주어야 했다. 그가 생각한 적당한 그림은 바로 거북선이었다.

크리스마스실의 발행 허가를 받기 위해 작업을 시작했다. 일본 관리 중에 나와 친한 사람이 있었다. 그는 개인적으로 크리스마스실에 대해 가장 동조한 사람이었다. 그러나 내가 도안한 실을 보여주자 그는 단 한 마디로 '안 된

셔우드 홀이 처음 구상한 크리스마스실 도안

이순신이 세계 최초의 철갑선인 거북선을 발명하여 일본 침략자를 물리쳤다는 내용을 부기했다. 홀이 이런 도안으로 총독부 당국에 협조를 구할 만큼 순진했는지 의심스러울 지경이다.

* 출처: 대한결핵협회, 《한국의 크리스마스 씰》, 2003.

다!'고 말했다. 나는 실의 도안이 반드시 한국 민중에게 열성과 가능성을 부채질할 수 있는 그림이어야 한다고 생각했다. 한국인들은 세계 최초로 철갑선을 만들어 크게 승리한 적이 있었다. 한국의 아이들은 어른들이 들려주는 이순신 장군과 거북선 이야기는 아무리 들어도 지치지 않는다. 나는 도안에서 거북선이 국가의 적인 결핵을 향해 발포하도록 대포를 배치했다. 그는 기분이 상해 그림을 가리키면서 결코 허가가 나지 않을 것이라고 말했다. 지난날 일본군의 패전을 연상한 모양이다. 심사숙고한 끝에 새 도안을 서울의 남대문으로 결정했다. 크리스마스실에 나타난 남대문은 결핵을 방어하는 보루임을 상징한다. 드디어 우리의 첫 번째 실의 도안과 실 캠페인에 대한 허가가 나왔다(《닥터 홀의 조선회상》 중).

'유병장수' 시대에 필요한 것

질병을 천벌로 이해했던 아주 긴 시대 뒤에 모든 질병을 '격퇴'하거나 막을 수 있으리라 믿은 짧은 기간이 있었다. 당대의 다른 의사들과 마찬가지로 셔우드 홀도 결핵균을 조선 민중을 위협하는 '적敵'으로 간주했다. 그 적을 물리치기 위한 치료제는 거북선과 같은 신무기였고, 그 적으로부터 조선 민중을 지키기 위한 방어벽은 남대문으로 표상되는 성채城砦였다. 그리고 그의 기대대로, 그 후 몇 십 년이 지나지 않아 폐결핵은 거의 퇴치되었다. 하지만 그 대신 다른 위험한 '적들'이 나타났고, 그 적들에 대한 공포는 인류가 결코 씻어낼 수 없다는 사실도 명백해졌다.

질병은 결코 완전히 쫓아낼 수 없는 '인생의 적대적 동반자'다. 한국인의 기대수명이 80세를 넘은 지금은, 어떤 보험회사의 광고 카피대로 '무병장수' 시대가 아니라 '유병장수有病長壽' 시대다. 이런 시대에 각 개인에게 절실히 필요한 것은, 질병과 오래 동거하면서도 불행해지지 않을 방법을 찾으려는 자세일 것이다.

十二月 三十日

12월 30일 _ 경무대를 청와대로 개칭

경무대에서 청와대로, 민심 살피고 국민 즐겁게 하는 '대'라는 이름에 충실했으면

12月
30日

'대臺', 하늘 올려다보거나 땅 굽어보기 위해 만든 구조물

'대臺'란 평지보다 높은 곳에 만든 평평한 구조물이다. 이런 구조물은 하늘을 올려다보거나 땅을 굽어보기 위해 만든다. 경주의 첨성대瞻星臺나 서울 계동의 관천대觀天臺 같은 천문대들은 하늘의 뜻을 읽기 위해 만든 것이고, 남한산성의 수어장대守禦將臺 같은 대는 군사 훈련을 지휘하기 위해 만든 것이다. 축대란 '대'를 쌓는 일 또는 그렇게 쌓아올린 대를 지칭한다. 옛날 궁궐 마당에 만든 임시 무대를 '산대山臺'라 했는데, '산처럼 높이 쌓아 올린 대'라는 뜻이다. 현대의 무대舞臺는 극장 안 낮은 곳에 만드는 것이 일반적이지만, 고대에는 평지보다 높은 곳에 만들었다. 춤과 극劇 등 무대에서 펼쳐지는 공연예술은 신神을 부르는 행위에서 유래했고, 그렇기에 주 관람자는 신神이었다. 무대는 땅에 있는 사람이 아니라 하늘에 있는 신이 잘 볼 수 있는 곳에 만들어야 했다. 산자락 높은 곳에 펼쳐진 평지도 '대'라 불렀다. 필운대, 파총대, 을밀대, 침류대 등이 그런 예인데, 이런 곳에는 흔히 정자亭子를 세워 지명地名을 그대로 쓴 현판을 걸곤 했기 때문에, 대臺에는 그 위에 세운 정자라는 뜻도 따라 붙었다.

경무대, 무예 구경하는 대

기록상 경무대景武臺라는 이름은 대원군이 경복궁을 중건重建한 이후에야 나타나는데, 경복궁 북문인 신무문 밖 부지를 넓히기 위해 백악 기슭 일부를 잘라냄으로써 본래 완만한 구릉이었던 곳이 대臺로 변했을 가능성을 배제할 수 없다. 누가 경무대라는 이름을 붙였는지는 정확히 알 수 없으나, 새로 생긴 대를 '무예를 구경하는' 용도로 활용하겠다는 의지를 담은 이름인 것으로 보아, 아마도 당대의 권력자였던 대원군 자신이었을 것이다. 경무대 위에는 문무文武의 융성을 기원하는 의미에서 융문당隆文堂과 융무당隆武堂이라는 건물을 지었고, 무과武科 시험도 자주 이 자리에서 치렀다. 부지 일부에는 친경전親耕田도 마련하여 왕이 직접 경작耕作하는 의례를 치를 수 있도록 했다.

쓸쓸해진 경무대

한국 황실이 '이왕가'로 격하된 뒤 경무대도 국가의 공적公的 관리 대상에서 벗어났다. 경무대 위에 있던 건물들은 퇴락해갔고 일제 강점기에는 그 자리에서 전국궁술弓術대회니 가정부인운동회니 하는 행사들이 수시로 열렸다. 1929년 노산 이은상은 〈경무대를 지나며〉라는 연작 시조를 지어 4회에 걸쳐 《동아일보》에 연재했다.

(1) 융무대

융무대隆武臺 돌아드니 빈터에 석양夕陽이라
옛 얼을 그려보며 언덕 위에 올라선 제
봄바람 무슨 일 홀로 넘나들며 부나니.

활 쏘던 한량들아 칼 두르던 용사들아
장안 큰 도성을 뉘손대 줄 줄이야
그만코 간 데 없으니 못내 설워 하노라.

가슴에 품은 뜻이 얼마나 많았던가
남긴 일 무엇인지 알 길이 전혀 없네
누구서 위국충절이 장하였다 하는고.

(2) 융문대

융문대隆文臺 넓은 들에 글 짓든 선비들아
무리에 뛰어나니 나랏일 많을러라
평생에 뜻 두던 일은 언제 하려 하나니.

해 뜨고 달 솟으니 옛날인줄 알지마라
가고 가는 날에 무엇인들 아니가리
천고에 한恨 품은 손이 눈물겨워 하노라.

그 집 그 사람들 다 어디로 가더인고

부서진 섬돌만이 옛 정情을 지녔고야
휘굽은 노송老松 밑으로 혼자 울어 예노라.

⑶ 계무문

계무문癸武門 헐린 터에 돌 몇 덩이 남았고야
버린 돌 아래 새들은 무삼 일고
노구老軀는 광우리 들고 산채山菜 캐러 오더라.

귀하신 중궁中宮 마마 네 문 속을 드나실 제
네 어깨 높으냥 해 북악北岳을 깔보듯다
그 영화 뉘를 다 주고 차마 어이 헐린고.

가버린 옛날이야 다시 오든 못 하리라
버들만 가지 늘여 봄바람에 흔들고야
무음茂蔭일 저것 호올로 태평무太平舞를 추나니.

⑷ 친경전

신무문神武門 낡은 글자 몇 풍상을 지내언고
길가에 늙은 향수香樹 그도조차 말이 없네
친경전親耕田 어디메런지 물어볼 길 없어라.

향나무 가지 위에 앉아 우는 참새들아
깊은 산 버려두고 예와 어이 우짓는다
우리도 이 땅의 새라 갈 길 몰라 하노라.

좋은 논 기름진 밭 남의 집에 묻히단 말
못 보든 아이들이 제집이라 드나드네
흥망이 기약없은 줄 알았으면 하노라.

나라를 망쳐 놓은 문무文武 양반 선조들에 대한 원망, 망국민의 한恨, 광복에 대한 은밀한 소망 등 식민지 지식인의 내면을 전통 시조 형식에 잘 담아낸 글이라 장황하지만 그대로 전재轉載했다.

경무대에서 청와대로

1939년 제7대 조선총독 미나미 지로南次郎는 경무대 위에 새 관저를 지어 이사했다. 그 뒤로 경무대는 평범한 민간인이 출입할 수 없는 금단의 지역이 되었고, 세월이 더 흐르면서 사람들은 경무대가 지명地名이었다는 사실조차 잊어버렸다. 총독 관저는 해방 뒤 주한미군 사령관 하지의 관저로 사용되다가 대한민국 정부 수립 후 대통령 관저가 되었다. 정확히는 '삼청동 총리공관'처럼 '경무대 대통령관저'라 해야 옳았으나 이곳에 다른 시설이 없었기 때문에 경무대가 관저 명칭처럼 사용되었다.

1960년 12월 30일, 윤보선 대통령은 "경무대가 전前 정권 때에 폭정

한국전쟁 중 임시수도 부산에서 환도하기 직전의 대통령 관저

일제 강점기 이 건물을 지었을 때의 공식 명칭은 그냥 '총독 관저' 였다.
* 출처: 《사진으로 보는 한국전쟁》, 병학사, 1997.

을 자행한 곳으로 국민들에게 원부怨府 같은 인상을 주기 때문에 청와대로 개칭한다"는 담화를 발표했다. 대한제국 시대 대표적인 서울 벌열 가문의 후예인 그였으나, 한자 대臺의 본뜻은 몰랐던 모양이다. 그가 경무대라는 지명의 역사성에 무지했던 탓에, 대한민국 대통령 관저는 미국 백악관White House을 본뜬 것으로 충분히 오해받을 만한 이름, 청와대Blue House가 되었다. 아마 한반도 안에 '대'로 불리는 지명地名 중에서 청와대만큼 희한한 것도 없을 터이다. 세상에, 푸른 기와를 덮은 '대'라니. 하지만 뜻을 잘 모르고 함부로 이름 붙인 사례가 이것만은 아니니 굳이 문제 삼을 이유는 없을 것이다. 이름을 잘못 지은 것이 무슨 대수인가. 그보다는 대통령 관저로서 '대'라는 이름에 충실했으면 하고 바랄 뿐이다. 때로는 천문대가 되어 하늘에 비치는 민심을 살피고, 때로는 무대가 되어 국민들 즐겁게 해주면 좋지 않은가.

참고문헌

1. 문서·일기·관보·신문·잡지류

《各部請議書存案》

《各司謄錄》

《開闢》

《警務廳來去文》

《京兆府誌》

《舊韓國官報》

《舊韓國外交文書》

《宮內府去來文牒》

《宮內府案》

《대조선독립협회회보》

《大韓每日申報》

《뎨국신문》

《독립신문》

《東光》

《東亞日報》

《萬國敎育說略》

《萬機要覽》

《每日申報》

《梅泉野錄》

《別乾坤》

《備邊司謄錄》

《三千里》

《續陰晴史》

《承政院日記》

《時代日報》

《新東亞》

《新天地》

《禮式院去來案》

《外部來文》

《育英公院謄錄》

《議定存案》

《日省錄》

《日槎集略》

《朝鮮王朝實錄》

《朝鮮日報》

《朝鮮中央日報》

《朝鮮之光》

《朝鮮總督府官報》

《周禮》

《駐韓日本公使館記錄》

《中央日報》

《中外日報》

《統監府文書》

《統理交涉通商事務衙門日記》

《通商彙纂》

《八道四都三港口日記》

《漢京識略》

《한국민족문화대백과사전》

《漢城》

《漢城府來去案》

《漢城周報》

《皇城新聞》

《訓令照會存案》

2. 단행본·사진집

(주)삼풍엔지니어링건축사사무소, 《덕수궁 복원정비 기본계획》, 문화재청, 2005 .

가톨릭대학교 의과대학 50년사 편찬위원회, 《가톨릭대학교 의과대학 50년사》, 가톨릭대학교 의과대학, 2004.

가현문화재단 한미사진미술관 엮음, 《대한제국 황실의 초상: 1880~1989》, 2012.

강만길, 《일제시대 빈민생활사 연구》, 창작과비평사, 1995.

강명관, 《조선시대 문화예술의 생성공간》, 소명출판, 1999.

______, 《조선의 뒷골목 풍경》, 푸른역사, 2003.

강우원 외, 《청계천, 청계고가를 기억하며》, 마티, 2012.

경향신문사 편집부, 《격동 한반도 새 지평》, 경향신문사, 1995.

고동환, 《조선시대 서울 도시사》, 태학사, 2007.

______, 《조선시대 시전 상업 연구》, 지식산업사, 2013.

______, 《조선후기 서울상업발달사》, 지식산업사, 1998.

고려서림 편집부, 《한국경찰사》 1~5, 고려서림, 1989.
국가보훈처, 《6·25전쟁 미군참전사》, 국가보훈처, 2005.
국립민속박물관 편, 《한국의 상거래》, 국립민속박물관, 1994.
국립민속박물관, 《추억의 세기에서 꿈의 세기로: 20세기 문명의 회고와 전망》, 국립민속박물관, 1999.
국립소록도병원, 《사진으로 보는 소록도 80년》, 국립소록도병원, 1996.
국립중앙박물관, 《조선시대 풍속화》, 국립중앙박물관, 2002.
국방군사연구소, 《한국전쟁(상, 하)》, 1997.
국사편찬위원회, 《한국독립운동사》, 국사편찬위원회, 2004.
____________, 《한국사 47—일제의 무단통치와 3·1운동》, 국사편찬위원회, 2003.
권이혁, 《또 하나의 언덕》, 신원문화사, 1993.
권태억 외, 《자료모음 근현대 한국 탐사》, 역사비평사, 1994.
기로워드, 마크, 민유기 옮김, 《도시와 인간》, 책과함께, 2009.
기창덕, 《한국근대의학교육사》, 아카데미아, 1995.
길모어, 조지 윌리엄, 신복룡 옮김, 《서울풍물지》, 집문당, 1999.
______________, 이복기 옮김, 《서양인 교사 윌리엄 길모어 서울을 걷다: 14개의 주제로 보는 1894년의 조선》, 살림, 2009.
김경일, 《여성의 근대, 근대의 여성: 20세기 전반기 신여성과 근대성》, 푸른역사, 2004.
김기빈, 《서울 땅이름 이야기》, 살림터, 1993.
김도형, 《대한제국기의 정치사상 연구》, 지식산업사, 1994.
김동춘, 《전쟁과 사회—우리에게 한국전쟁은 무엇이었나》, 돌베개, 2006.
김두종, 《한국의학사》, 探求堂, 1966.
김메리, 《학교종이 땡땡땡》, 현대미학사, 1996.
김순일, 《덕수궁(경운궁)》, 대원사, 1991.
김승태, 《한국 기독교와 신사참배 문제》, 한국기독교역사연구소, 1991.
김영모, 《조선지배층연구》, 一潮閣, 1977.
김영상, 《서울 육백년》 1~5, 대학당, 1996.

김옥근, 《조선왕조 재정사 연구 4(근대편)》, 일조각, 1994.
김원모·정성길 엮음, 《사진으로 본 백 년 전의 한국(1871~1910)》, 가톨릭출판사, 1986.
김윤환, 《한국 노동운동사》, 일조각, 1990.
김인수, 《언더우드 목사의 선교편지》, 장로회신학대학교출판부, 2002.
김진균 외, 《근대 주체와 식민지 규율권력》, 문화과학사, 2003.
김진송, 《서울에 딴스홀을 허하라》, 현실문화연구, 1999.
김형민, 《김형민 회고록》, 범우사, 1987.
니토베 이나조, 양경미 옮김, 《일본의 무사도》, 생각의나무, 2005.
다이아몬드, 제레드, 김진준 옮김, 《총 균 쇠》, 문학사상사, 2013.
대한상공회의소, 《상공회의소 백년사》, 1984.
더핀, 재컬린, 신좌섭 옮김, 《의학의 역사》, 사이언스북스, 2006.
라이언즈, 앨버트 S·R. 조지프 페트루첼리, 황상익·권복규 옮김, 《세계의학의 역사》, 한울, 1994.
로제티, 까를로, 서울학연구소 옮김, 《꼬레아 꼬레아니》, 숲과나무, 1996.
멈포드, 루이스, 김영기 옮김, 《역사 속의 도시》, 명보문화사, 2001.
몽고메리, 버나드 로, 송영조 옮김, 《전쟁의 역사》, 책세상, 2004.
문화재청, 《근대 문화유산 교통(자동차) 분야 목록화 조사보고서》, 2007.
문화재청, 《근대 문화유산 전기통신(우정포함) 분야 목록화 조사보고서》, 2007.
박남식, 《실락원의 비극》, 문음사, 2004.
박대헌, 《서양인이 본 조선》, 호산방, 1997.
박도 편저, 《한국전쟁 2: NARA에서 찾은 6.25전쟁의 기억》, 눈빛, 2010.
박은경, 《일제하 조선인관료 연구》, 학민사, 1999.
박은식, 《한국독립운동지혈사》, 소명출판, 2008.
베네딕트, 루스, 김윤식 외 옮김, 《국화와 칼》, 을유문화사, 2008.
브라이슨, 빌, 이덕환 옮김, 《거의 모든 것의 역사》, 까치글방, 2003.
브로델, 페르낭, 주경철 옮김, 《물질문명과 자본주의 1—일상생활의 구조》, 까치글방, 1995.
________________, 《물질문명과 자본주의 2—교환의 세계》, 까치글방, 1996.

브로델, 페르낭, 주경철 옮김, 《물질문명과 자본주의 3—세계의 시간》, 까치글방, 1997.
브루스 커밍스Bruce Cumings, 김주환 옮김, 《한국전쟁의 기원》, 청사, 1986.
브리야 사바랭, 장 앙텔므, 홍서연 옮김, 《미식예찬》, 르네상스, 2004.
비숍, 이사벨라 버드, 이인화 옮김, 《한국과 그 이웃나라들》, 살림, 1994.
사이덴스티커, 에드워드, 허호 옮김, 《도쿄이야기》, 이산, 1997.
사이드, 에드워드, 박홍규 옮김, 《오리엔탈리즘》, 교보문고, 2000.
새비지, 마이크, 김왕배 옮김, 《자본주의 도시와 근대성》, 한울, 1996.
서영희, 《대한제국 정치사연구》, 서울대학교출판부, 2003.
서울대학교 한국의학인물사 편찬위원회, 《한국의학인물사》, 태학사, 2008.
서울대학교60년사 편찬위원회, 《서울大學校 60年史》, 서울대학교 출판부, 2006.
서울대학교병원 병원역사문화센터, 《동아시아 서양 의학을 만나다》, 태학사, 2007.
______________________, 《사진과 함께 보는 한국 근현대 의료문화사 1876~1960》, 웅진지식하우스, 2009.
서울사회과학연구소, 《근대성의 경계를 찾아서》, 중원문화, 2012.
서울시사편찬위원회, 《사진으로 보는 서울》 1~5, 서울시사편찬위원회, 2002-2008.
______________, 《서울 사람들의 죽음 그리고 삶》, 서울시사편찬위원회, 2012.
______________, 《서울 사람이 겪은 해방과 전쟁》, 서울시사편찬위원회, 2011.
______________, 《서울 육백년사》 1~9, 서울특별시, 1977~1996.
서울시정개발연구원 서울학연구소, 《서울 20세기 공간 변천사》, 서울시정개발연구원, 2001.
______________________, 《서울 20세기 생활문화 변천사》, 서울시정개발연구원, 2001.
______________________, 《서울 20세기: 100년의 사진 기록》, 서울시정개발연구원, 2002.
서울역사박물관, 《1901년 체코인 브라즈의 서울 방문》, 서울역사박물관, 2011.
___________, 《1950, 서울 폐허에서 일어서다》, 서울역사박물관, 2010.
___________, 《격동의 시대 서울: 8·15 해방에서 4·19 혁명까지》, 서울역사박물관, 2012.
___________, 《서울시정사진기록총서》, 서울역사박물관, 2011-2013.

서울역사박물관, 《세 이방인의 서울 회상: 딜쿠샤에서 청계천까지》, 서울역사박물관, 2009.
__________, 《잘 가, 동대문운동장》, 서울역사박물관, 2014.
서울특별시 문화재위원회, 《서울민속대관》, 서울특별시, 1993.
서울특별시, 《하늘에서 본 서울의 변천사: 40년간의 항공사진 기록》, 서울특별시, 2013.
서울특별시사편찬위원회, 《서울 抗日獨立運動史》, 서울특별시사편찬위원회, 2009.
서울학연구소 편, 《서울 남촌: 시간, 장소, 사람》, 서울학연구소, 2003.
__________, 《조선 후기 서울의 사회와 생활》, 서울학연구소, 1998.
__________, 《종로: 시간, 장소, 사람》, 서울학연구소, 2002.
소래섭, 《불온한 경성은 명랑하라》, 웅진지식하우스, 2011.
손경석, 《사진으로 보는 근대한국》 하, 서문당, 1986.
손인수, 《한국근대교육사》, 연세대학교출판부, 1971 .
손정목, 《서울 도시계획 이야기》 1~5, 한울, 2009.
_____, 《일제강점기 도시 사회상 연구》, 일지사, 1996.
_____, 《일제강점기 도시계획 연구》, 일지사, 1990.
_____, 《일제강점기 도시화 과정 연구》, 일지사, 1996.
_____, 《조선시대 도시사회 연구》, 일지사, 1988.
_____, 《한국 개항기 도시 변화 과정 연구》, 일지사, 1986.
_____, 《한국 개항기 도시 사회 경제사 연구》, 일지사, 1986.
슈라이옥, 리차드 해리슨, 이재담 편역, 《근세 서양의학사》, (주)디엘컴, 1999.
스즈키 게이후鈴木敬夫, 《法을 통한 朝鮮植民地 支配에 관한 研究》, 고려대학교민족문화연구소출판부, 1990.
신동원, 《한국근대보건의료사》, 한울, 1997.
신동원, 《호열자 조선을 습격하다》, 역사비평사, 2004.
신명직, 《모던뽀이, 경성을 거닐다》, 현실문화연구, 2003.
신세계백화점, 《新世界 25年의 발자취》, 1987.
신용하, 《獨立協會研究 : 독립신문·독립협회·만민공동회의 사상과 운동(상, 하)》, 일조각, 2006.

신용하, 《의병과 독립군의 무장독립운동》, 지식산업사, 2003.

아리에스, 필립, 고선일 옮김, 《죽음 앞의 인간》, 새물결, 2004.

아리에스, 필립, 문지영 옮김, 《아동의 탄생》, 새물결, 2003.

아리에스, 필립·조르주 뒤비·폴 벤느 엮음, 주명철·전수연 옮김, 《사생활의 역사 1—로마 제국부터 천년까지》, 새물결, 2002.

아리에스, 필립·조르주 뒤비 엮음, 성백용·김지현·김수연 옮김, 《사생활의 역사 2—중세부터 르네상스까지》 새물결, 2006.

아리에스, 필립·조르주 뒤비·로제 샤르티에 엮음, 이영림 옮김, 《사생활의 역사 3—르네상스부터 계몽주의까지》, 새물결, 2003.

아리에스, 필립·조르주 뒤비·미셸 페로 엮음, 전수연 옮김, 《사생활의 역사 4—프랑스혁명부터 제1차 세계대전까지》, 새물결, 2002.

아리에스, 필립·조르주 뒤비·앙투안 프로·제라르 뱅상 엮음, 김기림 옮김, 《사생활의 역사 5—제1차 세계대전부터 현재까지》, 새물결, 2006.

에비슨, 올리버, 에비슨 기념사업회 옮김, 《舊韓末秘錄》, 대구대학교 출판부, 1984.

에셀, 스테판, 임희근 옮김, 《분노하라》, 돌베개, 2011.

역사학회, 《노일전쟁 전후 일본의 한국 침략》, 일조각, 1986.

연세대학교 국학연구원, 《일제의 식민지배와 일상생활》, 혜안, 2004.

____________________, 《한국 근대이행기 중인 연구》, 신서원, 1999.

윤경로, 《새문안교회 100년사》, 새문안교회, 1995.

이 푸 투안, 구동회 외 옮김, 《공간과 장소》, 대윤, 1999.

이경재, 《서울 정도 600년(1–4)》, 서울신문사, 1993.

이광린, 《韓國開化史研究》, 一潮閣, 1969.

______, 《韓國開化史의 諸問題》, 一潮閣, 1986.

이규헌 외, 《사진으로 보는 근대한국》, 서문당, 1986.

_________, 《사진으로 보는 독립운동》, 서문당, 1987.

이만열 편, 《아펜젤러—한국에 온 첫 선교사》, 연세대학교 출판부, 1985.

이문웅 외, 《서울대학교박물관 소장 식민지 시기 유리 건판》, 서울대학교출판부, 2008.

이사악꼬브나, 파냐, 김명호 옮김, 《1945년 남한에서》, 한울, 1996.
이우성, 《이조한문단편집(상, 중, 하)》, 일조각, 1990.
이재영, 《사진으로 본 서울의 어제와 오늘》, 서지원, 1993.
이종석, 《북한 중국 국경 획정에 관한 연구》, 세종연구소, 2014.
이종찬, 《동아시아 의학의 전통과 근대》, 문학과지성사, 2004.
이중연, 《고서점의 문화사》, 혜안, 2007.
이철, 《경성을 뒤흔든 11가지 연애사건》, 다산초당, 2011.
이태진 외, 《서울상업사》, 태학사, 2000.
이학래, 《한국체육백년사》, 한국학술정보, 2003.
이해준, 《전통사회와 생활문화》, 한국방송통신대학교출판부, 2011.
장세윤, 《봉오동 청산리 전투의 영웅》, 역사공간, 2007.
전우용 외, 《서울의 동쪽》, 보림, 2014.
전우용, 《서울은 깊다》, 돌베개, 2008.
______, 《한국 회사의 탄생》, 서울대 출판문화원, 2012.
______, 《현대인의 탄생》, 이순, 2011.
전택부, 《양화진 선교사 열전》, 홍성사, 2005.
______, 《이상재 평전》, 범우사, 2002.
______, 《토박이 신앙산맥》, 대한기독교 출판사, 1977.
정승모, 《한국의 가정신앙》, 국립문화재연구소, 2005.
정연식, 《일상으로 본 조선시대 이야기》 1-2, 청년사, 2001.
정옥자, 《조선후기 조선중화사상연구》, 일지사, 1998.
정재정, 《일제침략과 한국철도》, 서울대학교 출판부, 1999.
조귀례, 《전장의 하얀 천사들》, 한국문화사, 2008.
조기준, 《한국 자본주의 성립사론》, 대왕사, 1985.
조성훈, 《한국전쟁과 포로》, 선인, 2010.
조풍연, 《사진으로 보는 조선시대》, 서문당, 1986.
채근식, 《무장독립운동비사》, 민족문화사, 1985.

최남선, 《朝鮮常識問答續編》, 삼성문화재단, 1947, 1972 복간.
최래옥, 《옛날 옛적 서울에》, 서울학연구소, 1994.
최병두·한지연 편역, 《자본주의 도시화와 도시계획》, 한울, 1989.
최석로 해설, 《민족의 사진첩》 1~4, 서문당, 1994~2007.
최인진, 《한국사진사(1631-1945)》, 눈빛, 1999.
컨, 스티븐, 박성관 옮김, 《시간과 공간의 문화사》, 휴머니스트, 2006.
투생-사마, 마귈론, 《먹거리의 역사》(상, 하), 까치, 2002.
파묵, 오르한, 이난아 옮김, 《이스탄불—도시 그리고 추억》, 민음사, 2008.
폭스, 에두아르트, 이기웅 옮김, 《풍속의 역사》 1-4, 까치, 2001.
푸코, 미셸, 고광식 옮김, 《감시와 처벌》, 다락원, 2009.
________, 이규현 옮김, 《광기의 역사》, 다락원, 2003.
________, 이정우 옮김, 《담론의 질서》, 중원문화, 2012.
________, 이규현 옮김, 《성의 역사 1—앎의 의지》, 나남출판, 2004.
________, 문경자 옮김, 《성의 역사 2—쾌락의 활용》, 나남출판, 2004.
________, 이혜숙 옮김, 《성의 역사 3—자기에의 배려》, 나남출판, 2004.
________, 홍성민 옮김, 《임상의학의 탄생》, 이매진, 2006.
________, 이정우 옮김, 《지식의 고고학》, 민음사, 2000.
하버마스, 위르겐, 한승완 옮김, 《공론장의 구조변동: 부르주아 사회의 한 범주에 관한 연구》, 나남출판사, 2001.
한국고문서학회, 《조선시대생활사 1》, 역사비평사, 1996.
____________, 《조선시대생활사 2》, 역사비평사, 2000.
____________, 《조선시대생활사 3》, 역사비평사, 2006.
한국사회사연구회, 《한국사회의 신분계급과 사회변동》, 문학과지성사, 1990.
한국생활사편찬위원회, 《한국생활사박물관》 10~12, 사계절, 2004.
한국역사연구회, 《우리는 지난 100년 동안 어떻게 살았을까》 1~3, 역사비평사, 1998.
____________, 《조선시대 사람들은 어떻게 살았을까》 1~2, 청년사, 1996.
한국일보사, 《사진으로 본 해방 30년》, 한국일보사, 1975.

한국전력공사, 《한국 전기 100년 화보》, 한국전력공사, 1989.
__________, 《한국 전기 백년사》(상, 하), 한국전력공사, 1989.
한국정신대문제대책협의회, 《일본군 위안부 문제의 진상》, 역사비평사, 1997.
한상일·한정선, 《일본 만화로 제국을 그리다》, 일조각, 2006.
한영우 외, 《대한제국은 근대국가인가》, 푸른역사, 2006.
한영우, 《조선후기 사학사 연구》, 일지사, 1989.
한홍구, 《대한민국사》 1~4, 한겨레출판사, 2006.
홉스봄, 에릭 외, 박지향 옮김, 《만들어진 전통》, 휴머니스트, 2004.
홉스봄, 에릭, 이용우 옮김, 《극단의 시대》 (상, 하), 까치, 2009.
__________, 정도영 옮김, 《자본의 시대》, 한길사, 1998.
__________, 정도영 옮김, 《제국의 시대》, 한길사, 1998.
__________, 정도영 옮김, 《폭력의 시대》, 민음사, 2008.
__________, 정도영 옮김, 《혁명의 시대》, 한길사, 1998.
홍순민, 《우리 궁궐 이야기》, 청년사, 1999.
황상익, 《역사와 사회 속의 의학》, 명경, 1995.

見市雅俊 等, 《疾病, 開發, 帝國醫療— アジアにおける病氣と醫療の歷史學》, 東京大學出版會, 2001.
京城居留民團役所, 《京城發達史》, 1912.
京城府, 《京城府史(1~3)》, 京城府, 1934~1941.
京城電氣株式會社, 《京城電氣株式會社二十年沿革史》, 1929.
高山峰三郎, 《支那國民性と其の由來》, 古今書院, 1940.
四方博, 《京城商工會議所25年史》, 大海堂印刷株式會社, 1941.
杉山平助, 《支那と支那人と日本》, 改造社, 1938.
松岡壽八, 《支那民族性の研究》, 日本評論社, 1940.
原忽兵衛, 《支那心理の解剖》, 東京書房, 1932.
長野末喜, 《京城の面影》, 內外事情社, 1932.

朝鮮地方行政學會,《京畿地方の 名勝史蹟》, 1937.

川合貞吉,《支那の民族性と社會》, 第二國民會出版部, 1937.

Cowdrey, Albert E., *The Medic' s War*(Hawaii: University Press of the Pacific Honolulu, 2005).

Geertz, Clifford, *Negara*(New Jersey: Princeton University Press, 1980).

Greenwood, John T., *Medics at War: Military Medicine from Colonial Times to the 21st Century*(US Naval Institute Press, 2005).

Thompson, Julian, *Lifeblood of War; Logistics in Armed Conflict*(Brassey' s, 1994).

Waltner, Richard H., *Men in Skirts*(Authors Choice Press, San Jose New York Lincoln Shanghai, 2000).

3. 논문

高岡裕之, 〈전쟁과 건강—근대 '건강 담론'의 확립과 일본 총력전 체제〉, 《당대비평》 27, 2004.

고길섶, 〈문화와 질병〉, 《문화과학》 8, 1995.

고석규, 〈18·19세기 서울의 왈짜와 상업 문화〉, 《서울학연구》 13, 서울학연구소, 1999.

고승제, 〈華僑 對韓移民의 社會史的 分析〉, 《白山學報》 13, 1972.

권태억, 〈한말·일제 초기 서울 지방의 직물업〉, 《한국문화》 1, 한국문화연구소, 1980.

권태환, 〈日帝時代의 都市化〉, 《한국의 사회와 문화》 11, 한국정신문화연구원, 1990.

권희영, 〈호기심 어린 타자—구한말~일제 시기의 매춘부 검진〉, 《사회와 역사》 65, 2004.

김기석·유방란, 〈韓國 近代敎育의 起源, 1880~1895〉, 《敎育理論》 제7, 8권 제1호, 1994.

김경일, 〈일제하 여성의 일과 직업〉, 《사회와 역사》 61, 한국사회사학회, 2002.

_____, 〈중세의 정신, 근대의 '문명'〉, 《역사비평》 29, 역사문제연구소, 1995.

김광우, 〈大韓帝國時代의 都市計劃—漢城府 都市改造事業〉, 《鄕土서울》 50, 서울시사편찬위원회, 1990.

김기란, 〈근대 계몽기 연행의 매체적 기능과 대중문화의 형성〉, 《대중서사연구》 12, 2004.
김대길, 〈조선후기 서울에서의 三禁정책 시행과 그 추이〉, 《서울학연구》 13, 서울학연구소, 1999.
김동우, 〈개항기 및 식민지 초기 도시 경험의 내면화 과정〉, 《서울학연구》 40, 서울학연구소, 2010.
김미영, 〈일제하 한국 근대소설 속의 질병과 병원〉, 《우리말글》 37, 2006.
김소현, 〈서울의 의생활 연구: 20세기 전반기를 중심으로〉, 《배화논총》 21, 2002.
김승태, 〈일본 神道의 침투와 1910~20년대의 神社問題〉, 《韓國史論》 16, 서울대학교 국사학과, 1987.
______, 〈일본 천황제와 일본 기독교〉, 《인문과학논집》 23, 2012.
김연옥, 〈조선시대의 기후환경〉, 《지리학논총》 14, 1987.
김용범·박용환, 〈개항기 학회지를 통해 본 생활개선의 근대적 인식에 관한 연구〉, 《대한건축학회논문집 계획계》 22-11, 2006.
김용직, 〈한국 민족주의의 기원—정치운동과 공공영역〉, 《사회비평》 11, 나남출판사, 1994.
김일구, 〈질병과 문학: 문학 속의 역병의 4가지 공간〉, 《신영어영문학》 27, 2004.
김정기, 〈淸의 조선政策(1876~1894)〉, 《1894년 농민전쟁연구》 3, 역사비평사, 1993.
김정화·이경원, 〈일제 식민지 지배와 조선 洋醫의 사회적 성격〉, 《사회와 역사》 70, 2006.
김지영, 〈조선후기 국왕 행차와 거둥길〉, 《서울학연구》 30, 서울학연구소, 2008.
김태우, 〈한국전쟁기 미 공군에 의한 서울 폭격의 목적과 양상〉, 《서울학연구》 35, 서울학연구소, 2009.
나까무라 리헤이中村理平, 민경찬 옮김, 〈한국의 이왕조 궁정음악교사 에케르트Frana Eckert〉, 《계간 낭만음악》 10-1, 1997.
남궁봉, 〈在韓華僑의 文化地理學的 硏究〉, 《地理學과 地理敎育》 10, 1980.
노명구, 〈조선후기 군사 깃발〉, 《육군사관학교 학예지》 15, 2008.
문태준, 〈한국전쟁이 한국 의료에 미친 영향〉, 《의사학》 9-2, 2000.
박명규·김백영, 〈식민지배와 헤게모니 경쟁: 조선총독부와 미국 개신교 선교세력 간의 관계를 중심으로〉, 《사회와 역사》 82, 2009.

박성진·우동선, 〈일제강점기 경복궁 전각의 훼철과 이건〉, 《大韓建築學會論文集 計劃系》 23-5, 대한건축학회, 2007.
박영석, 〈萬寶山事件이 '朝鮮' 에 미친 影響〉, 《亞細亞學報》 8, 1970.
박윤재, 〈1876~1904년 일본 관립병원의 설립과 활동에 관한 연구〉, 《역사와 현실》 42, 2001.
_____, 〈일제하 의사계층의 성장과 정체성 형성〉, 《역사와 현실》 63, 2007.
박은경, 〈화교의 종족 정체성과 이동의 관계〉, 《현상과 인식》 6-4, 1982.
박인순, 〈미군정기의 한국 보건의료 행정에 관한 연구〉, 《복지행정논총》 4, 1994.
_____, 〈일정기 조선총독부 보건복지행정의 내용분석—전염병 퇴치 활동을 중심으로〉, 《복지행정논총》 13-1, 2003.
_____, 〈일정기의 한국보건의료행정기구 및 시설〉, 《복지행정논총》 10, 2000.
박종연·손영세, 〈한국 의료체계의 이원화와 변혁 과제〉, 《보건과 사회과학》 1-1, 1997.
송인호·김제정·최아신, 〈일제강점기 박람회의 개최와 경복궁의 위상변동—1915년 조선물산공진회와 1929년 조선박람회를 중심으로〉, 《서울학연구》 55, 서울학연구소, 2014.
신동원, 〈한국의료사에서 본 민중의료〉, 《사회비평》 29, 2001.
신현균, 〈신체화의 문화 간 차이〉, 《심리과학》 7-1, 1998.
염복규, 〈1910년대 일제의 태형제도 시행과 운용〉, 《역사와 현실》 53, 한국역사연구회, 2004.
왕현종, 〈대한제국기 한성부의 토지·가옥 조사와 외국인 토지침탈 대책〉, 《서울학연구》 10, 1998.
원제무, 〈서울시 교통체계 형성에 관한 연구: 1876년부터 1944년까지의 기간을 중심으로〉, 《서울학연구》 2, 서울학연구소, 1994.
유방란, 〈小學校의 設立과 運營: 1894~1905〉, 《教育理論》 6-1, 1991.
유선영, 〈일제 식민 지배와 헤게모니 탈구: '부재하는 미국' 의 헤게모니〉, 《사회와 역사》 82, 2009.
윤택림, 〈서울 사람들의 한국전쟁〉, 《구술사연구》 2-1, 2011.
윤해동, 〈식민지 인식의 '회색 지대'—일제하 '공공성' 과 규율권력〉, 《당대비평》 13, 생각의 나무, 2000.

이규목 외, 〈서울 도시경관의 변천 과정 연구〉, 《서울학연구》 2, 서울학연구소, 1994.
이규철, 〈대한제국기 한성부 군사관련 시설의 입지와 그 변화〉, 《서울학연구》 35, 서울학연구소, 2009.
이봉범, 〈해방공간의 문화사—일상문화의 實演과 그 의미〉, 《상허학보》 26, 2009.
이수경·최윤경, 〈의학의 발전과정에 따른 병원의 분류체계에 관한 연구—18세기 이후 병원의 분류체계 중심으로〉, 《대한건축학회 학술발표논문집》, 2000.
이종대, 〈근대의 헤테로토피아, 극장〉, 《상허학보》 6, 2006.
이종찬, 〈서양의학의 질병관에 대한 사상사적 고찰—의학사상사 시론〉, 《계간 과학사상》 가을호, 1995.
이준식, 〈일제시대의 사회통계 1—인구〉, 《한국현대사연구》 1-1, 한국정신문화연구원, 1998.
이충호, 〈일제 식민지 통치하의 의사 교육 활동—경성제국대학 의학부를 중심으로〉, 《경주사학》 15, 1996.
이태진, 〈18~19세기 서울의 근대적 도시발달 양상〉, 《서울학연구》 4, 서울학연구소, 1995.
이헌창, 〈民籍統計表의 檢討〉, 《古文書》 9, 10, 韓國古文書學會, 1996.
이혜은, 〈大衆交通手段이 서울시 發達에 미친 影響: 1899~1968〉, 《地理學》 37, 1988.
전우용, 〈1902년 皇帝御極 40년 望六旬 稱慶禮式과 皇都 정비—대한제국의 '皇都' 구상에 담긴 만국공법적 제국과 동양적 제국의 이중 表象〉, 《鄕土서울》 81, 서울시사편찬위원회, 2011.
______, 〈근대 이행기 서울의 객주와 객주업〉, 《서울학연구》 24, 서울학연구소, 2005.
______, 〈근대 이행기(1894~1919) 서울 시전 상업의 변화〉, 《서울학연구》 22, 서울학연구소, 2004.
______, 〈대한제국기 서울의 공공시설과 公衆—공원, 시장, 극장을 중심으로〉, 《사회적 네트워크와 공간》, 태학사, 2008.
______, 〈대한제국기-일제 초기 서울 공간의 변화와 권력의 지향〉, 《典農史論》 5, 1999.
______, 〈대한제국기-일제 초기 선혜청 창내장의 형성과 전개〉, 《서울학연구》 12, 서울학

연구소, 1999.
전우용, 〈서울 양화진이 간직한 근대의 기억〉, 《서울학연구》 36, 서울학연구소, 2009.
_____, 〈서울의 기념인물과 장소의 역사성 — 가로명 및 공공부지 조형물을 중심으로〉, 《서울학연구》 25, 서울학연구소, 2005.
_____, 〈식민지 도시 이미지와 문화현상—1920년대의 경성〉, 《한일역사공동연구보고서》 5, 2005.
_____, 〈역사인식과 과거사 문제〉, 《역사비평》 69, 2004.
_____, 〈일제하 경성 주민의 직업세계(1910~1930)〉, 《한국 근대사회와 문화》 3, 서울대학교 출판부, 2007.
_____, 〈일제하 서울 남촌 상가의 형성과 변천〉, 《서울 남촌: 시간, 장소, 사람》, 서울학연구소, 2003.
_____, 〈종로와 본정 — 식민도시 경성의 두 얼굴〉, 《역사와 현실》 40, 한국역사연구회, 2001.
_____, 〈한국 근대의 화교 문제〉, 《한국사학보》 15, 2003.
_____, 〈한국에서 근대 서양의학의 수용과 국가: 1876-1910년〉, 《동아시아 서양의학을 만나다》, 태학사, 2007.
_____, 〈한국인의 국기관과 "국기에 대한 경례"—국가 표상으로서의 국기를 대하는 태도와 자세의 변화 과정〉, 《동아시아문화연구》 56, 한양대학교 동아시아문화연구소, 2014.
_____, 〈한말·일제 초 서울의 도시행상(1897~1919)〉, 《서울학연구》 29, 서울학연구소, 2007.
_____, 〈한말-일제 초의 광장주식회사와 광장시장〉, 《典農史論》 7, 2001.
정근식, 〈동아시아 한센병사 연구를 위하여〉, 《보건과 사회과학》 12, 2002.
_____, 〈일제 말기 소록도갱생원과 이춘상 사건〉, 《역사비평》 72, 역사문제연구소, 2005.
_____, 〈일제하 서양의료체계의 헤게모니 형성과 동서 의학 논쟁〉, 《사회와 역사》 50, 1996.
정승모, 〈의례를 통한 의미의 구상화 과정〉, 《한국문화인류학》 11-1, 한국문화인류학회, 1979.

정연식, 〈조선시대의 천연두와 민간의료〉, 《인문논총》 14, 2005.
정옥자, 〈정조대 옥계시사의 결사와 진경시화〉, 《한국학보》 28, 2002.
_____, 〈조선후기의 文風과 위항문학〉, 《한국사론》 4, 서울대학교 국사학과, 1978.
조한상, 〈헌법에 있어서 공공성의 의미〉, 《公法學研究》 7-3, 한국비교공법학회, 2006.
조형근, 〈일제의 공식의료와 개신교 선교의료 간 헤게모니 경쟁과 그 사회적 효과〉, 《사회와 역사》 82, 2009.
주윤정, 〈조선물산공진회와 식민주의 시선〉, 《문화과학》 33, 2003.
주진오, 〈1898년 독립협회 운동의 주도세력과 지지기반〉, 《역사와현실》 15, 1993.
_____, 〈獨立協會의 主導勢力과 參加階層: 독립문 건립 추진위원회 시기를 중심으로〉, 《동방학지》 77-79. 연세대학교 국학연구원, 1993.
천정환, 〈해방기 거리의 정치와 표상의 생산〉, 《상허학보》 26, 2009.
최석만, 〈公과 私—유교와 서구 근대사상의 생활영역 비교〉, 《동양사회사상》 5, 동양사회사상학회, 2002.
카와세 기누, 〈김우진과 윤심덕의 죽음—당시 일본의 자살관으로 본 새로운 측면〉, 《일본학보》 4, 1997.
테어도어 준 유, 〈식민화된 신체: 조선인 여성의 性과 건강〉, 《아세아연구》 51-3, 2008.
홍순민, 〈일제의 식민 침탈과 경복궁 훼손—통치권력의 상징성 탈취〉, 《문명연지》 5-1, 한국문명학회, 2004.
황병주, 〈식민지 시기 '공' 개념의 확산과 재구성〉, 《사회와역사》 73, 한국사회사학회, 2007.
황상익, 〈현대문명과 전염병〉, 《문화과학》 35, 2003.

찾아보기

【ㅇ】

【ㅈ】

【ㅊ】

우리 역사는 깊다 2

⊙ 2015년 5월 31일 초판 1쇄 발행
⊙ 2024년 8월 27일 초판 9쇄 발행
⊙ 글쓴이 전우용
⊙ 펴낸이 박혜숙
⊙ 책임편집 정호영
⊙ 디자인 이보용
⊙ 펴낸곳 도서출판 푸른역사
우) 03044 서울시 종로구 자하문로8길 13
전화: 02) 720-8921(편집부) 02) 720-8920(영업부)
팩스: 02) 720-9887
전자우편: 2013history@naver.com
등록: 1997년 2월 14일 제13-483호

ISBN 979-11-5612-045-2 04900
979-11-5612-044-5 04900 (세트)